JN200417

ジェンダーに基づく暴力の連鎖を断ち切る

被害者／サバイバー中心ガバナンスによる
包括的アプローチ

経済協力開発機構(OECD)【編著】
濱田久美子【訳】

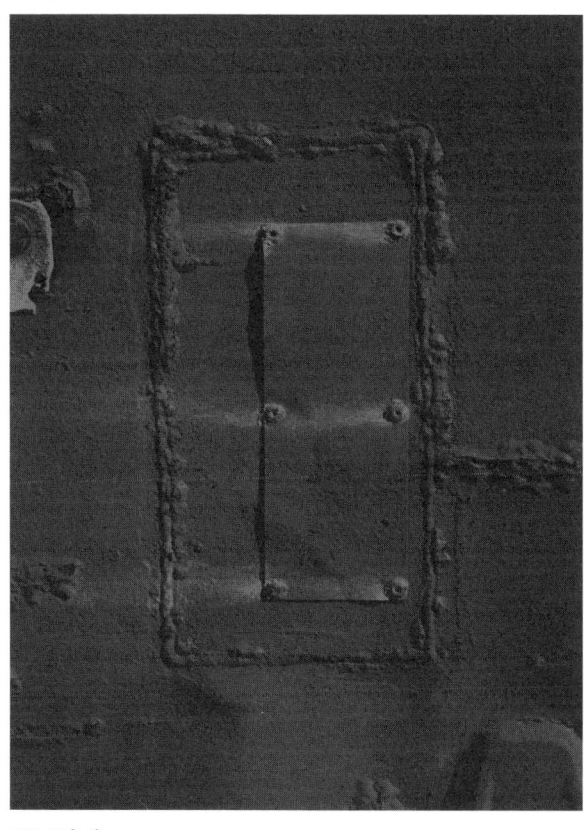

明石書店

Breaking the Cycle of Gender-based Violence

TRANSLATING EVIDENCE INTO ACTION FOR VICTIM/SURVIVOR-CENTRED GOVERNANCE

序　文

　ジェンダーに基づく暴力（gender-based violence: GBV）＊は広く蔓延している複雑な問題であり、各国で人々が、それもほとんどの場合、女性と女児が、年齢、ジェンダー、人種、社会経済的背景を問わず被害を受けている。世界では約3人に1人の女性が、生涯に身体的または性的、あるいはその両方の暴力を——ほとんどの場合、親密なパートナーから——受けている。この数字は憂慮すべきものであるが、身体的・性的暴力事件の多くは通報されないため、問題の全体像を表してはいない。広範な研究に示されているように、GBV被害者／サバイバーの圧倒的大多数は女性と女児であり、身体的、心理的、感情的、精神的、経済的な影響に長期的に——生涯ずっと——苦しめられることもある。GBVは被害者／サバイバーの権利と自由への脅威にもなり、彼女たちの完全で、有意義で、平等な社会参加を脅かす。被害者／サバイバーが受けるGBVには、親密なパートナーからの暴力（intimate partner violence: IPV）、性的虐待、セクシャルハラスメント、身体的・経済的・心理的虐待、テクノロジーを悪用した暴力、人身売買、女性器切除、強制的な児童婚など、多様な形態がある。

　GBVは、被害者／サバイバーに対する暴力を正当化する根深く有害な文化的規範と不平等な権力構造が合わさって顕在化したものである。経済力の欠如、政治と指導的地位における女性の代表性の不足、司法制度への不公平なアクセスなど、ジェンダー不平等の複数の要素が原因となって、被害者／サバイバーは暴力にさらされる。さらに、年齢、人種、民族、障害、性的指向、社会経済的階層などに起因するインターセクショナルな経験により、GBVの影響への脆弱性が高まる。

＊本書において、「ジェンダー」および「ジェンダーに基づく暴力」は、各国が国際的な義務とともに国内法令に基づいて解釈したものである。

OECD加盟国政府は2017年以来、一貫してGBVを最も困難なジェンダー平等問題として報告している。2022年の「OECDジェンダー勧告の実施に関する報告書（Report on the Implementation of the OECD Gender Recommendations）」で明らかにされたように、新型コロナウイルス感染症（COVID-19）パンデミック下でGBVの報告例が増加したという憂慮すべき状況から、そうした懸念は深まる一方である。

　2019年の「開発協力と人道支援における性的搾取・虐待・ハラスメントの撲滅に関する開発援助委員会勧告（Development Assistance Committee（DAC）Recommendation on Ending Sexual Exploitation Abuse, and Harassment in Development Co-operation and Humanitarian Assistance）」の採択など、GBVと闘うために、OECD加盟国によって国際協力やハイレベルな外交的措置が講じられてきた。しかし、現在の世界情勢はGBVとの闘いにさらなる困難をもたらしている。ロシアによるウクライナ侵略戦争によって人道危機が発生し、多数の人命の損失と住民の大規模な強制移動が、とりわけ女性と子どもに対して引き起こされている。歴史的に、性的暴力、人身売買、強制結婚などのGBVは紛争状況下で増加する。ウクライナでの戦争による経済の低迷から、多数のOECD加盟国で国家予算への圧力が強まっており、GBV対策への公共支出が転用されないようにすることがますます急務になっている。

　本書は、GBVの防止・対応・撲滅を目指すOECDの研究による最新の成果物である。GBVに対するOECDの水平的な取り組みは、社会制度・ジェンダー指数（Social Institutions and Gender Index: SIGI）、OECDファミリー・データベース（OECD Family Database）をはじめ、GBVに関して長期的に収集した国際比較データに基づき、「ドメスティックバイオレンス（DV）撲滅に向けて公共行動をとる（Taking Public Action to End Violence at Home）」と題したIPVに関する2020年ハイレベル会合から始まった（oe.cd/vaw2020）。この会合の結果、OECD大使らは「行動要請」により、この分野におけるOECDの取り組みの継続を求めた。これを受けて、OECDは複数の報告書を作成し、この暴力の危機に対する、より適切な政府の対応を考察した。そうしたOECDの取り

組みには、2021年の報告書『ジェンダーに基づく暴力の撲滅：ガバナンスとサバイバー／被害者中心アプローチ（*Eliminating Gender-based Violence: Governance and Survivor/Victim-centred Approaches*）』、2023年の報告書『暴力のない生活を支援する：被害者／サバイバーのためのサービスのよりよい統合に向けて（*Supporting lives free from violence: Towards better integration of services for victims/survivors*）』、2023年度版SIGI、ポッドキャスト・シリーズ「トゥルース・ハーツ（Truth Hurts）」などがある。

　本書で推進するGBV撲滅のための包括的アプローチは、OECDの最新の研究に基づく洞察と、2022年にOECD加盟国に対して実施した調査や質問票から得られた根拠のあるデータに基づく。そうした情報は、長年の「SIGI GBVに関する法律調査（SIGI Gender-Based Violence Legal Survey）」、2021年の「GBV撲滅のためのガバナンスおよびサバイバー／被害者中心アプローチの強化に関する調査（Survey on Strengthening Governance and Survivor/Victim-centric Approaches to End GBV）」、2021年の「GBVサバイバーのための統合的サービス提供に関する質問票（Questionnaire on Integrating Service Delivery for Survivors of Gender-Based Violence）」、2021年の「被害者／サバイバーへの非政府サービス提供者とのコンサルテーション（Consultation with Non-Governmental Service Providers Serving Victims/Survivors）」などから収集した。

　本書は、2013年の教育・雇用・起業におけるジェンダー平等に関するOECD理事会勧告、2015年の公職におけるジェンダー平等に関するOECD勧告、2015年の開発協力と人道支援における性的搾取・虐待・ハラスメント撲滅のためのDAC勧告——開発協力と人道支援における女性に対する暴力の防止・対処に関する初の国際基準——を基盤とし、またそれらの実施を支持する。

　OECDは各国がGBVを根絶するために、統合的で、省庁横断的で、全国的な対策を講じるのを支援する。本書は、OECDの公共ガバナンス委員会とジェンダー主流化・ガバナンス作業部会が調整した、OECDの水平的な「主要優先課題基金（Central Priority Fund）」プロジェクトの成果である。その準備に際し、OECDの公共ガバナンス局、雇用・労働・社会問題局、開発センターの複

数のチームが協力した。本書は2023年9月12日に公共ガバナンス委員会の承認を得た。

ジェンダーに基づく暴力の連鎖を断ち切る
——被害者／サバイバー中心ガバナンスによる
包括的アプローチ

目 次

コラム・図一覧

頭字語・略語

ADR 裁判外紛争解決手続き（Alternative dispute resolution）

CEDAW 女性に対するあらゆる形態の差別の撤廃条約（United Nations Convention on the Elimination of all Forms of Discrimination against Women）

DAC 開発援助委員会（Development Assistance Committee）

EIGE 欧州ジェンダー平等研究所（European Institute for Gender Equality）

EU 欧州連合（European Union）

FGM 女性器切除（Female Genital Mutilation）

GBA+ ジェンダーに基づく分析プラス（Gender-based Analysis Plus）

GBV ジェンダーに基づく暴力（Gender-based violence）

GIA ジェンダー影響評価（Gender Impact Assessments）

GMG OECDジェンダー主流化・ガバナンス作業部会（OECD Working Party on Gender Mainstreaming and Governance）

GREVIO 暴力およびドメスティックバイオレンス対策に関する専門家委員会（Group of Experts on Action against Violence and Domestic Violence）

IPV 親密なパートナーからの暴力（Intimate Partner Violence）

ISD 統合的サービス提供（Integrated Service Delivery）

MARAC 多機関リスクアセスメント会議（Multi-Agency Risk Assessment Conference）

MESECVI 女性に対する暴力の防止・処罰・撲滅に関する米州条約フォローアップメカニズム（Follow-up Mechanism to the Belém do Pará Convention）

NGO 非政府組織（Non-Governmental Organisations）

ODA 政府開発援助（Official Development Assistance）

OECD 経済協力開発機構（Organisation for Economic Cooperation and Development）

OECD-QISD-GBV
2022年ジェンダーに基づく暴力に対応する統合的サービス提供に関する OECD 質問票（2022 OECD Questionnaire on Integrated Service Delivery to Address Gender-Based Violence）

PGC　公共ガバナンス委員会（Public Governance Committee）

SDG　持続可能な開発目標（Sustainable Development Goal）

SEAH　性的搾取・虐待・ハラスメント（Sexual Exploitation Abuse and Harassment）

SIGI　社会制度・ジェンダー指数（Social Institutions and Gender Index）

UN　国際連合（United Nations）

USD　米ドル（United States dollar）

VAW　女性に対する暴力（Violence against women）

WHO　世界保健機関（World Health Organisation）

要　旨

　ジェンダーに基づく暴力（gender-based violence: GBV）[*]は広く蔓延している有害な問題であり、人々が、それもほとんどの場合、女性と女児が、年齢、ジェンダー、人種、社会経済的背景を問わず被害を受けている。女性と女児は早くも出生後から生涯を通じて、経済、社会、政治、精神など、人生のあらゆる領域でGBVの脅威にさらされる。女性と女児の憂慮すべき割合が、生涯のうちに少なくとも1度、被害者／サバイバーになっている。

　GBVは近年、政策立案者の関心を集めており、OECD加盟国によってジェンダー平等に関する最優先課題として繰り返し報告されている。多くのOECD加盟国が、「女性に対する暴力とDVの防止と撲滅に関する欧州評議会条約（イスタンブール条約）」をはじめ、法的拘束力のある国際文書を批准するなどして、GBVの撲滅に取り組んできた。

　GBVの撲滅はすべての人の責務である。政府はGBVを防止・特定・訴追するための総合的な法的枠組みと政策を提供し、被害者／サバイバーのニーズと利益を理解し、それらに対応するサービスを構築する必要がある。本書は、システム、文化、司法へのアクセスという3本の柱を中心とするOECD GBVガバナンス・フレームワークに向けて、エビデンスと提言を提供する。1本目の柱であるシステムに関して、水平・垂直連携、資金提供、データ収集、リスク評価と管理に基づき、被害者／サバイバーを中心とするアプローチを設計するためのOECD加盟国の法的・政策的枠組み、制度的環境、取り組みを明らかにする。2本目の文化に関して、統合的サービス提供、被害者／サバイバーや他の関係者との協議、男性と男児への働きかけを通じて、被害者／サバイバー

---

[*]本書において、「ジェンダー」および「ジェンダーに基づく暴力」は、各国が国際的な義務とともに国内法令に基づいて解釈したものである。

の経験を政策設計の中心に据えるOECD加盟国の実践をまとめる。3本目の司法へのアクセスに関して、被害者／サバイバーの司法へのアクセスを妨げる障壁に対処して、司法による統合的なソリューションに基づき、修復的司法イニシアチブ、問題解決型司法、治療的司法などを含む解決策と、説明責任を強化する解決手法を考案しようとするOECD加盟国の取り組みについて、現状を考察する。

　本書は、すべての加盟国において、GBVに取り組むために、より強固な法的・規制枠組みとともに、全政府的な政策と戦略が採用されてきたことを明らかにする。OECD加盟国の大多数が、GBVに関して連携の仕組みを強化し、ステークホルダーエンゲージメントを改善し、データ収集努力を強化していることを報告している。また、多くの加盟国がより効率的で協調的なGBV対応を目的として、統合的なサービス提供の仕組みを開発していると報告している。さらに、被害者／サバイバーの法的ニーズに対する理解を深め、加害者の説明責任の追及を強化するなどして、被害者／サバイバー中心の司法へのアクセス経路が考案されるようになっている。

　こうした取り組みにもかかわらず、どのOECD加盟国にも大きな課題があり、それらが暴力のない生活の実現と女性と女児の命を救う対応の実施に向けた歩みを遅らせている。

　なかでも重要な問題は、OECD加盟国において、包括的で法的拘束力のある国際条約、大規模なキャンペーン、市民社会からの圧力があるにもかかわらず、すべての形態のGBVが認識され、訴追されているわけではないことである。たとえば、DVが刑事罰の対象になるのは、OECD加盟国では32か国のみであり、家族または家庭内でのすべての身体的、性的、心理的、経済的虐待が国の法的枠組の対象になるわけではない。同様に、レイプ、セクシャルハラスメント、女性器切除、児童婚を禁ずる法律は、決して包括的とはいえない。あらゆる形態のGBVに対処し、人生のあらゆる領域で女性と女児を守る法的枠組みを開発する大きな必要性がある。

　さらに、全政府的なシステムを実施するための課題も残っている。連携の仕

組みは依然として一貫性がなく、機関間、中央・地方政府間で十分に情報が共有されていない。OECD加盟国では38％が国のGBV政策に一定の予算を割り当てておらず、不十分な資金は今なお大きな障壁として効果的な組織的対応を阻んでいる。GBVへのいかなる対応も、暴力の形態、被害者／サバイバーのインターセクショナルな経験、加害者に関する情報によって細分化された信頼性の高いデータに裏づけられていなければならない。ほとんどの場合、データを収集する際に、すべての必要な変数で細分化されているわけではないため、データ不足が大きな障害になっている。たとえば、調査対象のOECD加盟国のうち、経済的暴力に関するデータを収集しているのは13％のみで、心理的暴力とテクノロジーを悪用した暴力に関するデータを収集しているのは30％のみであった。さらに、社会・司法・医療支援制度がすでに逼迫し、より広範な国家緊急危機管理制度の能力が制限されていることから、OECD加盟国はDVやGBVとの闘いに依然として苦戦している。また、調査対象のOECD加盟国のうち、GBVに専門的に対応する危機管理計画を導入しているのは36％のみであった。

　政策設計時に協議する関係者として、被害者／サバイバーの参加が報告されることは最も少ない。さらに、GBVに関する政策、プログラム、サービスの設計において、被害者／サバイバーのインターセクショナルな経験を実際に考慮していると報告した回答国は、半数未満（43％）であった。GBVの予防介入と早期発見努力を強化するための大きな余地があり、そこには男性であることが多い加害者への働きかけが含まれる。

　統合的サービス提供には、親密なパートナーからの暴力（IPV）を含め、GBVに対応する大きな可能性があるものの、OECD加盟国の回答国のうち、サービスの提供にこのアプローチを促進・実施していると報告した国は半数未満（48％）であった。そして、統合的サービス提供が被害者／サバイバーにもたらす効果について、体系的な評価が十分に行われていないため、統合的サービス提供の拡大と改善が制限されている。さらに、GBV撲滅への闘いには、被害者／サバイバーに司法への効果的なアクセスを確保することが不可欠であ

る。そのためには、被害者／サバイバーの法的および関連ニーズを突き止め、そうしたニーズに対応するように司法サービスの重点を置き直すことが必要である。しかし、調査に回答したOECD加盟国のうち、法的ニーズ調査を利用して被害者／サバイバーの法的ニーズを評価している国は16％のみであった。また、移民や民族集団のほか、特にコミュニケーションテクノロジーを利用できない人々を含め、GBVのすべての被害者／サバイバーに対応した措置を考案することが強く求められる。司法制度・手続きは複雑であることから、アクセス可能な情報は特に重要であり、いかなる背景の被害者／サバイバーであれ、その権利を認識できるような支援が必要である。

第 1 章

ジェンダーに基づく暴力の
防止と対処が重要な理由

　本章では、COVID-19 パンデミックの影響を含め、GBV の蔓延とコスト
について取り上げる。そして、法的枠組みと全政府的枠組みを通じて GBV
に対応し、被害者／サバイバー中心の文化を醸成し、強固な説明責任の仕組
みを確立するための包括的アプローチを紹介する。

本書において、「ジェンダー」および「ジェンダーに基づく暴力」は、各国が国際的な義務とともに国内法令に基づいて解釈したものである。

1.1 ジェンダーに基づく暴力は社会に蔓延している問題であり、政府にとって最優先すべき課題である

　GBVは多様な形態で現れる複雑で多面的な現象であり、IPV、DV、性的虐待・搾取・ハラスメント、ストーキング、テクノロジーを悪用した暴力、"名誉"に基づく暴力、女性器切除、強制結婚（児童や未成年者の結婚を含む）、強制中絶、強制不妊手術などがある（コラム1.1）。IPV、すなわち現在または以前の親密なパートナーからの暴力は、GBVの典型例であり、さまざまな形態で現れる（コラム5.1も参照）。GBVはジェンダーを理由として個人に対して振るわれる暴力の一形態である。男性もGBVの被害者／サバイバーになることもあるが、女性と女児が被害者／サバイバーの大多数を占めることから、本書では女性と女児の経験に焦点を合わせる。女性と女児が経験するGBVの被害は、人種、民族、先住性、階級、年齢、宗教、移民または難民の地位、性的指向、障害、居住地などのアイデンティティに関連する要素のインターセクショナリティによって異なる。GBVは世界のどの国でも、どの社会経済的集団でも起こる。COVID-19パンデミック下や最近の紛争状況下で明らかになったように、非常事態や危機的状況では、特定の形態のGBVが増加する可能性がある（OECD, 2021c）。

　GBVはその場限り、一度限りの出来事であることはめったにない。古くからの社会規範や有害なジェンダーステレオタイプに支えられてきた、継続的な虐待のパターンであることが多い。GBVは深刻な形態の差別であり、権利と自由を平等に享受し、社会に完全に参加する個人の能力を抑圧する。GBVは個人間の問題にとどまらず、より広い社会全体の問題であり、国の経済と発展と健康全般に影響を及ぼす。世界では約3人に1人の女性が、その生涯で親密な関係にあるパートナーから身体的または性的暴力を受けたり、パートナー以外から性的暴力を受けたりしている（WHO, 2021; Sardinha et al., 2022）。しかし、多くのGBV事件はさまざまな理由で通報されないため、実際の数字はそれよりはるかに多いと考えられる（OECD, 2023b）。

［コラム 1.1］　ジェンダーに基づく暴力の形態

　女性と女児はその生涯において公私両方の領域でGBVにさらされ、身体的、性的、心理的、精神的、感情的、経済的な被害を受ける。GBVは複雑であり、広く蔓延していることから、その多様な形態を完全にリスト化するのは困難である。

　GBVの典型例はIPVであり、現在または以前の親密なパートナーの間で起こる暴力で、身体的、心理的、性的、経済的被害をもたらす。IPVも多様な形態を取り、身体的暴力、性的暴力、精神的・心理的虐待、支配的態度といった行為がある。

　女性に対するあらゆる形態の暴力を網羅した、広範囲に及ぶ法的拘束力のある人権条約として、イスタンブール条約は多様な形態のGBVを明確化している。

- **心理的暴力**：抑圧や脅迫によって個人の心理的統合性を著しく損なうこと。
- **ストーキング**：他者に対して脅迫的な行為を繰り返し行い、その者の安全に脅威を与えること。
- **身体的暴力**：他者に対して身体的暴力行為を行うこと。
- **性的暴力（レイプを含む）**：（1）身体の一部または物体を用いて、他者の身体に対し、その同意なく膣、肛門、または口腔内へ性的な性質の挿入を行う、（2）他者とその同意なく性的な性質を持つ行為を行う、（3）他者に対し、その同意なく第三者との性的な性質を持つ行為を行わせる意図的な行動のこと。
- **強制結婚**：成人または児童を強制的に結婚させること。
- **女性器切除**：（1）女性の大陰唇、小陰唇、または陰核の全部または一部に対して切除、縫合、その他の損傷を伴う行為を行う、（2）上記の（1）に挙げた行為のいずれかを行うよう女性に強要または強制する、（3）上記の（1）に挙げた行為のいずれかを行うよう女児に扇動、強要、または強制する意図的な行動のこと。
- **強制中絶**：事前の、十分な情報に基づく同意なく、女性に中絶を行うこと。
- **強制不妊手術**：事前の、十分な情報に基づく同意なく、自然の生殖能力を断つ目的または効果を持って手術を行うこと。
- **セクシャルハラスメント**：人の尊厳を侵害する目的または効果を持って、性的な性質を持つ不快な言動を行うこと。
- **“名誉”の名のもとで行われる犯罪**：文化、慣習、宗教、伝統、またはいわゆる“名誉”によって正当化された暴力行為を行うこと。

　テクノロジーを悪用した暴力はイスタンブール条約で直接言及されていないもの

2021年ジェンダー平等に関するOECD質問票に回答した41か国のうち33か国の政府によると、女性に対する暴力[1]への対応は引き続きジェンダー平等を推進するための最重要行動分野になっている（OECD, 2022）（図1.1）。近年では多数のOECD加盟国が、GBVの撲滅に対して国際的に公約したり、国内で対策を講じたりしている（コラム1.2）。

図1.1　女性に対する暴力はジェンダー平等の最優先分野とみなされている

各問題を最優先分野とみなしていると回答した国の数、2021年

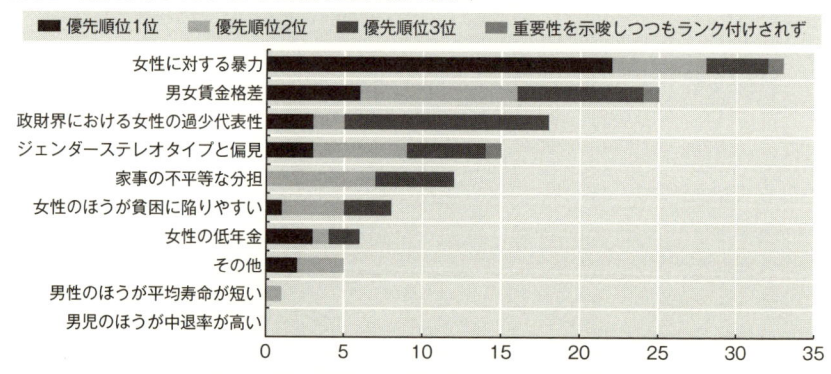

注：2021年ジェンダー平等に関するOECD質問票では、加盟国に対し、リスト化した項目から、自国のジェンダー平等における最優先課題を回答するよう求めた。これはOECD、OECDの委員会、それらの補助機関（ジェンダー主流化・ガバナンス作業部会など）が実施する取り組みに関して、各国がつけている政策優先順位とは異なる場合がある。横軸は、当該問題の優先順位を上位3位までに挙げた国の数を表す。回答国はその他の優先事項を回答することも可能であった。それらの回答は「その他」に数えられており、「不均衡な労働参加率」「男女間の健康格差」「女性の割合が高い職業の過小評価」「女性の安全」などがある。図に表示されているのは、42か国（OECD加盟国38か国と非加盟国4か国）のうち、回答した41か国である（そのうち1か国は優先順位1位と2位のみを回答し、1か国は優先順位3位に2項目を回答した）。
資料：OECD（2022）, *2021 OECD Gender Equality Questionnaire*, as reported in the Report to the Council at Ministerial Level on the Implementation of the OECD Gender Recommendations, C/MIN（2022）7/en.

コラム 1.2　OECD加盟国によるGBV対策への取り組み

　OECDジェンダー主流化・ガバナンス作業部会は、OECD加盟国とパートナー国のジェンダー平等を担当する政府職員や専門家で構成されており、複数の調査においてGBV対策が最優先事項とされていることを明らかにした（OECD, 2021c）、（OECD, 2022）。過去10年間、多数のOECD加盟国が国際条約を批准して、女性に対する暴力と闘う協定を支持してきた（イスタンブール条約、女性に対する暴力の防止・処罰・撲滅に関する米州条約、開発協力と人道支援における性的搾取・虐待・ハラスメントの撲滅に関するDAC勧告など）。加盟国はセクシャルハラスメントや女性に対する暴力を、国内の政策課題としてもますます優先するようになっている（OECD, 2022）。

　本書などで報告されているように、ここ数年間、OECD加盟国は国家行動計画（戦略計画）でもGBV対策に取り組み始めており、GBVの撲滅を目指してより強固な法律を策定している（OECD, 2017b; OECD, 2021c）。また、被害者／サバイバーをGBV政策やプログラムの中心に置き、制度的取り決めや機関間の連携を改善し、新たな支援プログラム（被害者／サバイバー対象の有給休暇など）を導入し、より強固なデータ・情報収集手法を実施するようになった国もある（OECD, 2022）。

開発協力と人道支援における性的搾取・虐待・ハラスメントの撲滅に関するDAC勧告

　OECD DACによるこの2019年の勧告は、初めて開発協力と人道支援を対象にした性的搾取・虐待・ハラスメント（sexual exploitation, abuse, and harassment: SEAH）に関する国際勧告である。その採択は、二国間援助国（や他のパートナー国）が、SEAHへの対応を改善し、SEAHを防止するための個別および共同の責任に対する支持を示す重要なシグナルであった。

　この勧告は、（通常は開発機関や外務省庁を中心とする）自国の政治システム内において、また実施パートナーおよび他の主体との協力のあり方について、さらには世界各地での開発協力と人道支援の提供において、DAC加盟国政府による政策と実践の効率化を支持している。このDAC勧告の採択以来、DAC加盟国政府はSEAHに取り組む政策と戦略を採用し、（自国の政府内に、また開発・人道支援の場面で実施パートナーと協力して）報告制度と苦情処理制度を設置し、（自国の制度内で、または開発・人道支援の場面で）被害者／サバイバーへのより包括的な支援を提供する取り組みを拡大してきた。

この勧告は31か国のDAC加盟国によって採択され、以来、国連児童基金（UNICEF）、国連難民高等弁務官事務所（UNHCR）、国連プロジェクトサービス機関（UNOPS）、国連人口基金（UNFPA）が実施している。

2013年教育・雇用・起業におけるジェンダー平等に関するOECD理事会勧告
OECDによるこの2013年の勧告は、法律、政策、監視、国民の意識向上キャンペーンなどを通じて、教育、雇用、起業におけるジェンダー平等を促進するための一連の措置を提示している。この勧告のもと、すべてのOECD加盟国は、雇用主や労働組合による意識向上や防止のためのキャンペーンや行動をはじめ、職場でのセクシャルハラスメントを根絶するためのあらゆる適切な措置を促進することを約束した。

資料：OECD, 2017a; OECD, 2017b; OECD, 2019; OECD, 2021c; OECD, 2022.

1.2 ┃ GBVの高いコスト

　GBVは差別と人権侵害の世界的な危機である。被害者／サバイバーともっと広く社会が被るコストは高い。被害者／サバイバーは身体的外傷や長期的な健康への悪影響を含め、身体的健康、精神的健康、性と生殖に関する健康への短期的・長期的影響に苦しめられる。GBVは被害者／サバイバーの子どもの健康とウェルビーイングにも影響を及ぼし、被害者／サバイバーとその家族のほか、社会にも高い経済的・社会的コストをもたらす。

　2021年、世界全体で4万5,000人の女性と女児が親密なパートナーや他の家族によって殺害された（UNODC/UN Women, 2022）。失われた人命は膨大で、被害者の子ども、家族、友人、コミュニティに深刻な影響を及ぼしている。IPVや性的虐待をはじめ、さまざまな形態のGBVは、HIVといった性感染症のリスクの上昇も招く（Geller et al., 2020）。身体的外傷は直接的なものであるが、身体的および性的暴力は抑うつ、心的外傷後ストレス障害（PTSD）、パニ

ック障害など、長期にわたって持続する精神的健康問題につながる（Garcia-Moreno, Guedes and Knerr, 2012）。最も一般的な形態のGBVであるIPVの被害者／サバイバーは、PTSDを患うリスクが7倍高く（EIGE, 2021a）、抑うつや不安に苦しむリスクが3倍高い（EIGE, 2021a）。被害者／サバイバーの子どもも、GBVによる身体的、心理的、感情的、経済的なコストに直接さらされ、ウェルビーイングに長期的な影響を受ける恐れがある。被害者／サバイバーの家族、友人、同僚を含むコミュニティも、そうしたコストを間接的に被る。

　被害者／サバイバーは多くの場合、加害者によって孤立させられ、支配されて、社会的・経済的自立性を失う恐れがあり、貧困や格差を経験するリスクが高まる（CARE International, 2018）。その結果、社会的孤立、賃金の喪失、訴訟費用など、広範な社会的・経済的影響を受ける可能性が生じる（Villagomez, 2021）。さらに、教育、雇用、市民生活、政治などへの参加に悪影響を及ぼす不名誉やスティグマにも直面する（CARE International, 2018）。これらの影響は、家庭に子どもがいる場合、さらに深刻なものになる。

　GBVは社会全体にも経済的影響をもたらす。複数の研究によると、GBVはサービス提供（シェルター、救急処置室、カウンセリングサービス、増加する医療費）への支出、女性とその家族の所得の喪失、労働力の生産性の低下、将来の人的資本形成への悪影響などの点で、大きな経済的コストをもたらす。たとえば、IPVに重点を置いた研究の推定では、そうした暴力によって一般的に国の年間国内総生産の1％から2％のコストが生じる（OECD, 2021c）。欧州連合（European Union: EU）でのGBVの年間コストは、失われた経済生産、公共サービス費用、被害者／サバイバーの生活への身体的・感情的影響の概算に基づき、推定3,660億ユーロ（IPVはこの48％を占める）と算出されている（EIGE, 2021b）。米国のある研究は、米国におけるIPVの年間総コストを、刑事司法、医療、生産性の喪失などに関連するコストを含め、3兆6,000億米ドルに上ると推定している（Peterson et al., 2018）。カナダの別の研究は、GBVが生涯にわたって女性の経済参加と所得の低下を引き起こすため、所得の喪失によって合計3,340億米ドルの生涯コストが発生しうることを報告している（Duvvury et al., 2013)。コラム1.3でさらに例を紹介する。このようにGBVのコストは経済成長に対しても負の関連性を示している（Duvvury et al., 2013）。

　GBVはなにより人命と人権を害することから、すべての国が対処しなければならない。しかし、GBVの全般的なコストを算出すれば、政府がGBVの防止と対応を優先すべきさらなる根拠が得られるだろう（OECD, 2021c）。

■コラム 1.3■　GBVによるコストの分析例

ラテンアメリカ・カリブ諸国

　2013年、米州開発銀行は女性の生殖に関する健康、労働力の供給、子どもの福祉への影響など、無形の影響の点で、女性に対する暴力のコストを推定する調査を行った。調査では、ラテンアメリカ・カリブ諸国の7か国から、あらゆる所得階層・小地域の女性8万3,000人をサンプルとした。その結果、（1）DVはラテンアメリカ・カリブ諸国では高度に蔓延している、（2）DVは女性の健康に負の関連性を持つ、（3）DVの影響は直接虐待を受けた者だけにとどまらないことが明らかになった。例として、身体的暴力を受けている母親の子どもは、そうではない母親の子どもよりも健康状態が悪いことが明らかになった（IDB, 2013）。

ニュージーランド

　ニュージーランドでは、事故補償制度（Accident Compensation Corporation: ACC）がニュージーランドにおける性的暴力の経済的コストの総計を、国にかかるコスト（医療、所得補助、加害者の訴追や更生に関連する刑事司法費用など、サービスのコスト）と、個人と社会にかかるコストに分けて算出した。ニュージーランドでは2020年の性的暴力による総経済的コストは69億ニュージーランドドルと推定された。その内訳は、国のコストが6億ニュージーランドドル、個人のコストが52億ニュージーランドドル、社会全体のコストが11億ニュージーランドドルである（Schulze and Hurren, 2021）。性的暴力のコストには有形と無形のコストがある。有形コストとは、医療や加害者の訴追・処罰など、完全に追跡できるコストである。無形コストとは、苦痛や心的外傷（トラウマ）などの長期的な被害をはじめ、必ずしも詳細を明確にできるとは限らない、失われたものを表す。そうしたコストには、癒やされないトラウマに対してサバイバーが利用する症状の治療や対処メカニズム、報告に上がらない家族や友人の損害・被害、PTSDなどの精神疾患

による継続的・長期的影響などがある。

スイス

　スイスはIPVの直接・間接コストを明らかにする調査を実施した。具体的には、警察業務、社会福祉サービス、公共医療に関連するコストと、疾病や傷害や死亡に起因する生産性の低下がもたらすコストを算定した。スイスにおけるIPVの総有形コストは、年間1億6,400万スイスフランと推定された。これはスイスの中規模都市の1年間の支出に相当する（Government of Switzerland, 2013）。

資料：Government of Switzerland, 2013; Schulze and Hurren, 2021; IDB, 2013.

1.3 ┃ GBVに関してCOVID-19がもたらした特有の課題と機会

　COVID-19パンデミックは世界的にGBVの蔓延を悪化させたようである。都市封鎖（ロックダウン）や社会的距離の確保（ソーシャルディスタンシング）の間、女性はGBVやDVを受けるリスクが高まった（OECD, 2022）。COVID-19に起因する社会的・経済的ストレッサー——外出の自粛、社会的交流の喪失、学校閉鎖に伴い子どもが一日中家にいること、失業、健康へのストレスなど——によって暴力の発生が増加した。さらに、強制的なロックダウンの間、個人の移動の自由が制限されて、虐待者による女性と女児への支配が強まった。女性はIPVを受けても、虐待者が家にいるため、家庭から避難したり、緊急電話相談サービスに通報したりすることが、これまで以上に困難になった。すでにシェルターや一時的住居にいる女性たちも、感染リスクや引っ越し先の選択肢の不足から、移動が困難になった（OECD, 2020）。

　一方、ロックダウン期間にデジタルテクノロジーへの依存が急速に進んだこともGBVに影響を与えた。テクノロジーを通じて外部とのつながりを広げられた者もいれば、同居のパートナーから携帯電話やパソコンへのアクセスを制限されたことで、支配と孤立が強まった者もいた（OECD, 2020）。全体的にみ

て、COVID-19パンデミックは、シェルター、医療サービス、児童の保護、警察、法律扶助制度など、重要な政府サービスへの物理的障壁を高めた（Pfitzner, Fitz-Gibbon and True, 2020）。こうした問題が生じた一方、COVID-19危機は、政府に将来の危機的状況に備えて、GBVの防止・対策・対応を改善する機会をもたらした。多くの国がパンデミックの結果、GBV問題への関心が高まったと報告している。これは、GBVを防止・撲滅するための規制的・政策手段の採用につながった。本書では、GBVに対応するためにCOVID-19パンデミック下で登場した革新的な対応を明らかにする。具体的には、（1）パンデミック、自然災害、経済不況などの危機下でGBVに対処するための危機管理計画や緊急事態対応計画などを設計し、それらを実施するための資金を確保すること、（2）危機の間の迅速な対応・介入を制度化、実施、監視することにより、GBVへの対応にステークホルダーを関与させること、（3）脆弱な人々に特に重点を置いて、インターセクショナルな改善戦略を開発すること、（4）被害者／サバイバーが虐待を通報できる複数のチャンネルを確立すること、（5）統合的なサービスによる対応を実施し、サービス提供者間の連携を強化すること、（6）サービス、司法へのアクセス経路、権利に関する情報をより広範に普及させること、（7）（テクノロジーの利用などを通じて）司法サービスへのアクセスを阻む障壁を削減することである。

1.4 OECD GBVガバナンス・フレームワーク

政府には国民を守る責任がある。この責任の不可欠な一部として、GBVの防止と対応がある。GBV問題に対してさまざまな政府機関、セクター、社会全体での総合的で、包括的で、一貫性のある対応を可能にする要素が複数ある。

それらをまとめたのが、3本の柱からなるOECDの全政府的なGBV対応枠組みであり、2021年の報告書『ジェンダーに基づく暴力の撲滅』に基づいている。この枠組みの骨子は、総合的な法的枠組み・政策・戦略の策定（システ

図1.2　OECD GBVガバナンス・フレームワークの3本柱

システム	文化	司法へのアクセスと説明責任
・GBVに関する総合的な法律と政策 ・あらゆる段階での差別化された 　行動と目標 ・監視と評価 ・関係者への働きかけ	・被害者／サバイバー中心のアプローチ ・発見と予防への取り組み ・連携の取れた対応・訓練・プログラム ・男性と男児への働きかけ	・司法へのアクセスの容易化・訴追と処罰 ・フェミサイド／フェミニサイドの検証

資料：OECD (2021c), *Eliminating Gender-based Violence: Governance and Survivor/Victim-centred Approaches*, OECD Publishing, Paris, https://doi.org/10.1787/42121347-en.

ムの柱）、被害者／サバイバーを中心に据えたサービス文化の醸成（文化の柱）、および被害者／サバイバーによる司法へのアクセスと説明責任の強化（司法へのアクセスと説明責任の柱）である。本書はOECD加盟国のデータを用いて優れた実践を明らかにし、既存の格差や課題を分析することで、この枠組みを補強する。

　システムの柱が土台とするのは、あらゆる形態のGBVとすべての被害者／サバイバーの経験を考慮した総合的で包括的な法律、政策、戦略である。法的枠組みは被害者／サバイバーに対して、法の盲点のない包括的な保護を提供しなければならない。そして、垂直・水平連携の仕組みと十分な資金提供によって、また政府主体と関連ステークホルダーの役割と責任を明確化するとともに、評価の仕組みを確立することによって、それらの実施を支えなければならない。

　ガバナンスとサービス文化の柱が重視するのは、被害者／サバイバー中心のシステムとサービスにより、被害者／サバイバーのインターセクショナルなニーズと経験を理解してサービス提供に反映させることである。そのためには、医療・司法・社会福祉セクターで被害者を中心に据えてサービス提供を統合すること、サービス提供者の能力構築、GBVの発見と予防への積極的な取り組み、男性と男児に働きかけてジェンダーに関する有害な態度と行動を改善することが必要である。

最後に、どのような背景を持つ被害者／サバイバーでも利用できように司法へのアクセス経路を築き、加害者にGBVの説明責任を問うことで、法的枠組みを確実に実施することにより、この枠組みは完成する。重要な要素として、被害者／サバイバーのニーズと経験に対応する司法関連のサービスと手続きの策定、加害者の処罰と更生、女性嫌悪殺人（フェミサイド、フェミニサイド）を追跡して司法制度による予防可能な失策や不適切な対応を防ぐことなどがある。

　このOECDの枠組みが土台とし、また補完するのは、既存の国際的および地域的な基準や文書であり、それらはいずれも、GBVに対処するための包括的で、効果的で、関連公共機関が連携した全政府的な政策の重要性を認めている。このOECDの枠組みは、世界各国の実践と政策の知見を利用し、また実施の側面を強調したものであり、イスタンブール条約の防止、保護、訴追、政策協調の4本柱からなる戦略を補完する。

1.5 ┃ 本書の手法と構成

　2022年、OECDはGBVに対する加盟国のアプローチについて調査を実施した（コラム1.4）。本書は、3つの調査・質問票から得られた新たなエビデンスに依拠し、二次調査、各国の研究、2020年の女性に対する暴力の撲滅に関するOECDハイレベル会合（OECD High-level Conference on Ending Violence Against Women）などの国際会議から得られたデータや情報で補完した。COVID-19パンデミックから学んだ教訓も取り入れている。

コラム 1.4 　本書の情報源となったOECDの調査と質問票

　2022年、OECDは複数の調査を実施して、GBVへの対処に関する実践について、質問票への加盟国の回答を収集し、本書の情報源とした。
● 2022年GBV撲滅のためのガバナンスおよびサバイバー／被害者[1]中心アプロー

チの強化に関する OECD 調査（2022年 OECD GBV 調査）：この調査は OECD 加盟国に対して実施され、システムと文化に関する調査では、GBV に対する全政府的システムの重要要素についてデータを収集し、司法へのアクセスと説明責任に関する調査では、被害者／サバイバーによる司法へのアクセスを改善するために各国がとっているさまざまなアプローチを検証した。質問票は公共ガバナンス委員会のジェンダー主流化・ガバナンス作業部会の代表者に送付した。

- 2022年 GBV サバイバーのための統合的サービス提供に関する OECD 質問票（OECD-QISD-GBV）と GBV 被害者／サバイバーにサービスを提供する非政府サービス提供者との OECD コンサルテーション（OECD コンサルテーション）：この質問票は、OECD 加盟国で GBV を経験している女性を支援するためのサービス提供の仕組みに関して、データを収集した。OECD-QISD-GBV は、さまざまなセクターでのサービスの用意と提供について、また統合が国レベルでどの程度優先されているかについて各国に質問した。質問票は OECD ELSAC の社会政策作業部会の代表者に送付し、加盟38か国中35か国が回答した。

- さらに、GBV の分野に従事する非政府サービス提供者に対して、OECD WPSP の指導のもと、アンケート調査に基づくオンラインコンサルテーションを実施して、実際にサービスを提供する非政府組織から知見を集めた。アンケートは欧州ファミリー・ジャスティス・センター・アライアンス（European Family Justice Centre Alliance）（https://www.efjca.eu/）を通じて非公式でも配布された。合計で OECD 加盟国12か国でサービスを提供する27の非政府サービス提供者から回答が得られた。

- 社会制度・ジェンダー指数（SIGI）と SIGI ジェンダーに基づく暴力に関する法律調査（SIGI GBV 法律調査）：2009年以降、OECD 開発センターは世界の社会制度における差別の測定を実施してきた。SIGI は成文法、不文法、社会規範、社会的慣習のなかで女性と女児が直面する差別の水準を評価する。2019年に第4版が発行され、2023年には第5版が発表予定である。GBV に関する法的枠組みの現状を評価し、法の盲点を突き止め、優れた実践を紹介するために、OECD 開発センターは2022年に SIGI GBV 法律調査を実施した。質問票には女性と女児への GBV に関する法律、国家政策、行動計画が含まれ、DV、レイプ、セクシャルハラスメント、女性器切除、児童婚に関する具体的な項目が設けられた。質問票は開発センター運営委員会を通じて開発センター加盟国に送付された。53か国の加盟国のうち、25か国がオンライン調査に回答した。16か国は OECD 加盟国で9か国は非加盟国であった。また、SIGI 第5版（2023年）のデータは全

本書の構成は以下のとおりである。

- **第2章**では、OECDのSIGIを含め、GBVに関する世界の法的状況について知見を取り上げる。
- **第3章**では、GBVに全政府的なアプローチで対処するためにOECD加盟国が導入している取り組みと、その有効性を制限する未解決の問題を提示する。
- **第4章**では、被害者／サバイバー中心のガバナンスとサービス文化が、それらを政策立案・実施に取り入れて、防止策に重点を置くことで実現できることを明らかにする。
- **第5章**では、IPVに重点を置いて（OECD, 2023bに基づき）、被害者／サバイバーの支援を改善するために、政府が社会福祉、医療、住居、司法などのセクターでサービス提供をどのように統合しているのかを議論する。
- **第6章**では、被害者／サバイバーによる司法へのアクセスと、GBV撲滅のための取り組みと関連する説明責任について考察する。

注釈

1. 「女性に対する暴力」という語は、2017年と2022年の『OECDジェンダー勧告の実施に関する報告書』で用いられた。本書では「ジェンダーに基づく暴力」という語を用いて、対象を年齢、ジェンダー、人種、社会経済的背景にかかわらず、あらゆる被害者／サバイバーに広げた。またこの語は、この現象の根本原因として、ジェンダー間に権力の不均衡があることも認めている。しかし、本書では、女性と女児が被害者／サバイバーの大部分を占めていることから、女性と女児に焦点を合わせる。

参考文献・資料

CARE International (2018), *Counting the Cost: The Price Society Pays for Violence Against Women*, https://www.care-international.org/files/files/Counting_the_costofViolence.pdf.

Council of Europe (2011), *Council of Europe Convention on preventing and combating violence against women and domestic violence ("Istanbul Convention")*, Council of Europe Treaty Series, No. 210, Council of Europe, https://rm.coe.int/168008482e (accessed on 5 October 2022).

Duvvury, N. et al. (2013), *Intimate Partner Violence: Economic Costs and Implications for Growth and Development*, Gender Equality and Development, No. 2023/3, Women's Voice, Agency, & Participation Reserch Series, The World Bank, https://openknowledge.worldbank.org/bitstream/handle/10986/16697/825320WP0Intim00Box379862B00PUBLIC0.pdf?sequence=1&isAllowed=y.

EIGE (2021a), *Gender Equality Index 2021: Health*, European Institute for Gender Equality, https://eige.europa.eu/sites/default/files/documents/gender_equality_index_2021_health.pdf.

EIGE (2021b), *The costs of gender-based violence in the European Union*, European Institute for Gender Equality, https://eige.europa.eu/sites/default/files/documents/20213229_mh0921238enn_pdf.pdf.

Garcia-Moreno, C., A. Guedes and W. Knerr (2012), *Understanding and addressing violence against women*, World IIealth Organization, Geneva, https://apps.who.int/iris/bitstream/handle/10665/77432/WHO_RHR_12.36_eng.pdf?sequence=1&isAllowed=y (accessed on 13 March 2023).

Geller, R. et al. (2020), "A Prospective Study of Exposure to Gender-Based Violence and Risk of Sexually Transmitted Infection Acquisition in the Women's Interagency HIV Study, 1995-2018", *Journal of Women's Health*, Vol. 29/10, pp. 1256-1267, https://doi.org/10.1089/jwh.2019.7972.

Government of Switzerland (2013), *Coûts de la violence dans les relations de couple*, https://www.admin.ch/gov/fr/accueil/documentation/communiques.msg-id-51007.html (accesscd on 13 March 2023).

IDB (2013), *Causal Estimates of the Intangible Costs of Violence against Women in Latin America and the Caribbean*, Inter-American Development Bank, https://publications.iadb.org/en/publication/11285/causal-estimates-intangible-costs-violenceagainst-women-latin-america-and.

OECD (2023a), "Social Institutions and Gender Index (Edition 2023)", *OECD International Development Statistics* (database), https://doi.org/10.1787/33beb96e-en (accessed on 31 May 2023).

OECD (2023b), *Supporting Lives Free from Intimate Partner Violence: Towards Better Integration of Services for Victims/Survivors*, OECD Publishing, Paris, https://doi.org/10.1787/d61633e7-en.

OECD (2022), *Report on the implementation of the OECD Gender Recommendations for the Meeting of the Council at Ministerial Level, 9-10 June 2022*, OECD, Paris, https://one.oecd.org/official-document/C/MIN(2022)7/en(accessed on 3 October 2022).

OECD (2021), *Eliminating Gender-based Violence: Governance and Survivor/Victim-centred Approaches*, OECD Publishing, Paris, https://doi.org/10.1787/42121347-en.

OECD (2020), "Women at the core of the fight against COVID-19 crisis", *OECD Policy Responses to Coronavirus (COVID-19)*, OECD Publishing, Paris, https://doi.org/10.1787/553a8269-en.

OECD (2019), "DAC Recommendation on Ending Sexual Exploitation, Abuse, and Harassment in Development Co-operation and Humanitarian Assistance: Key Pillars of Prevention and Response", *OECD Legal Instruments*, OECD/LEGAL/5020, OECD, Paris, https://legalinstruments.oecd.org/en/instruments/OECD-LEGAL-5020.

OECD (2017a), *2013 OECD Recommendation of the Council on Gender Equality in Education, Employment and Entrepreneurship*, OECD Publishing, Paris, https://doi.org/10.1787/9789264279391-en.

OECD (2017b), *Report on the implementation of the OECD gender recommendations, Meeting of the Council at Ministerial Level, 7-8 June 2017*, OECD, Paris, https://www.oecd.org/mcm/documents/C-MIN-2017-7-EN.pdf.

Peterson, C. et al. (2018), "Lifetime Economic Burden of Intimate Partner Violence Among U.S. Adults", *American Journal of Preventive Medicine*, Vol. 55/4, pp. 433-444, https://doi.org/10.1016/j.amepre.2018.04.049.

Pfitzner, N., K. Fitz-Gibbon and J. True (2020), *Responding to the 'shadow pandemic': practitioner views on the nature of and responses to violence against women in Victoria, Australia during the COVID-19 restrictions,* https://doi.org/10.26180/5ed9d5198497c.

Sardinha, L. et al. (2022), "Global, regional, and national prevalence estimates of physical or sexual, or both, intimate partner violence against women in 2018", *The Lancet,* Vol. 399/10327, pp. 803-813, https://doi.org/10.1016/s0140-6736 (21) 02664-7.

Schulze, H. and K. Hurren (2021), *Estimate of the total economic costs of sexual violence in New Zealand*, Business and Economic Research Limited (BERL)/ Accident Compensation Corporation (ACC), https://www.acc.co.nz/assets/research/berl-estimate-total-economiccosts-of-sexual-violence-in-new-zealand.pdf.

UNODC/UN Women (2022), *Gender-related killings of women and girls (femicide/feminicide)*, United Nations Office on Drugs and Crime/UN Women, https://www.unwomen.org/sites/default/files/2022-11/Gender-related-killings-of-women-andgirls-improving-data-to-improve-responses-to-femicide-feminicide-en.pdf.

Villagomez, E.（2021）, *The High Cost of Violence Against Women*, https://www.oecdforum.org/posts/the-high-cost-of-violence-against-women（accessed on 13 March 2023）.

WHO（2021）, *Violence Against Women Prevalence Estimates, 2018*, World Health Organization, Geneva, https://www.who.int/publications/i/item/9789240022256.

WHO（2012）, *Understanding and addressing violence against women: Intimate partner violence*, World Health Organization, Geneva, https://apps.who.int/iris/bitstream/handle/10665/77432/WHO_RHR_12.36_eng.pdf?sequence=1&isAllowed=y.

Zhang, T. et al.（2012）, *An Estimation of the Economic Impact of Spousal Violence in Canada, 2009*.

第 2 章

強固な法的枠組みの必要性と
その構築

　本章では、GBV に関する世界の法的状況について概観する。はじめに、ジェンダー平等と女性のエンパワーメントの促進を目的とする既存の国際的・地域的法律文書について説明する。そして、DV、レイプ、セクシャルハラスメント、女性器切除、児童婚をはじめ、多様な形態の GBV を取り締まるさまざまな国の法的枠組みについて、類似点と相違点を明らかにする。締めくくりに、法制度の包摂性を高めるための優れた実践と提言を取り上げる。本章の内容は、SIGI と SIGI GBV 法律調査への 24 か国の回答に基づく。

本書において、「ジェンダー」および「ジェンダーに基づく暴力」は、各国が国際的な義務とともに国内法令に基づいて解釈したものである。

調査結果の要点

- 多くの女性と女児は、場合によっては出生後に始まり、成人期を通じて人生の終わりまで持続し、重複することもある多様な形態のGBVを経験する。女性と女児は人生のあらゆる領域でGBVの脅威にさらされる。

- ほとんどの国が法的枠組みの重要性を認識しており、GBVを終わらせるために大幅な法改正を導入してきたが、SIGI第5版に含まれる国で、包括的な法的枠組み、すなわちあらゆる形態の暴力から被害者／サバイバーを保護する枠組みを提供している国はごく少数である。

- 残存する不文法（伝統法、慣習法、宗教法など）は、成文法の施行を損なう恐れがある。したがって、GBVの防止と撲滅には、法改正と並行して、差別的な不文法とその根底にある社会規範の変革が必要である。

- ほとんどすべてのOECD加盟国とSIGI GBV法律調査参加国が、DVに関する法規定に身体的、性的、心理的虐待を含めている。しかし、11か国のOECD加盟国は経済的暴力を含めていない。

- セクシャルハラスメントの特殊な形態であるサイバーハラスメントは、オンライン空間における女性と女児のウェルビーイングと参加をますます脅かすようになっているが、職場、教育機関、公共の場でのハラスメントとは対照的に、法規定に含めている国は少ない。

- すべてのOECD加盟国が法的枠組みのもと、レイプを犯罪と定めているが、レイプの法的定義を"不同意"に置いている国は22か国のみである。16か国では依然として"強制性"が定義として用いられており、それが高い法的基準と司法に対する障壁になっていると考えられる。

- OECD加盟国で女性器切除が行われていることを示す証拠がある。各国はこの有害な慣行から女児を保護する措置を促進しており、OECD加盟国の過半数が女性器切除を明確に禁止する法律を有している。しかし、女性器切除は国境で止まるわけではないため、まだ多くの幼い女児がリスクにさらされている。

- ほとんどの国は男女とも婚姻の最低年齢を18歳と定めているが、25か国のOECD加盟国が児童婚に対して法的な例外を認めている。

2.1 ┃ 国際社会はGBVに関して基準となる重要な枠組みと指標を確立してきた

　GBVは多様な形態で現れ、女性の生涯を通じて起こる可能性がある（図2.1参照）。女性の生活において、GBVの脅威や現実にさらされない領域（経済的、社会的、政治的、心理的領域など）はひとつとしてない。家族間や家庭内での暴力は広く蔓延している。女性と女児は生涯を通じて、教育機関、職場、公共の場でも何らかの形態のセクシャルハラスメントを経験することがある。あらゆる形態のGBVから女性と女児を保護するための法規定は、どのレベル——国際、地域、国家、地方レベル——においても不可欠である。そうした法律はGBVが重大な犯罪であるという強いメッセージを発するだけでなく、有害な社会規範を変革して、被害者／サバイバーの人権を効果的に守るのに大きく役立つ。すべての被害者／サバイバーの経験を考慮し、対応する総合的な法律を可決・施行することは、システムの柱に欠かせない要素である（図1.2参照、第3章で論じる）。

　この数十年、国際社会はGBVに関する最低限の基準を世界的・地域的に策定してきた。女性に対するあらゆる形態の差別の撤廃に関する条約（女性差別撤廃条約）の最新の一般勧告第35号「女性に対するジェンダーに基づく暴力」は締約国に対して、「ジェンダーに基づくあらゆる形態の暴力に対処するために、効果的でアクセスしやすい法律とサービスの枠組みを整備する」ことを求めている（United Nations, 2017）。さらに、締約国は被害者／サバイバーに「適切な保護・支援サービス」を提供しなければならない（United Nations, 2017）。女性差別撤廃条約はGBVを「女性が男性と平等な条件で政治的、社会的、経済的、文化的な生活に参加するのを妨げる障害」と説明している（United Nations, 1979）。この条約は、女性に対するあらゆる形態の差別の撤廃を意図したものであり、7か国を除くすべての国が批准して[1]、ほぼ普遍的な条約になっている。女性差別撤廃条約は「締約国は4年ごとに進捗状況に関して定期報

図2.1 ジェンダーに基づく暴力は生涯にわたって続き、主に女性と女児が被害を受ける

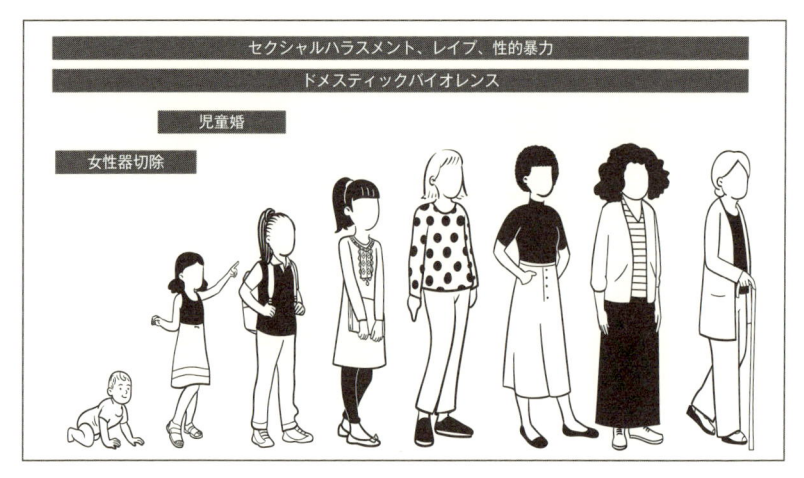

資料：OECD（2023）, Social Institutions and Gender Index, www.genderindex.org/.

告書を提出する必要がある」として、義務的な報告の仕組みを定めており、世界のGBV対策における立法上、規制上の変化を監視できるようにしている（United Nations, 1992）。最近では持続可能な開発目標（SDGs）のターゲット5.2が、2030年までに「女性と女児に対するあらゆる形態の暴力を根絶」することを各国に求めた（United Nations, 2016）。

　法律だけではGBVを根絶できないと考えられるが、あらゆる形態のGBVから女性と女児を保護する包括的な法的枠組みは、GBVの不処罰と社会的受容を終わらせる重要なステップである。進歩的な法的枠組みを、女性の権利とジェンダー平等に対する社会的態度の変容によって補完する必要がある。それは、情報の欠如、不十分な法的リテラシー、司法制度へのアクセスの制限に対処することで、女性と女児が自らの権利を主張できるようにするために不可欠である（第6章参照）。包括的な法的枠組みとは、DV、IPV、レイプ、夫婦間レイプ、名誉犯罪、セクシャルハラスメントをはじめ、あらゆる形態のGBVから女性と女児を確実に——いかなる例外も法の盲点もなく——保護するものでなければならない。また、こうした犯罪の捜査、訴追、処罰だけでなく、被害者／サ

バイバーの保護・支援サービスについても法律で規定しなければならない（OECD, 2019）。法律と政策は、差別と抑圧のさまざまな要素と形態を考慮したインターセクショナルなアプローチも取り入れなければならない。たとえば、性差別は人種、民族、階級、所得、身分、教育水準、健康などの要素と交差するため、被害者／サバイバーはそれぞれ異なる抑圧にさらされる。そのため、女性と女児による人権の享受を保証するには、社会のあらゆる主体を包含する交差的かつ包括的なアプローチが必要である。

2.1.1 ある程度の進捗はあるものの、総合的にGBVに取り組む法的枠組みを構築している国はない

　世界的にみて、GBVから女性と女児を包括的に保護する法的枠組みを整備している国は12か国のみである。5か国のOECD加盟国と7か国の非加盟国が、IPV、夫婦間レイプを含むレイプ、名誉犯罪、セクシャルハラスメントから──いかなる例外も法の盲点もなく──女性と女児を法的に保護している。例として、DV法であらゆる形態の虐待（身体的、性的、心理的、経済的暴力）を定義して犯罪化するとともに、セクシャルハラスメントに関する法律を、職場のみに限定するのではなく、あらゆる場所に（教育機関、オンライン、公共の場などを含め）適用している。まだ道のりの長い国が大多数であるが、2019年のSIGI第4版では包括的な法的枠組みを構築した国が1か国もなかったため、これらの12か国は世界的に見ると大きく進捗している（コラム2.1参照）（OECD, 2019; OECD Development Centre/OECD, 2023）。

> ### コラム 2.1　SIGIと2022年SIGI GBV法律調査
>
> 　2009年以来、OECD開発センターは世界の社会制度における差別を測定してきた。SIGIは成文法と不文法、社会規範と社会的慣習において、女性と女児が直面する差別の水準を評価する。ジェンダー不平等の根底にあり、しばしば「見えない」要因を捉えて、政策・規範の革新的な改革に必要なデータの収集を可能にする。

SIGIは国連女性機関と世界銀行グループの「女性・ビジネス・法律」と並び、SDGs5.1.1指標「ジェンダー平等と女性のエンパワーメントを促進、強化、監視するための法的枠組みが構築されているかどうか」を監視するための公式データソースのひとつになっている。

SIGIの枠組みは、女性と女児に対するGBVについて理解を深めるために、ライフサイクルアプローチを採用している（図2.1参照）。SIGIの枠組み（Ferrant, Fuiret and Zambrano, 2020）は、3つの主要項目に基づき法的枠組みを評価する。1つめは、国の法的枠組みである。2つめは、あらゆる形態のGBVの根絶を目的とする国の行動計画、プログラム、政策の施行と監視である。3つめは、女性が自分の人生をコントロールするのを制限している不文（慣習、伝統、宗教）法や決まりである。本章では特に法律上の進捗と欠陥に注目するが、GBVの原因がひとつではないことも詳述する。最も根強く、根深いGBVの要因のなかには、有害な社会規範と永続的な社会的慣習に組み込まれているものもある。SIGIは不文法の存在と持続性を体系的に明らかにする唯一のツールである。

GBVに関する法的枠組みの状況を評価し、法の盲点を突き止め、優れた実践を紹介するために、2022年、OECD開発センターの加盟国24か国に対して「SIGI GBV法律調査」を実施した。SIGI報告書第5版は2023年に発表予定であり、差別的な社会制度を中心的に取り上げることになる。この報告書は、178か国でGBVを撲滅するためにさらなる行動が必要な分野について、情報も提供する。

注：SIGI GBV法律調査はOECD水平イニシアチブ「家庭での暴力を終わらせるための公共行動を取る」の一環として、開発センター、雇用・労働・社会問題局（ELS）、公共ガバナンス局（GOV）の各OECD部局によって実施された。本調査の参加国は、ブラジル、コロンビア、コスタリカ、チェコ、デンマーク、ドミニカ共和国、エクアドル、フィンランド、グアテマラ、アイルランド、イタリア、日本、カザフスタン、韓国、メキシコ、オランダ、パナマ、ペルー、ポルトガル、ルーマニア、スロバキア、スロベニア、スペイン、トルコである。

資料：Ferrant, Fuiret and Zambrano (2020), "The Social Institutions and Gender Index (SIGI) 2019: A revised framework for better advocacy", *OECD Development Centre Working Papers*, No. 342, OECD Publishing, Paris, https://doi.org/10.1787/022d5e7b-en.

それでも、本書全体で述べているように、各国はGBVへの制度的対応を強化しようと取り組んできた。一部の国はGBV被害者／サバイバーに対して、より包括的で支援的な対応を行い、GBVのインターセクショナルな側面を考慮している。カナダのジェンダーに基づく暴力を終わらせるための国家行動計画（National Action Plan to End Gender-Based Violence）では、GBVの防止において、「ジェンダーに関する情報に基づき、ジェンダーに配慮した、インクル

ーシブで、インターセクショナルで、トラウマと暴力に関する情報に基づき、文化的に適切」であることにとりわけ注意を払っている。レズビアン、ゲイ、バイセクシャル、トランスジェンダー、インターセックス、クィア（LGBTIQ＋）、ノンバイナリー、先住民に関係する問題のデータ収集・管理を特に推進している。カナダ政府は、ジェンダーと多様性に関して裁判官に訓練を提供することにより、家族法と刑法の実施の強化を目指してきた（Government of Canada, 2021）。このアプローチの目的は、女性と多様なジェンダーを持つ個人の平等な社会参加を阻む障壁を取り除くために、あらゆるレベルでの意識向上を実現することである。より包括的なGBV対応のための法的枠組み改革に向けた有望な措置について、コラム2.2で取り上げる。

■コラム 2.2　GBVへの対応を強化するための包括的な法改正

メキシコ

　メキシコは、女性に対するあらゆる形態の暴力を犯罪化する法的拘束力を有する国際条約「女性に対する暴力の防止・処罰・撲滅に関する米州条約（ベレン・ド・パラ条約として知られている）」の署名・批准国である。この条約に基づき、2020年に「女性が暴力のない生活を送るための一般法（General Law on Women's Access to a Life Free of Violence）」をはじめ、重要な法改正を導入した。

　同法は心理的暴力、身体的暴力、家系で受け継がれてきた暴力、経済的暴力、性的暴力のほか、「女性の尊厳、不可侵性、または自由を害するまたは害する恐れのある類似する他のあらゆる行動」とフェミサイドを含め、さまざまな種類のGBVを確認している。同法は女性の生活のあらゆる領域における暴力の撲滅を目指して、職場、教育機関、労働組合での暴力について複数の条項で規定している。

　同法は女性と女児に対するさまざまな形態の暴力について認識を広げる以外に、GBVとの闘いにおいて、また政策・能力構築・データ収集の実施と調整の分野において、政府機関と省庁だけでなく、公共サービス提供者の役割と責任についても、広範な概要を定めている。また同法は被害者／サバイバーを中心に据え、被害者／サバイバーの治療、保護、司法へのアクセスを改善するための具体的措置を導入している。

スペイン

　GREVIO による 2020 年の勧告を受けて、スペインは性的自由を包括的に保障する新たな基本法 10/2022 のもと、暴力の被害者／サバイバーの保護を拡大するために、複数の法改正を実施した。同法は IPV の被害者／サバイバーに対する既存の保護の仕組みを強化して、性的暴力、強制結婚、女性器切除をはじめとする他の形態の GBV の被害者／サバイバーに拡大している。さらに、心理的暴力、ストーキング、性的暴力、セクシャルハラスメント、売買春による搾取の禁止に関する法規定が強化された。

　たとえば、所定の条項は保護の対象を、オンライン暴力とデジタル環境での暴力の被害者、とりわけ 16 歳未満の被害者に拡大している。スペインでは刑法第 172 条が幅広いストーキングを犯罪と規定しており、被害者に繰り返し執拗に物理的に近づこうとする行動、利用可能なあらゆる手段を用いて被害者と連絡を取ること、個人情報の窃盗、その他の類似する行為に従事することと定義している。スペインの刑法はさまざまな分野と手段でのストーキングを認識しており、スペインは欧州諸国で初めて、デジタルコミュニケーションツールを用いたストーキング、すなわち「サイバーストーキング」を犯罪化した国のひとつになっている。

　こうした法改正には保護を拡大する複数の措置も含まれた。インターセクショナルなアプローチとともにジェンダーの視点も取り入れられた。また、賠償を受ける権利も導入されている。新法では、訓練と職業的専門化を通じて、教職・教育分野、公共医療・社会福祉サービス、治安能力、裁判職、法医学、刑務所制度において専門家の能力を強化することも規定された。さらに、この改正は国家防止戦略の開発と新法の評価・監視によって、制度的対応を強化する義務を定めた。

資料：MESECVI, 2020; EELN, 2022c.

　GBV に対する法律の強化において個々の国で進捗がみられるものの、法的枠組みに GBV の多様な側面が確実に組み込まれるようにするには、さらなる取り組みが必要である。法の盲点が生じている国もある。さらに、"複数の"法体制と不文法が、GBV に対する女性と女児の脆弱性を高める可能性がある。複数の法体制とは、法体制が併存している状態を指し、例として、国の法律に従う国の裁判所と慣習法や慣行に基づき判決を下す伝統的裁判所の併存がある。一部の OECD 非加盟国では、そうした制度が原因で、すべての集団の女性と

女児を対象に、GBVを禁止する法律を効果的に施行することが困難になる場合がある。不文法[2]は法規定の範囲や施行を損なう。そうした伝統、習慣、宗教に基づく決まりや法律は、多くの場合、成文化されておらず、社会に深く根付いており、差別的な社会規範と相まって、ジェンダーに配慮する成文化された法律や政策の実施を弱め、有害な慣行を正当化する。

2.2 | DVに関する国の法的枠組みの欠陥が女性をリスクにさらす

より範囲の広いGBV同様、OECD加盟国はDVに具体的に対応する包括的な法律の採用において、ある程度の進捗をみせてきた。しかし、今なおさまざまな法の盲点がある。

2.1.1 DVに関する法律はすべての形態の虐待から女性を十分に保護しているわけではない

DVは刑事犯罪であるという認識が広まっているにもかかわらず、法に盲点が残っている。32か国のOECD加盟国がDVを犯罪化していることを報告しているが、6か国にはDVに関する法律がまったくないか、既存の法律ですべての領域がカバーされているわけではない、またはDVには民事法のみが適用されている（OECD Development Centre/OECD, 2023）。さらに、DVに関する刑事または民事規定を有していても、すべての形態のDVに対応するまでには至っていない国もある。それでも、各国は法改正を進めており、進捗がみられる（コラム2.3参照）。ほとんどのOECD加盟国が、身体的、性的、心理的虐待に対する適切な規定を有していると報告している。しかし、経済的虐待に関して規定があるのは27か国のみである。経済的虐待は経済的資源へのパートナーのアクセスを制限したり、パートナーの就労を妨げたりするDVの一形態と認識されている。この種の家庭内虐待を規定に含めることが不可欠なのは、被害者／サバイバーが加害者に経済的に依存していて自活できないことから、虐

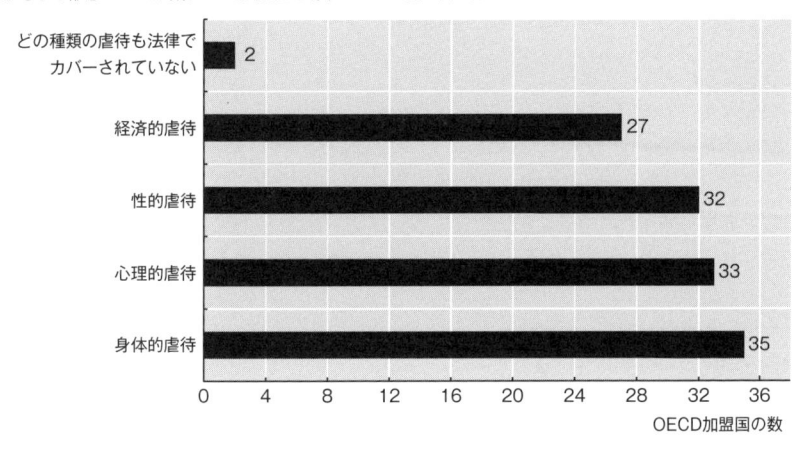

**図2.2　経済的虐待はドメスティックバイオレンスの一形態であるが、
法的枠組みに最も含まれていない**

さまざまな形態のDVを対象にした法規定を有するOECD加盟国の数

資料：OECD Development Centre/OECD（2023）, "Gender, Institutions and Development（Edition 2023）", *OECD International Development Statistics*（database）, https://doi.org/10.1787/7b0af638-en（accessed on 01 June 2023）.

待関係から逃れるのが困難になるためである。32か国が事実婚における性的暴行を犯罪として扱っていると報告しているが、10か国の法律は夫婦間レイプを明確に禁止していない。

　法律を用いてDVに包括的に対処するために、各国は法の盲点と被害者／サバイバー保護の仕組みを見直す必要がある。たとえば、調停は同意に基づき公平に許可されなければならない。夫婦間の争い、さらにはDVなど、親密なパートナーがかかわる場合、裁判外紛争解決手続きが社会的に推奨されることが多い。OECD加盟国のうち、DV事件で調停や和解を禁止していると報告したのは10か国のみ[3]であった。裁判外紛争解決手続きを支持する主張では、それが個人間の紛争を解決するプロセスとして、迅速で、柔軟性が高く、低コストのプロセスであるとされている。しかし、調停プロセスを成功させるために、女子差別撤廃委員会は、「被害者／サバイバーの自由意思による、十分な情報に基づく同意と、被害者／サバイバーまたはその家族にそれ以上のリスクの兆

しが見られない」ことを条件として提言している（United Nations, 2017）。

> **コラム 2.3**　あらゆる形態の虐待をカバーするためのDVに関する法改正
>
> **英国**
>
> 　英国は2022年のイスタンブール条約批准に先立ち、DVの定義を同条約に整合させるための重要な措置を複数講じた。2021年の家庭内虐待法は、DVに対して初めて法律上の定義を導入し、（1）身体的または性的虐待、（2）支配的または威圧的行動、（3）経済的虐待、（4）心理的、感情的、またはその他の虐待をはじめ、多様な形態のDVを含めた。同法はDVの訴追には反復性を条件としないことも明記している。同法は経済的暴力についても、（1）金銭その他の財産を獲得、使用、保持するための、または（2）モノやサービスを取得するための他者の能力に大きな悪影響を及ぼすあらゆる行動と定義している。
>
> 資料：Government of the United Kingdom, 2021; Government of the United Kingdom, 2003

2.2.2　社会規範がDVの過少通報と不起訴を招いている

　被害者にも落ち度があったとする"被害者叩き"や女性自身によるDVの受容などの社会規範、法執行機関の無神経さや能力の欠如は、DV犯罪の過少通報を招いている可能性がある。被害者叩きは概して容認するような風潮を生み出すことにつながり、それによってDV対策が減少し、女性が通報しにくくなり、社会的無関心が助長される。女性に対するDVへの個人と集団の行動と対策を促すことによって、被害者／サバイバーの沈黙を破らせ、社会的容認度を引き下げ、社会の責任を高めるための意識改革が必要である。さらに、支援者や非政府組織（NGO）などの関係者による犯罪の通報を奨励することで、DVの被害者／サバイバーへの支援を拡大して、こうした社会の寛容や受容に長期的に取り組むことが望まれる。

　さらに、"本物の"男性は大黒柱であるべきだ、あるいは男性は経済、性、生殖に関する選択肢を支配すべきだ、といった抑圧的な男らしさの規範は、こうした規範に異議が唱えられた場合に特に、IPVにつながる可能性がある。仕

事が少ない、またはないことにストレスを感じている、あるいは財政・経済状況を恥ずかしく思っている、と報告している男性のほうが、パートナーの女性に暴力を振るう確率が約50％高いことが明らかになっている（OECD, 2021）。こうした状況は、被害者／サバイバーと加害者の意識に暴力を正当化する感覚を生み出し、そうした犯罪の通報を思いとどまらせる可能性がある。

DVには、法律、社会、個人のいずれのレベルでも取り組む必要がある。夫婦間レイプを含め、あらゆる種類のDVを明確に定義して犯罪化することが強く望まれる。イスタンブール条約[4]などの国際文書は、新法の制定や現行法の改正を模索する国への指針となりうる。また、法律の規定を確実に実施し、政策と実践の乖離を埋める指針を提供することも重要である。たとえば、フィンランド社会保健省はDVとIPVへの包括的な対応を目指して、市町村や地域の自治体に勧告（「ソフトロー」）を提供している。こうした「ソフトロー」の補完的性質に注目して、フィンランドの国立保健福祉研究所は国の社会福祉・医療サービスの構造を改革している。さらに、政府、政府開発援助（Official Development Assistance: ODA）援助国、財団、市民社会団体、民間企業、学校など、多様なステークホルダー間の連携を強化すると、DVへの意識を高め、法律、社会、個人レベルでのさまざまな取り組みをつなぐのにも役立つだろう。

2.3 レイプに対し同意に基づく法的枠組みを採用することは、性的暴力に関する誤った考えを正そうとする国の意図の表れである

レイプは身体に対する望まない挿入と理解されている。根本的な問題として、同意の欠如または暴力の行使あるいはその脅迫か、身体の開口部への挿入か、物体の挿入かなど、定義の差異が明らかになっている。レイプが「一般市民への広範または組織的な攻撃」の一部として行われた場合、国際刑事裁判所に関するローマ規程第7条ではレイプを人道に対する犯罪と定めている（International Criminal Court, 2011）[5]。

2.3.1　レイプに関する踏み込んだ法律は、社会的スティグマに対応し、被害者／サバイバーの身体的不可侵性を確認することができる

　すべてのOECD加盟国はレイプを刑事犯罪に分類する法律を成立させている（OECD, 2019）。さらに、多くの国が性的同意という、より踏み込んだ概念を採用するようになっている。OECD加盟国の半数以上が、自由意思による同意の欠如に基づきレイプを定義する法律を採択したことを報告している[6]。レイプをこのように理解することで、性行為の自由意思の性質の重要性が強調されており、自由意思によらない性行為には、親密なパートナーによるレイプ、被害者／サバイバーの知人または被害者と同じ性別の加害者によるレイプも含まれる。さらに、自由意思による同意の欠如に基づく定義は、身体的不可侵性の問題にも性的自己決定権の問題にも対応できる。また、同意が強制的な場合や、被害者／サバイバーが自由意思による同意を与えられない場合（法定年齢未満の場合など）のような一連の状況もレイプと認められる。レイプに関する踏み込んだ定義は、性的暴行という長年の問題に取り組む必要なステップのひとつであるが、各国は法改正において法に抜け穴を作らないようにしなければならない。

2.3.2　レイプを証明する法的基準の高さが、処罰へのハードルを生み出しうる

　レイプが法律で犯罪化されていて刑事罰の対象である場合でも、この犯罪の影響に対する政府の対応が有効ではないことが、個人レベルでも社会レベルでも感じられる。多くの社会で被害者／サバイバーは身体的・精神的トラウマやスティグマを経験する。こうした状況が顕著なのは、性的暴行の要件として、法律によって身体的力や挿入によるレイプの証明が求められる場合である。たとえば日本では、レイプを証明するには身体的力（暴行など）の証拠が必要とされる。同様にルーマニアでは、法律によるレイプの定義には、被害者／サバイバーによる抵抗や意思表示を不可能にする強制が含まれる（OECD Development Centre, 2022）。身体的力や脅迫、暴力などが用いられる強制的な状況ではなく、自由意思による同意の欠如に基づきレイプを定義すれば、こう

した要件は無効化されるだろう。

　挿入の有無を調べる検査など、高い法的基準も、警察官や医療従事者に性的暴行事件への配慮が欠けていたり、対応する訓練を受けていなかったりする場合は特に、被害者にとって障害になりうる。また、他の形態の性的暴行は重要性が低いと考える結果にもつながりかねない。たとえばコロンビアでは、刑法第212条が性行為について定めている。刑法で問われる暴力的な性行為または抵抗できない相手への性行為であったことを証明するために、男性器であれ物体であれ、挿入されたことを調べる検査を規定している（Government of Colombia, 1992）。

　法改正のほかに、レイプの対応と防止、被害者／サバイバーの支援のために取ることができる政策的措置は多数ある。それには、レイプを証明するために、被害者が暴力、身体的力、脅迫を証明しなければならないという前述の要件の削除がある。複数のOECD加盟国がこの点で進展をみせており、レイプの定義に不同意を取り入れ、レイプを証明するための法的基準を引き下げている（コラム2.4参照）。

コラム 2.4　法改正によってレイプに関する踏み込んだ規定を制定

アイスランド

　2018年に一般刑法第22条を改正して、レイプの定義に同意という概念を取り入れ、現在は「自由意思により表明された場合に与えられたとみなされる同意なく、その者と性交または他の性的関係を持つこと」と定義している。暴力や暴力の脅迫など、違法な強要の形態が用いられていた場合、同意が与えられていたとはみなされない。この改正の目的は、事件を扱う専門家の文化的転換を促し、社会にレイプの定義に関する一致した見解を広めることであった。

スウェーデン

　2018年に刑法を改正して、「自由意思で関与していない」者とのいかなる性行為も犯罪と定めた。これによって、罪に問うには暴力や脅迫の使用、被害者の弱い立場の利用などが要件であったそれまでの定義から離れて、不同意に基づくレイプの定義が導入された。この改正によって、「過失レイプ」と「過失性的虐待」という2

つの犯罪が新たに追加された。これらは、被害者／サバイバーの同意を得るために合理的な手段が取られなかった場合を対象にしている。

　スウェーデン犯罪防止委員会は2020年にこの新しい同意に基づく法律に関する評価を発表し、改正法の成立後、レイプの起訴と有罪判決が75%増加したことを報告した。評価は、レイプ事件の通報は増加したものの、法改正の数年前から増加傾向にあったことも明らかにしている。

資料：GREVIO, 2018; The Swedish National Council for Crime Prevention, 2020; GREVIO, 2022

　夫婦間レイプや同性のパートナーからのレイプなど、さまざまな形態のレイプを体系的に犯罪化するに至るには、どのOECD加盟国もまだ先は長いが、こうした進歩的な措置は、レイプに関する誤った考えを正すとともに、GBVと闘うという政治的意思を示すことができる。女性に対する暴力に関する国連特別報告者が述べているように、政府はレイプや性的暴力の不処罰を効果的に防止・撲滅するために、法的枠組みを国際基準に整合させなければならない（OHCHR, 2021）。

2.4 セクシャルハラスメントは公共の場、教育環境、職場での差別を永続させる

2.4.1　セクシャルハラスメントは女児と女性の日常生活のあらゆる側面に存在する

　どのOECD加盟国でも、SIGI GBV法律調査の参加国でも、セクシャルハラスメントを禁止するための措置をますます講じるようになっているものの（コラム2.5）、すべての分野が法律で保護されているわけではない（図2.3）。OECD加盟国も他の調査参加国も、職場におけるセクシャルハラスメントに対して明示的な法令を定めている。しかし、職場におけるセクシャルハラスメントを包括的に禁止するには、職場の職階制を認識して、民事的・刑事的保護を提供する必要がある。それは、管理職に対するセクシャルハラスメントの訴えが不当に封じられないようにするために不可欠である。セクシャルハラスメントへの

図2.3　サイバーハラスメントはセクシャルハラスメント法で広くカバーされていない

オンライン、公共の場、教育機関、職場に明確に適用されるセクシャルハラスメント法を有するOECD加盟国の数

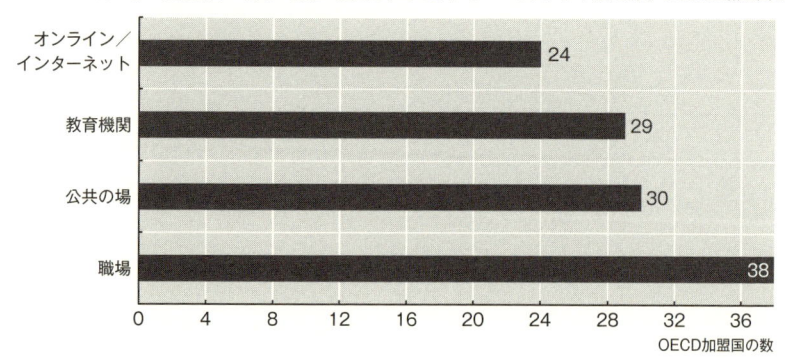

資料：OECD Development Centre/OECD（2023）, "Gender, Institutions and Development（Edition 2023）", *OECD International Development Statistics*（database）, https://doi.org/10.1787/7b0af638-en（accessed on 14 April 2023）.

対応に際して職場の職階制を認識することで、被害者／サバイバーが訴えたことで職や昇進を奪われないようにすることも可能になる。#MeToo運動が示しているように、職場におけるハラスメントは今なお蔓延している。企業は内部苦情委員会を設置して、ハラスメントの訴えを検証したり、仲裁条項を契約書に含めたりすることがある。そうした措置では、従業員は刑事訴訟ではなく仲裁による解決を強制されることにもなりうる。OECDジェンダー勧告[7]の一環として、OECD加盟国は職場におけるセクシャルハラスメントを終わらせるためにあらゆる適切な措置を実施することを約束している

　公共の場、教育空間、インターネット上でのハラスメントは、法律で十分にカバーされていない。OECD加盟国の約4分の1がセクシャルハラスメントに関する法的枠組みに公共の場や教育機関を明示的に含めていない。これが重大な問題なのは、学校に関連するGBVが出席率、教育成果、心身の健康など、生徒の生活に悪影響を及ぼしうるためである（UNESCO, n.d.）。さらに、14か国のOECD加盟国では、セクシャルハラスメントに関する法規定は、セクシャルハラスメントの新しい形態であるサイバーハラスメントやサイバーストーキングに明示的に適用されていない（図2.3）。オンライン暴力に対処する法律

が存在する場合でも、法執行機関や裁判所は、インターネット技術を用いて女性と女児に対する暴力行為が行われた場合、措置を講じるのが困難になることが多い。民間セクター、とりわけインターネットサービスプロバイダーの役割は依然として限定的であり、多くの場合、国の法律は、女性が経験する暴力がオフラインからオンラインへ、またオンラインからオフラインへと移行する連続性を認識していない（オンラインセクシャルハラスメントの犯罪化に向けた法改正の有望な実践については、コラム2.5参照）。

［コラム 2.5］　オンラインセクシャルハラスメントの犯罪化の進捗状況

オンライン暴力の対応強化に向けたオーストリアの一連の法改正

　2021年、オーストリアは一連の法改正を導入して、オンラインストーキング、オンラインハラスメント、および他の形態のオンライン暴力に関する現行規定を補完することで、オンライン暴力の加害者を訴追し、有罪判決を下すことがこれまでよりも容易になった。また、政府が依拠するオンライン暴力に対する公式報告機関、「市民としての勇気と反人種主義活動（Zivilcourage und Anti-Rasissmus-Arbeit: ZARA）」は、オンライン暴力の被害者に助言と支援を提供している。

　この法改正は、政府がオンラインプラットフォームを規制して、オンラインでのヘイトスピーチを取り締まるそれらの責任を強化するためのより広範な取り組みの一部でもある。

ギリシャは不同意ポルノを犯罪化

　2022年、ギリシャは不同意ポルノを性的自由に対する明確な犯罪として規定する新しい条項を刑法に導入した。不同意ポルノとは、加害者が被害者／サバイバーの私的性生活を示す画像・音声・動画素材をオンラインに投稿する、ジェンダーに基づくオンライン暴力と定義される。加害者が被害者／サバイバーの私的性生活を示す画像・音声・動画素材の加工・改変・作成に利用できる技術が新たに登場しているため、不同意ポルノも増加している。

　第346条は個人の性生活に関連する私的行為を示す画像や映像、または動画素材（無修正のもの、加工されたもの、作成されたものを含め）第三者に漏洩する行為、または公の場に投稿する行為を犯罪と定めている。不同意ポルノを（1）不特定多数

が受信するインターネット上またはソーシャルメディア上に投稿した場合、（2）成人が未成年者に関して投稿した場合、（3）現在または以前の配偶者・パートナー、加害者と同世帯で暮らす個人、雇用またはサービス関係によって加害者とつながりがある個人に関して投稿した場合、（4）物質的恩恵を目的に投稿した場合、加重要素と見なされる。

オンライン暴力に関する包括的枠組みに向けた米国の法改正

　米国は、オンラインでのハラスメントと虐待に対処するためのホワイトハウスタスクフォース（White House Task Force to Address Online Harassment and Abuse）を創設し、ジェンダーに基づくオンラインハラスメントと虐待に対する行動のためのグローバルパートナーシップ（Global Partnership for Action on Gender-Based Online Harassment and Abuse）を立ち上げるなどして、オンライン暴力を撲滅するための複数の措置を講じてきた。

　合衆国法典第18編第2261条（A）で規定する法的枠組みは、あらゆる形態のオンライン暴力に対応することを目的としており、（1）サイバーストーキング、（2）サイバーハラスメント、（3）個人情報さらし（ドキシング）、（4）同意に基づかない親密な画像（すなわちポルノ画像）それぞれの行為を区別する。しかし、オンライン暴力の各サブタイプの犯罪化は州によって異なる。

　サイバーストーキングには「殺害、傷害、嫌がらせ、脅迫、またはそれらを意図した監視を目的として、オンラインで繰り返し執拗に行われる虐待的行動」が含まれる。

　この法体制では、サイバーハラスメントは、特定の個人を対象として個人的に大きな精神的苦痛をもたらすオンラインでの表現とみなされている。多くの州では、サイバーハラスメントと認められるには、繰り返し行われている必要があり、加害者が嫌がらせや警告、脅迫を意図して行動していなければならない。

　一部の州は、特定の職業（医療従事者、裁判官、警察官）の個人情報をさらす行為を犯罪と定めている。そうしたドキシングには、他者への嫌がらせや脅迫を目的として、個人の機密情報（住所や連絡先など）をオンライン上に公表する行為などがある。

　コロンビア特別区と48州は、同意のない親密な画像の共有も犯罪と規定しており、映っている個人の同意なく、私的で性的に露骨な画像や動画を共有する行為と定義している。

資料：Government of Greece, 2019; EELN, 2022b; EELN, 2022a; Government of the United States,d.

2.4.2　女性はセクシャルハラスメントを通報し司法救済を求める際に障壁に直面する

　セクシャルハラスメントに関する包括的な法的枠組みには刑事制裁と民事制裁の両方を含めることが望ましいが、そうした分野に関してOECD加盟国の約4分の1が依然として後れている。法律で刑罰を規定している場合でも、被害者／サバイバーはセクシャルハラスメント罪を立証するという負担をさらに強いられることがある（第6章も参照）。こうした後れを解消し、被害者／サバイバーの保護を改善するために、法改正が必要であろう。たとえば、ブラジル刑法はセクシャルハラスメント事件において民事上の救済措置を規定しており、職場でのセクシャルハラスメント事件に具体的に適用される。損害賠償として賠償金が支払われる場合があるため、被害者／サバイバーの経済的な支援措置になる（OECD Development Centre, 2022）。

　セクシャルハラスメントに関する法律は、新たな課題や技術に対応できるように絶えず改正していくことが重要である。その法的枠組みは、技術の進歩、社会的関係、職場での権利に後れを取ってはならない。セクシャルハラスメントに関する法律は、年齢、人種、階級のようなアイデンティティマーカーを考慮すれば、そうした犯罪の通報を促すことができる。たとえば、子どもに対するセクシャルハラスメント罪の時効を廃止すれば、サバイバーがのちに通報することが可能になる。

2.5　女性器切除と児童婚を禁止する法律は悪影響から女児を保護できる

2.5.1　女性器切除は女性と女児に深刻な健康・経済的被害をもたらす重大な人権侵害である

　国際社会と各国政府は、国際的、地域的、国内レベルで女性器切除に対する闘いに優先的に取り組むことを約束している[8]。女性器切除は女性と、とりわ

け幼い女児に対する極端な形態のGBVであり、彼女たちは身を守る術を持たないこと、意識の欠如、規範や伝統に抵抗する困難さ、支援・防止・保護制度の欠如などさまざまな要因から、この形態の暴力にさらされている。そのため、法的保護は、激痛、大量出血、泌尿器系の問題などの直接的な健康被害だけでなく、細菌感染症、月経時の激痛、性交中の痛み、心理的問題などの長期的な被害を防ぐためにきわめて重要である（WHO, 2022）。女性器切除は健康被害のほかに、PTSDなどの精神健康問題も引き起こす可能性があり、そうした問題は切除のずっと後になって現れることもある（Wulfes et al., 2022）。

　女性器切除は国境を越えて行われるため、その根絶を促進する国際的な取り組みは大きな重要性を持つ。女性器切除を受けさせるために、国境を越えて女性器切除を禁止する法律が存在しないか緩い国に女児を連れていく例もある。これは越境女性器切除として知られている。こうした慣行があるにもかかわらず、OECD加盟国とSIGI GBV法律調査参加国のうち、女性器切除を明確に禁止する法律を施行している国が約半数であることからわかるように、多くの国では既存の国際法の規定が完全に実施されているわけではない（OECD Development Centre, 2022; OECD Development Centre/OECD, 2023）。好例はオーストラリアで、各州・準州は越境女性器切除に関する法規定を有している。ドイツでは、実際に女性器切除を実施した場合だけでなく、他者を促したり説得したりして実施した場合も、それが国外であったとしても、刑事犯罪になる。また、女性器切除は自国民に対してのみ、あるいは処置がその領土で行われた場合にのみ禁止されている場合があり、越境女性器切除の慣行が考慮されていない。国籍は持たないがその国に居住している女児が女性器切除のために国外に連れていかれても、必ずしも国内の女性器切除禁止法の対象にはならないのである。ギリシャでは、加害者または被害者がギリシャの市民権を有している場合にのみ、域外管轄権に関する規定が適用される（End FGM European Network, 2021）。女性器切除は特定のアフリカ諸国に限られた慣習であるとみなされがちであるが、その世界的な蔓延に関して、もっと多くの情報が必要である。エビデンスに示されているように、女性器切除はどの大陸でも行われて

いる（EIGE, n.d.）。女性器切除を突き止め、法律で禁止するなどして効果的に根絶するには、信頼できる全国的な代表データが欠かせない。

　世界的に、しきたりや伝統的慣行によって女性器切除という有害な慣習が今なお認められ、奨励されている。多くの国の不文法が、女性として成人するための通過儀礼や婚礼の準備としてこの慣習を支持しており、切除を受けていない女性と女児はスティグマに直面する。コロンビアのある先住民コミュニティでは、深く根付いたしきたりと伝統により、今なお女性器切除が奨励されている。ひとつには陰核が成長して男性器になると考えられているため、子どもと女性の性と生殖に関する健康が脅かされている。切除を拒否した女児や女性はコミュニティから追放される場合もある（UNFPA, 2020）。

　女性器切除という犯罪の深刻さを考慮すると、法律は禁止するだけにとどまってはならない。防止するとともに、処置を受けた被害者／サバイバーに適切な保護を提供する必要がある。ほとんどの国がこの基準に届いていない。12か国のOECD加盟国[9]のみが国家行動計画で女性器切除を扱っている（OECD Development Centre, 2022）。オランダ政府は他の欧州諸国と比較して、女性器切除に対して幅広い措置を確立している。女性器切除に関する法規定はその根絶のための包括的な制度に組み込まれている。制度には、たとえば女性器切除の経験率に関する統計調査、社会のあらゆるセクターで根絶するための具体的措置を備えた地方行動計画、女性器切除に関連して子どもを保護するための介入、女性器切除に関する通院・医療記録の作成義務などが含まれている。さらに、女性器切除は亡命理由としても認められている。しかし、刑法に具体的な規定が存在しない場合の結果は明白である。2009年に刑事裁判にかけられたのは1件のみであったことから、法規定だけではこの有害な慣習と闘うには不十分であることがわかる。

2.5.2　法の抜け穴が原因で、子どもは児童婚にさらされる

　児童婚は多数の国際協定で取り扱われており（コラム2.6参照）、児童、とりわけ女児の健康とウェルビーイングのみならず、将来の経済的エンパワーメン

トも脅かすこの人権侵害に関して、法的保護の必要性を認めている。次の10年で約1億1,000万人の女児が結婚すると推測されており、この数字はCOVID-19危機以来増加している（UNICEF, 2022）。幼い花嫁は心身のウェルビーイングに悪影響を及ぼす深刻な事態にさらされる。若くして結婚させられた女児は、学校を中退し、DVを経験し、思春期に妊娠する可能性が高い。このいずれも彼女たちだけでなく、家族やコミュニティにも重大な影響を及ぼす（Girls not Brides, 2017）。

コラム2.6　児童婚を禁止する国際基準

　児童婚は国際的な法律文書で深刻な子どもの人権侵害と認識されている。1948年の世界人権宣言以来、児童婚を防ぎ、子どもの人権を守るために、多数の国際条約と協定が締結されてきた。

- 婚姻の同意、婚姻の最低年齢および婚姻の登録に関する条約（1962年）は、すべての締約国に「婚姻の最低年齢を明示する立法措置」を取らなければならないと定めている（第1、2、3条）。
- 女性に対するあらゆる形態の差別の撤廃条約（1979年）は、「児童の婚約および婚姻は法的効果を有しない」と明記している（第16条（2））。
- 子どもの権利条約（1989年）は締約国に対し、成年に達していない者の間の婚姻を、承認または有効とすることを禁じている。
- 人間および人民の権利に関するアフリカ憲章に基づくアフリカにおける女性の権利に関する議定書（Protocol to the African Charter on Human and People's Rights on the Rights of Women in Africa）（2003年）（マプト議定書として知られる）（第6条第（a）、（b）、（d）項）。
- 持続可能な開発のための2030アジェンダのターゲット5.3は、「児童婚、早期結婚、強制結婚など、あらゆる有害な慣行の撤廃」を目指している。

資料：United Nations, 1962; United Nations, 1979; UNICEF, 1989; African Union, 2003; United Nations, 2015.

　児童婚は深刻な人権侵害であると広く認識されているにもかかわらず、法の盲点、非効果的な実施、法的枠組み内の矛盾などに、差別的な慣習が相まって、今なお女児に18歳未満での婚姻を可能にしている。回答国とOECD加盟国の大半では、女子と男子の最低婚姻年齢を18歳と定めている。英国では法改正が行われているところであり、2023年に18歳に引き上げられることになっている（Government of the United Kingdom, 2022）。米国では、最低婚姻年齢は州によって異なり、ミシシッピ州では女子は15歳と低い。さらに、OECD加盟国の3分の2が、親の同意と裁判所の同意の両方またはいずれか一方があれば、未成年者の婚姻を可能とする例外を認めている（OECD Development Centre, 2022; OECD Development Centre/OECD, 2023）。こうした最低婚姻年齢の例外は主に女子の年齢にかかわることから、児童と青少年に対する暴力のジェンダーの側面に、より大きな注意を払う必要がある。

　法的な例外なく児童婚が禁止されている場合でも、法定年齢未満の個人の婚姻を世話した者に対する法的制裁はないことが多い。17か国には児童婚の世話を違法と定める規定が存在しない（OECD Development Centre, 2022）。児童婚とその世話人の数を把握するのは、多くが登録されないため、かなり困難である。しかし、児童婚は社会的ネットワークのなかで手配されることが多いため、親に決定的な役割が与えられる（Girls Not Brides, 2022b）。一部の事例では、親が自分たちの――しばしば貧しい――経済状況を改善する目的で娘を嫁がせるという、親の利益のために行われることもある（UNICEF, 2022）。そのため、第三者の関与は法律で禁じなければならない。

　女性の保護に不可欠なのは、ほとんどのOECD加盟国で実施されているように、あらゆる集団の女性に適用することで、適用除外によって誰も保護から除外されないようにすることである。OECD加盟国のなかでは、コロンビアだけが児童婚を禁じる一般法の適用に例外を定めている。先住民コミュニティ、アフリカ系コロンビア人、ライサル人、ロマまたはジプシーの女性は、婚姻に際して先住民族の法律や慣習のもと、それぞれの民族集団やコミュニティのしきたりに従うことになる（OECD Development Centre, 2022）。このことから、

周縁化された集団は社会的・経済的苦難にまともに直面するため、インターセクショナリティに対処するには法的枠組みが有効であることも読み取れる。例外を認めないことは、すべての子どもと女児の権利を保護するために重要である。たとえば、コロンビアでは独自の法律を適用する権利が憲法第246条に明記されているため、他の社会組織が児童婚を法的に強制可能になり、子どもが保護されない状況が生じる。

　複数の国は児童婚の影響について意識を向上させる必要性も認識している（コラム2.7）。それによって児童婚を、学校の中退、健康への影響、女児の主体性の制限など、多数の悪影響をもたらす社会問題として議論することが可能になる。エジプトには、強制的に結婚させられて教育を修了できない女児の問題に取り組むプログラムがある（General Assembly of the United Nations, 2014）。

コラム 2.7　　児童婚の撲滅に向けた法的枠組み

ノルウェー

　ノルウェーは児童婚の撲滅を世界的に唱道して、2018年に児童婚を禁止した。婚姻法の改正以来、婚姻開始年齢は18歳と定められ、例外は認められていない。現在、同法は当事者のどちらかが18歳未満の場合、海外での婚姻も国民に禁止している。

　2019年、政府は有害な慣習を撲滅するための国際戦略を策定した（2019～2023年）。これは国内での行動や措置にとどまらず、児童婚、早期結婚、強制結婚を教育から医療まで、すべての分野の開発協力に組み込んでいる。

資料：Girls Not Brides (2022a), *Child Marriage Atlas, Norway*, https://www.girlsnotbrides. org/learning-resources/child-marriageatlas/regions-and-countries/norway/

2.6 ┃ 政策提言

● **法的枠組み**：包括的な法的枠組みとは、多様な形態のDVとIPV（身体的、性的、

心理的、経済的）およびセクシャルハラスメント（職場、教育機関、スポーツ施設、公共の場、オンライン）に対応するものでなければならない。また、こうした犯罪の捜査、訴追、処罰と、サバイバーに対する保護・支援サービスに関して、法的に明文化された規定も必要である。

- **地域・国際協定**：政府はジェンダー平等とGBVに関するあらゆる優れた地域・国際協定の署名・批准に取り組まなければならない。

- **レイプの定義**：レイプの定義では、レイプを身体的不可侵性および性的自己決定権の侵害として犯罪化するとともに、対象を夫婦間レイプに明確に拡大すべきである。自由意思による同意の欠如に基づく定義は、身体と個人の不可侵性に対応することが可能である。

- **セクシャルハラスメント法**：セクシャルハラスメントに関する法律は、新たな課題や技術に対応できるように、絶えず更新すべきである。それは、法の整備が技術の進歩、社会的関係、職場の権利に後れを取ってはならないからである。

- **文化・ジェンダー規範**：進歩的な法的枠組みを、被害者／サバイバー中心の文化を醸成し、女性の権利とジェンダー平等に対する社会的態度の変容を引き起こす取り組みによって補完すべきである。これは、不十分な情報、限られた法的リテラシー、司法制度へのアクセスの制限に対処することで、女性と女児が自らの権利を主張できるようにするために不可欠である。

- **女性器切除と児童婚に関する法律**：女性器切除が国境を越えて行われていることを考慮して、各国は国際公約に基づき女性器切除を犯罪化する包括的な法律を制定すべきである。児童婚、早期結婚、強制結婚を撲滅するために、政府は法的例外なく、男女とも最低婚姻年齢を18歳以上にすべきである。

注釈
1. 女性差別撤廃条約を批准していないのは、イラン、パラオ、ソマリア、スーダン、教皇庁、米国、トンガである。
2. SIGI によると、不文法とは男女間に異なる権利や能力を生み出す慣習法、伝統法、または宗教法と定義される。

3. チリ、コスタリカ、フランス、ギリシャ、アイルランド、メキシコ、スロベニア、スペイン、スイス、トルコ。

4. 女性に対する暴力と家庭内暴力の防止と撲滅に関する欧州評議会条約（イスタンブール条約として知られる）は 2011 年に採択された欧州の法律文書である。同条約は欧州評議会に加盟する 47 か国で交渉が行われた。現在、34 か国の欧州評議会加盟国が批准している。

5. ここで取り上げたローマ規程は、もとは 1998 年 7 月 17 日に文書 A/CONF. 183/9 として採択された。

6. オーストラリア、ベルギー、カナダ、チリ、コロンビア、コスタリカ、デンマーク、ドイツ、ギリシャ、アイスランド、アイルランド、イスラエル、ラトビア、リトアニア、ルクセンブルク、ニュージーランド、ポルトガル、スロベニア、スペイン、スウェーデン、英国、米国。

7. 2013 年の教育・雇用・起業におけるジェンダー平等に関する OECD 理事会勧告は、雇用主や労働組合による防止キャンペーンや対策など、職場でのセクシャルハラスメントを撲滅するための措置の推進を要請している。

8. 拷問および他の残虐な、非人道的なまたは品位を傷つける取り扱いまたは刑罰に関する条約、子どもの権利条約、人権および基本的自由の保護に関するヨーロッパ条約、欧州連合基本権憲章（2010/C 83/02）。

9. オーストラリア、ベルギー、カナダ、コロンビア、フィンランド、フランス、アイルランド、イタリア、ノルウェー、スペイン、スウェーデン、スイス。

参考文献・資料

African Union (2003), *Protocol to the African Charter on Human and People's Rights on the Rights of Women in Africa*, https://au.int/sites/default/files/treaties/370 77-treatycharter_on_rights_of_women_in_africa.pdf.

EELN (2022a), *Country report Gender Equality Austria*, European Equality Law Network, https://www.equalitylaw.eu/downloads/5754-austria-country-report-gender-equality-2022-1-06-mb.

EELN (2022b), *First-ever formal criminalisation of revenge pornography*, European Equality Law Network, https://www.equalitylaw.eu/downloads/5720-greece-first-ever-formal-criminalisationof-revenge-pornography-131-kb.

EELN (2022c), *New Law on Sexual Freedom 'only yes means yes'*, European Equality Law Network, https://www.equalitylaw.eu/downloads/5763-spain-new-law-on-sexual-freedom-onlyyes-means-yes-86-kb.

EIGE (n.d.), *Data Collection on Violence Against Women*, European Institute for Gender Equality, https://eige.europa.eu/gender-based-violence/data-collection (accessed on 20 October 2021).

End FGM European Network (2021), "Greece", https://map.endfgm.eu/countries/502/Greece (accessed on 13 March 2023).

Ferrant, G., L. Fuiret and E. Zambrano (2020), "The Social Institutions and Gender Index (SIGI) 2019: A revised framework for better advocacy", *OECD Development Centre Working Papers*, No. 342, OECD Publishing, Paris, https://doi.org/10.1787/022d5e7b-en.

General Assembly of the United Nations (2014), *Preventing and eliminating child, early and forced marriage - Report of the Office of the United Nations High Commissioner for Human Rights*, United Nations, New York.

Girls Not Brides (2022a), *Child Marriage Atlas*, Norway, https://www.girlsnotbrides.org/learningresources/child-marriage-atlas/regions-and-countries/norway/ (accessed on 13 March 2023).

Girls Not Brides (2022b), *Gender inequality - About child marriage*, https://www.girlsnotbrides.org/about-child-marriage/why-child-marriage-happens/ (accessed on 13 March 2023).

Girls not Brides (2017), *How ending child marriage is critical to achieving the Sustainable Development Goals*, https://www.girlsnotbrides.org/wp-content/uploads/2017/06/Childmarriage-and-achieving-the-SDGs_DAC.pdf (accessed on 14 November 2019).

Government of Canada (2021), *The Gender-Based Violence Strategy*, https://women-genderequality.canada.ca/en/gender-based-violence-knowledge-centre/gender-based-violencestrategy.html#what (accessed on 13 March 2023).

Government of Colombia (1992), *Penal Code of Colombia*.

Government of Greece (2019), *Criminal Code*.

Government of the United Kingdom (2022), *Implementation of the Marriage and Civil Partnership (Minimum Age) Act 2022*, https://www.gov.uk/government/news/implementation-of-themarriage-and-civil-partnership-minimum-age-act-2022 (accessed on 13 March 2023).

Government of the United Kingdom (2021), *Domestic Abuse Act 2021*, https://www.legislation.gov.uk/ukpga/2021/17/section/1/enacted (accessed on 13 March 2023).

Government of the United Kingdom (2003), *Sexual Offences Act 2003*, https://www.legislation.gov.uk/ukpga/2003/42/contents (accessed on 13 March 2023).

Government of the United States (n.d.), *United States Code*, https://uscode.house.gov/ (accessed on 13 March 2023).

GREVIO (2022), *Baseline Evaluation Report: Iceland*, https://rm.coe.int/grevio-inf-2022-26-engfinal-report-on-iceland/1680a8efae (accessed on 13 March 2023).

GREVIO (2018), *Baseline Evaluation Report: Sweden*, https://rm.coe.int/grevio-inf-2018-15-engfinal/168091e686 (accessed on 13 March 2023).

International Criminal Court (2011), *Rome Statute of the International Criminal Court*, https://www.icc-cpi.int/sites/default/files/RS-Eng.pdf.

MESECVI (2020), *Informe de Implementación de las Recomendaciones del Comité de Expertas Del MESECVI*, https://belemdopara.org/wp-content/uploads/2022/02/FinalReport2019-Mexico.pdf.

OECD (2023), *About the SIGI*, https://www.genderindex.org/sigi/ (accessed on 12 February 2020).

OECD (2021), *Man Enough? Measuring Masculine Norms to Promote Women's Empowerment*, Social Institutions and Gender Index, OECD Publishing, Paris, https://doi.org/10.1787/6ffd1936-en.

OECD (2019), *SIGI 2019 Global Report: Transforming Challenges into Opportunities*, Social Institutions and Gender Index, OECD Publishing, Paris, https://doi.org/10.1787/bc56d212-en.

OECD (2017), *2013 OECD Recommendation of the Council on Gender Equality in Education, Employment and Entrepreneurship*, OECD Publishing, Paris, https://doi.org/10.1787/9789264279391-en.

OECD Development Centre (2022), *SIGI Gender-based Violence Legal Survey*, OECD, Paris.

OECD Development Centre/OECD (2023), "Gender, Institutions and Development (Edition 2023)", *OECD International Development Statistics* (database), https://doi.org/10.1787/7b0af638-en (accessed on 17 April 2023).

OHCHR (2021), *Harmonization of criminal laws needed to stop rape - UN expert*, Office of the High Commissioner for Human Rights.

The Swedish National Council for Crime Prevention (2020), *The new consent law in practice*, https://bra.se/download/18.7d27ebd916ea64de53065cff/1614334312744/2020_6_The_new_consent_law_in_practice.pdf.

UNESCO (n.d.), *School-related gender-based violence.*

UNFPA (2020), *En Colombia, esfuerzos para poner fin a la mutilación genital femenina están empoderando a las mujeres para ser líderes*, https://colombia.unfpa.org/es/news/esfuerzospara-poner-fin-a-la-mutilacion-genital-femenina (accessed on 13 March 2023).

UNICEF (2022), *Child Marriage*, https://data.unicef.org/topic/child-protection/child-marriage/ (accessed on 13 March 2023).

UNICEF (1989), *Convention on the Rights of the Child*, https://www.unicef.org/child-rightsconvention/convention-text (accessed on 13 March 2023).

United Nations (2017), *General recommendation No. 35 on gender-based violence against women, updating general recommendation No. 19 (1992)*, CEDAW/C/GC/35, Committee on the Elimination of Discrimination against Women, https://www. ohchr.org/en/documents/general-comments-and-recommendations/generalrecommendation-no-35-2017-gender-based (accessed on 13 February 2020).

United Nations（2016）, *Sustainable Development Goal 5*, Sustainable Development Knowledge Platform, https://sustainabledevelopment.un.org/sdg5（accessed on 15 November 2019）.

United Nations（2015）, *The 2030 Agenda for Sustainable Development*, https://sdgs. un.org/2030agenda（accessed on 13 March 2023）.

United Nations（1992）, *General recommendation No. 19: Violence against women*, https://tbinternet.ohchr.org/Treaties/CEDAW/Shared%20Documents/1_Global/ INT_CEDAW_GEC_3731_E.pdf（accessed on 20 May 2020）.

United Nations（1979）, *Convention on the Elimination of All Forms of Discrimination against Women（CEDAW）*, https://www.refworld.org/docid/3ae6b3970.html （accessed on 11 June 2020）.

United Nations（1962）, *Convention on Consent to Marriage, Minimum Age for Marriage and Registration of Marriages*, https://treaties.un.org/doc/treaties/ 1964/12/19641223%2002-15%20am/ch_xvi_3p.pdf.

WHO（2022）, *Fact sheet: Female genital mutilation*, World Health Organization, Geneva, https://www.who.int/news-room/fact-sheets/detail/female-genital- mutilation.

Wulfes, N. et al.（2022）, "Cognitive-Emotional Aspects of Post-Traumatic Stress Disorder in the Context of Female Genital Mutilation", *International Journal of Environmental Research and Public Health*, Vol. 19/9, p. 4993, https://doi.org/ 10.3390/ijerph19094993.

第 3 章

総合的かつ効果的な
全政府的アプローチ

本章では、GBV に取り組むための全政府的アプローチの諸要素について考察する。そして、政府の全関係主体を巻き込み、すべての被害者／サバイバーの経験を考慮に入れる総合的な政策によって、GBV への効果的な対応を確立するにはどうすればよいのか検討する。締めくくりに COVID-19 パンデミックが OECD 加盟国の GBV への対応システムに与えた影響を検証して、GBV に取り組む全政府的システムを改善するための優れた実践と提言を明らかにする。本章の調査結果は、2022 年 GBV 撲滅のためのガバナンスおよびサバイバー／被害者中心アプローチの強化に関する調査（2022 年 OECD GBV 調査）に対する 26 か国の回答に基づく。

本書において、「ジェンダー」および「ジェンダーに基づく暴力」は、各国が国際的な義務とともに国内法令に基づいて解釈したものである。

調査結果の要点

- GBV政策を成功させるには、政府のあらゆる関係主体による長期的な取り組みが必要である。そのため、すべての回答国がGBV撲滅を目的とした重要な取り組みを開発していると報告した。回答国の77%（26か国中20か国）が、多様な形態のGBVを含むGBV戦略や政策を導入していた。

- 同様に、回答国の88%（26か国中23か国）が、国が一丸となった全政府的システムの有効性を高める目的で、連携メカニズムを実施していると報告している。さらに、政府のさまざまなレベル間での垂直連携メカニズムの重要性に対する認識が高まっているものの、そうしたメカニズムの実施に重大な課題があることを複数のOECD加盟国が報告している。

- 特に、OECD加盟国では包括的なGBV戦略を導入する傾向が強まっているが、適切な資金調達が引き続き課題となっている。回答国の50%（24か国中12か国）が、GBV計画やプログラムの資金源として一定の予算を割り当てていないことを報告している。

- さらに、通報しない割合が高いことを考えると、GBV発生率に関するデータの利用可能性も大きな課題である。GBVの実際の蔓延状況だけでなく、GBVを防止・対応するのに有効な戦略を理解するには、行政データ、住民調査、国際調査をはじめ、複数の情報源からの頑健なデータによる裏付けが必要である。国際調査は一般的とはいいがたく、いっそうの国際協力が必要なのは明らかである。

- これに関連して、調査対象のOECD加盟国の大半が、GBVに関する行政データを収集していると回答しているが、被害者／サバイバーに対応するサービス提供者を通じて、彼女たちのデータを集めるのに苦労している。回答国の42%（26か国中11か国）のみがNGOからデータを得ている。国家政策や戦略を実施する一機関として統計機関を関与させていると報告した国は、ごく少数であった。

- 調査回答からは、さまざまな形態のGBVに関する細分化されたインターセクショナルなデータの欠如も明らかになったものの、各国は被害者／サバイバーと加害者に関するデータの細分化への取り組みを強化している。行政データ源や住民調査を利用して、全回答国（24か国中24か国）が、被害者／サバイバーと加害者に関するデータを収集していることを報告している。しかし、こうした取り組みには一貫性がなく、国によってばらつきがある。回答国の29%（24か国中7か国）は行政データ源と住民調査のどちらからも加害者に関するデータを収集していない。また、すべての回答国（23か国中23か国）が行政データ源と住民調査

の両方またはそのいずれかからさまざまな形態のGBVに関するデータを収集していると報告している。ほとんどの国が最も一般的な形態のGBVについてデータを収集しており、経済的暴力に関するデータを収集している国は13%（23か国中3か国）のみであり、心理的暴力とテクノロジーを悪用した暴力に関するデータを収集している国は30%（23か国中7か国）であった。

- GBVへの総合的アプローチの鍵となる段階は、暴力の再発リスクの評価と致命的暴力のリスクの評価を目的とした一次予防とリスク管理である。回答国の66%（24か国中16か国）がGBVのスクリーニングに利用できるツールを、70%（24か国中17か国）が主にIPVとDVに重点を置いて、多機関リスク評価会議（MARAC）や配偶者暴力リスク評価のための簡易フォーム（B-SAFER）、配偶者暴力リスク評価（SARA）など、GBVのリスク評価と管理に利用できるツールを開発しているか認証していると報告した。一方、リスク評価と管理の効率的な連携も、機関間での情報共有同様、いまだ課題であると複数の国が回答している。

- 監視と評価の重要性については広く意見が一致しており、ほとんどの国が内部検証の仕組みに依存している。通常、監視を行うのはオンブズマン事務所やジェンダー平等のために設けられた議会の委員会である。しかし、独立人権委員会がその役割を担っていると回答した国は33%（24か国中8か国）のみであった。2022年OECD GBV調査からは、OECD加盟国では外部検証の仕組みがほとんど用いられていないことが明らかになった。

- 危機は被害者／サバイバーの脆弱性を高めるため、危機の間もGBVに確実に対応することが不可欠であるものの、回答国の56%（25か国中14か国）が具体的な危機計画を導入していなかった。複数の国が社会、司法、医療支援システムが逼迫または崩壊した状況で、GBVに対応するための機関間の連携と継続的な資金提供を確保するのに苦労したことを報告した。

3.1 ❘ はじめに

　本章では、総合的で多分野にまたがる政策の開発、複数の形態のGBVへの専門的な対応の考案など、GBVに取り組むための全政府的枠組みを実施して

いる国の実践を明らかにする。特に、OECD GBV ガバナンス・フレームワークの一部として（OECD, 2021c）、システムの構築がGBVに取り組む全政府的枠組みの不可欠な一要素であり、政策から法律、プログラム、説明責任と監視の要素まで、GBV対応の全体構造を包含することに注目する。強固なGBVのシステムがあれば、各国は効果的かつインターセクショナル[1]に連携して、現在のおよび潜在的なGBV被害者／サバイバーの多くの状況とニーズに対応することが可能になる。OECD GBV ガバナンス・フレームワークのシステムの柱の重要要素について、次のコラム3.1で概説する。

■コラム3.1■　GBVのシステムの柱の重要要素

OECD GBV ガバナンス・フレームワークの鍵となるのは、下記の重要要素に支えられた強固な全政府的アプローチである。政府は総合的なGBV政策を通じて、危機の時期を含め、生活のあらゆる分野でのGBVに対処する全政府的アプローチを構築してきた。

- フレームワークは、政府の包括的な目標と期待に取り組むための明確なビジョンを描く。
- 政府は差別化した行動と目標をフレームワークのなかで概説することにより、GBVに対する総合的アプローチを確立する。
- フレームワークは、GBV政策を開発、実施、監督する主要な政府主体を明確化し、その役割と責任をわかりやすく概説する。
- フレームワークは実施と検証のタイムラインを描き、監視と評価の規定を提示する。
- フレームワークは、IPVとDV、身体的・性的・感情的・心理的暴力、職場における暴力、テクノロジーを悪用した暴力、ハラスメントやストーキングなどの犯罪、人身売買、"名誉"に基づく暴力、女性器切除、児童婚と強制結婚、国の特定の状況に関連する他の形態のGBVをはじめ、特定の多様な形態のGBVに対する政策、法律、専門的な対応を含む。また、GBVのリスクが高い場合など、さまざまな制度的状況において、GBVを防止し、GBVから保護し、加害者に説明責任を負わせるための専門的な政策、プログラム、サービスを含む。制度的状況には、国の実情に応じて、軍隊、学校や大学、公共・民間セクターの職場、刑務所、移民拘

留センターなどが含まれる。フレームワークは、より広範なジェンダー平等に関する国のビジョンおよび戦略と連携する。フレームワークはGBVと、住宅へのアクセス、雇用、手頃な料金の保育、最低生活賃金など、ジェンダー不平等から影響を受ける他の問題との関連性を考慮する。フレームワークはパンデミック、自然災害、経済不況などの危機下でGBVに対処するための危機管理計画や非常事態計画を含む。こうした計画は、政策の実施やサービスの提供などの活動の継続性を確保し、必要に応じて実施可能な緊急措置を明確化する。

資料：OECD (2021c), *Eliminating Gender-based Violence: Governance and Survivor/Victim-centred Approaches*, OECD Publishing, Paris, https://doi.org/10.1787/42121347-en.

3.2 | GBV撲滅のための全政府的なシステムによるアプローチに向けて

3.2.1　GBVへの全政府的なアプローチは今では一般的になっているが、資源の確保は今なお課題である

　全政府的な枠組みには、性的暴力、オンライン暴力、IPV、児童婚、女性器切除を含め、多様な形態のGBVに対処するための総合的な政策、法律、専門的対応の確立が必要である。これに関して、調査対象のOECD加盟国のうち、77％（26か国中20か国）はGBVに関する国家戦略または計画を実施していると報告し（コラム3.2参照）、38％はGBVをより広範なジェンダー平等戦略の重要な柱のひとつに設定していると回答した（両方とも実施していると回答した国は15％）。

　GBVに関する目標を、他のタイプの犯罪や脆弱性に取り組む計画に統合している国もある。その一例はギリシャで、「障害者の権利のための国家行動計画（National Action Plan for the Rights of Persons with Disabilities）」の9番目の目標で「障害を持つ女性」を取り上げており、障害を持つ女性と女児に対するジェンダーに基づく暴力——強制中絶や不妊手術などを含む——を防止・撲滅するための行動を掲げている。ギリシャやポルトガル、米国などの国は、

GBV関連の目標を人身売買に関する国家行動計画に含めていると報告した。ルクセンブルクもGBVを撲滅するための目標を「感情と性の健康に関する国家行動計画（National Action Plan on Affective and Sexual Health)」に組み込んでいると報告している。

　期間に関しては、回答国の過半数が2年から5年の戦略や行動計画を有していると報告している（与党政府の戦略に大きく結びついている)。ベルギー、フィンランド、ギリシャ、イタリア、メキシコがこのアプローチをとっている。オーストラリア、コスタリカ、ポルトガル、スウェーデンなど、ごく少数の国のみが、10年間に及ぶGBV戦略を報告している。短期的な戦略は柔軟性が高くなるものの、ほとんどの国では政権交代の間に弱体化する。

コラム 3.2　カナダ：単独の包括的GBV計画の例

　カナダの連邦戦略「今こそ：ジェンダーに基づく暴力を予防・対処するためのカナダの戦略（It's Time: Canada's Strategy to Prevent and Address Gender-Based Violence)」は、GBVを防止し、サバイバーとその家族を支援し、対応力のある法律・司法制度を促進するための全政府的アプローチである。この戦略は、多様な形態のGBVの予防・対処を目的とする連邦政府のすべてのイニシアチブを、同一構造のもとでまとめている。

　戦略には女性・ジェンダー平等省内での知識センター（Knowledge Centre）の設置も含まれる。GBV知識センターのオンラインプラットフォームでは資料と研究をひとつのプラットフォームにまとめて、GBV関連の連邦政府補助金の情報と、GBVに関する既存のデータ、エビデンス、連邦政府のイニシアチブをまとめた検索可能なデータベースを提供する。

　戦略ではインターセクショナルなアプローチも取り入れており、女性と女児、先住民の女性と女児、2SLGBTQQIA+などの多様なジェンダーを持つ人々、北部・農村・遠隔地のコミュニティで暮らす女性、障害を持つ女性と女児、移民と難民の女性、幼児と若者、高齢女性など、多様な集団への支援の格差に対処することを目指している。2017年と2018年の予算で、2017年度から2022年度を対象に2億米ドル超が拠出され、毎年4,000万米ドル超が戦略の確立、着手、拡大に投入された。

注：2SLGBTQQIA+とは、トゥースピリット、レズビアン、ゲイ、バイセクシャル、トランスジェンダー、クィア、クエスチョニング、インターセックス、アセクシャルを意味する。プラスは、この包括的な頭字語に該当しないと考えている他の多様な性やジェンダーの人々の存在を認めていることを示す。トゥースピリットとは、多様なセクシャルアイデンティティ、ジェンダーアイデンティティ、ジェンダー表現・指向を持つ先住民族を表す言葉である。
資料：OECD（2022）, Survey on Strengthening Governance and Survivor/Victim-centric Approaches to End Gender-based Violence.

　包括的であるために、全政府的枠組みはすべての形態のGBVがもっと広くジェンダー不平等の問題に根差していることを明示して、多様な形態のGBVに対応する必要がある（OECD, 2021c）。回答国の90％（22か国中20か国）が、政策や戦略でフェミサイド、人身売買、テクノロジーを悪用した暴力、性的暴行、IPVなど多様な形態のGBVに取り組んでいると回答している。手法の点でも、堅固なGBVシステムはGBVに対処する多様な方法を取り入れていなければならない。回答国の72％（25か国中18か国）が、(1) 一次予防、(2) リスク評価と管理、(3) 被害者／サバイバーの保護と支援、(4) 訴追と処罰をはじめ、比較的包括的なアプローチを報告している。

　また、ほとんどの国が、現行の国家政策や戦略の実施にさまざまな省庁や機関を関与させている（第3.2.2節参照）。政府全体に及ぶジェンダー担当者のネットワークは、異なる政策分野間におけるGBV戦略の効果的な情報交換と主流化に役立つ（OECD, 2018）。

3.2.2　GBVに対する全政府的アプローチのための制度設計と連携

　2015年の公職におけるジェンダー平等に関するOECD勧告は、全政府的な制度枠組みと効果的な公共ガバナンスプロセスを、GBVに関する目標をはじめとするジェンダー平等の目標を推進するひとつの方法と定義している（OECD, 2019）。IPVからテクノロジーを悪用した暴力まで、あらゆる形態のGBVに包括的な対応を提供するには、予防と教育、サービス提供、統計などの分野に従事する政府および非政府の多数のステークホルダーを関与させる必要がある。したがって、効果的なGBVフレームワークには政府全体で取り組まなければならず（OECD, 2021c）、そのためにはさまざまなレベルの政府内で、

また異なる分野やセクター間で、ステークホルダー間の適切な連携と協力が必要になる。効果的な連携は、統合ケアへのアクセス提供を支援し、包括的なエビデンスとデータを生成して戦略的意思決定に情報を提供し、結果に対する説明責任を確保することで、国が被害者／サバイバーへのサービス提供を改善するのに役立つ。それゆえ、効果的な水平・垂直連携の仕組みにより（コラム3.3）、GBV対応が政府全体で調整され、サービス提供レベルで実施されるようにする必要がある（第5章; OECD, 2023b 参照）。

コラム 3.3　組織の水平・垂直連携

　水平連携とは、さまざまなセクターの全関係主体を関与させる協調的なアプローチのことである。他の国家政策に注力する省庁、機関、専門団体を巻き込んだ政府全体での水平的な協力は、連携する組織がより一貫性のあるGBV政策の策定に寄与するのを促す。水平連携の仕組みは、政府のGBVの議題全般に対応し、政府全体のマンデートと政策の整合化を進め、資源配分を監視し、資金や運営に関する新たな課題に対処することが可能になる。

　垂直連携とは、上級政府と下級政府のつながりを意味する。被害者／サバイバーとの直接的なかかわりが最も強いのは地方の政府、機関、関係主体であることから、国家戦略はそうした組織からのボトムアップアプローチを併用して実施すべきである。垂直連携がGBVフレームワークの要素として不可欠なのは、国のGBV戦略の実施に際し、医療、教育、児童保護などの社会福祉サービスのほか、刑法・民法・家族法の地方政府が責任を負う側面などで、さまざまなレベルの政府が連携する必要があるためである。

資料：OECD (2021c), *Eliminating Gender-based Violence: Governance and Survivor/Victim-centred Approaches*, OECD Publishing, Paris, https://doi.org/10.1787/42121347-en.

2022年OECD GBV調査で、回答国の大多数がGBVシステムに対する分野横断的および省庁間連携アプローチを報告した。この多面的なアプローチによって、国は教育・雇用・住宅・医療・司法へのアクセス、心身のウェルビーイングと健康など、GBVに関連するインターセクショナルなニーズや問題に対

図3.1　GBVに関する政策、行動計画、プログラムで役割と責任を担うと報告された省庁・機関

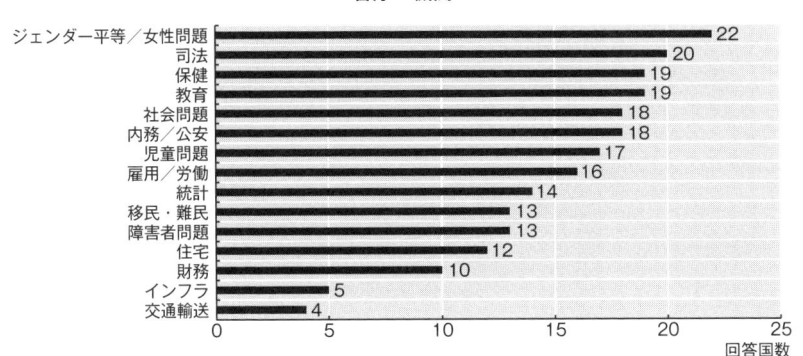

資料：OECD（2022）, Survey on Strengthening Governance and Survivor/Victim-centric Approaches to End Gender-based Violence.

StatLink：https://stat.link/xj6fvc

処することが可能になる（OECD, 2021c）。最も多く回答された関係セクター・省庁は、ジェンダー平等／女性問題と司法であり、教育、保健・社会問題、内務／公安、統計と続く（図3.1）。

　中心となるジェンダー平等機関は、多くの場合、政府のアジェンダを支持して社会全体のジェンダー平等目標を推進する一義的責任を負う政府機関である。OECD加盟国のなかでは、ほとんどのジェンダー平等機関が社会問題担当省に置かれているか、中央政府内の一ユニットである（OECD, 2021a）。メキシコなどの一部の国は、ジェンダーや女性問題を担当する連邦政府の機関や省庁が、GBV対策を実施する分権化された組織として機能していると回答している（コラム3.4参照）。ジェンダー平等機関はしばしば、社会改革を創出し、研究の実施や政策の起草の際にジェンダーの視点を活用する任務を負う（OECD, 2021c）。また、GBVフレームワークの開発と実施の監視に不可欠な存在であるため、優れた実践と基準を促進し、GBV被害者／サバイバーのニーズと権利を擁護し、幅広いセクターや組織との連携を強化して統合的な対応を提供するのに役立つ（Raftery et al., 2022）。こうした機関はときとして、統合的なGBV対応、連携、監視、評価などのためにすべての関係主体を関与させて、適切な

資金と資源を確保することが困難なこともある（Murphy and Bourassa, 2021）。

コラム 3.4 **GBVに取り組むための分権化されたガバナンスの例**

メキシコ

メキシコでは、分権化した独立機関である全国女性機関（INMUJERES）が、男女間の平等のための国家プログラム（PROIGUALDAD）の調整と促進で重要な役割を担っている。INMUJERESは女性に対する暴力防止撲滅国家委員会（CONAVIM）と連携して、政府の女性に対する暴力の防止・対処・処罰・撲滅のための統合計画（Programa Integral para Prevenir, Atender, Sancionar y Erradicar la Violencia Contra las Mujeres 2019-2024）を実施している。

スイス

スイスでは、連邦男女平等事務所（Federal Office for Gender Equality）が、さまざまな連邦事務所・関係当局と協力して国レベルで、また州・市町村・連邦政府間の連携を支援することで州レベルで、GBV対策を支援する二重の役割を担っている。州による介入・調整事業は、連邦政府と協力して、州レベルでDVの防止と撲滅に取り組む官民の機関を連携させる。それらの機関はドメスティックバイオレンスと闘うスイス会議（Swiss Conference against Domestic Violence）のもとで結束している。

資料：OECD（2022）, Survey on Strengthening Governance and Survivor/Victim-centric Approaches to End Gender-based Violence.

一方、司法担当省は、GBVに関する法律・政策・司法改革と、そうした改革の検証において大きな責任を負う。一般的には司法制度の多くの側面を統治し、GBVへの統合的対応、DV裁判の専門化、刑事裁判における被害者／サバイバーとその子どもたちに対するサービス、民法・家族法などに関連する司法サービスなどの開発に関与することもある（OECD, 2021c）。回答国の36％（25か国中9か国）が、GBVに関する計画やプログラムの実施の支援に司法担当省を関与させており、それが被害者／サバイバーによる法律・司法サービスと保

護の確実な利用と、加害者の説明責任の追及に有用であることを報告している。他分野の省庁同様、GBVの防止と対応に関与すべき他のセクターや組織（保健、教育、雇用、社会的保護、警察など）との連携が困難なこともある。そのため、明確な説明責任と優先順位付けを確保できるように、場合によっては中央政府が関与することで、明瞭な権限を与え、強固なガバナンス構造で支えなければならない。

　ほとんどの国が、GBVに関する計画やプログラムは省庁が実施していると報告しているが、少数の回答国は中央政府が直接実施したと回答しており、例としてオーストラリア（首相内閣省女性事務所）、イタリア（首相府機会均等局）、日本（内閣府）がある。GBVの優先順位を上げることで、実施を加速させ、説明責任を拡大し、GBV関連サービスの対象範囲を潜在的に広げることが可能になる。その一方、そうすることで資金と人的資源が減らされ、意図が弱まって能力が制限され、持続可能なGBV対策の連携と実施がリスクにさらされる恐れがある。

――連携メカニズムの重要性がますます認識されるようになっているが、さらなる組織化、データ、資源が必要である

　2022年OECD GBV調査によると、政府・省庁・セクター全体での連携の重要性と、被害者のニーズを中心に置いた統合的サービス提供を確保する重要性について、OECD加盟国の間で幅広い同意がみられた（第5章参照）。GBVが悪化しやすい緊急事態においては、ステークホルダー間の意思疎通と協力が特に重要である（第3.2.7節参照）。OECD加盟国の大多数（88％、26か国中23か国）が、GBVに関する調整機関を1つ以上設置しているか、既存の機関を調整機関に指定していると回答している。

　具体的には、GBVに関する全政府的な連携を促進するために、回答国の半数が省庁・機関間の連携メカニズムを1つ確立していると報告し、38％（26か国中10か国）が連携メカニズムを2つ以上、5か国が異なるメカニズムを最大3つ、1か国が4つ構築していると回答している（図3.2）。

図3.2　省庁・機関間の連携によってGBVに関する全政府的な連携を促進している国

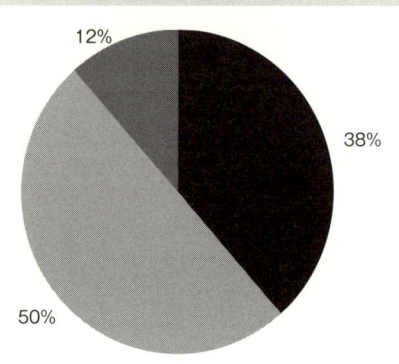

- ■ はい、連携メカニズムは複数あります。
- はい、連携メカニズムは1つあります。
- いいえ、連携メカニズムは存在しません。

12%
38%
50%

注：当該質問への回答国数は26。
資料：OECD（2022）, Survey on Strengthening Governance and Survivor/Victim-centric Approaches to End Gender-based Violence.

StatLink : https://stat.link/ib2mj8

　ほとんどの連携メカニズムには、教育、雇用／労働、ジェンダー平等／女性問題、保健、内務／公安、司法、社会問題を担当する省庁の職員が含まれる。GBV対策に責任を負う省庁内組織や機関の例をコラム3.5で取り上げる。

コラム3.5　GBV対策に取り組む省庁内組織とその責務の例

エストニア

　エストニアでは、内務省が2019年に分野横断的な運営委員会を設置して、内務省、司法省、社会問題省、教育研究省、社会保険庁、検察局、警察・国境警備庁、家庭医協会、ハリュ県裁判所、エストニア都市・自治体協会の間でのGBVに関する意思疎通と活動を調整している。

アイスランド

　アイスランドでは、首相府主導の連携メカニズムが、子どもと若者を対象にした予防策に注力している。性別とジェンダーに基づく暴力と嫌がらせから子どもと若

者を保護するための予防措置に関する国会決議と2021年から2025年の行動計画
の実施に責任を負う。その運営委員会は各省庁のほか、地方自治体とNGOの代表で
構成されている。ジェンダー平等や児童問題だけでなく、交通輸送など、複数のセ
クターが運営委員会に参加している。

英国

　英国は、女性と女児に対する暴力に対処する政府の取り組みの実施を推進する最
も上級の意思決定フォーラムとして、女性と女児に対する暴力に関する省間グルー
プ（Violence Against Women and Girls Inter-Ministerial Group: VAWG
IMG）を創設した。このグループは上級役職者レベル、閣僚レベルで定期的に会合
を持つことで、専門的・政治的領域でのGBV対策の連携を可能にしている。

資料：OECD (2022), Survey on Strengthening Governance and Survivor/Victim-centric
Approaches to End Gender-based Violence.

存在する水平連携メカニズムの数に関係なく、2022年OECD GBV調査の結
果、最も一般的な重点分野は（1）一次予防、（2）リスク評価と管理、（3）被害
者／サバイバーの保護と支援、（4）訴追と処罰であることが明らかになった。
　垂直連携はGBV対応において、全レベルの政府と地域の主体を関与させる
ために不可欠な要素である。ほとんどすべての回答国が、中央・連邦政府と地
方政府間でのGBV対応の連携を促進するために、垂直連携メカニズムを利用
していることを報告しているが（コラム3.6）、多くの国がGBV対応の垂直連携
を実現することにおいて、また国の政策を地方の状況──特にジェンダー、人
権、インターセクショナリティ、文化的妥当性をめぐる状況──に適用させる
ことにおいて、困難さを報告している。こうした課題は、資源の欠如、インフ
ラの格差、データ共有の問題、政府全体での役割と責任の不明瞭な再編に由来
することが多い（垂直連携と統合的サービス提供についての議論は第5章参照）。
他の課題としては、政治的または文化的に慎重な取り扱いが必要な場合は特に、
さまざまなレベルの政府間で明確かつ定期的なコミュニケーションのためのチ
ャンネルを維持し、GBVの防止と対応に関する基準とアプローチを調和させ

る困難さがある（Raftery et al., 2022）。

コラム3.6　OECD加盟国における垂直連携組織の例

エストニア

　エストニアでは警察・国境警備庁が、中央政府と地域・地方政府の間で（いくつかあるイニシアチブのなかでも）GBV対応を調整するための一般的な内部メカニズムを設置している。さらに、社会保険庁（社会問題省の下部組織）が、関連するNGO、警察、地方政府などと連携して被害者支援を実施している。また、危険度の高いDVの場合は多機関リスク評価会議（Multi-Agency Risk Assessment Conferences: MARACs）を調整して、地方や州の機関の関係者を関与させる。

メキシコ

　メキシコでは、内務省の分権化された機関である女性に対する暴力防止撲滅国家委員会（CONAVIM）が、女性に対する暴力の防止、保護、処罰、撲滅に関連する連邦、地方、市町村の関係機関の連携に責任を負っている。

スイス

　スイスでは、中央・地方政府間のGBV対応の連携を促進するための仕組みとして、イスタンブール条約実施のための連邦・州・市町村委員会（Confederation-Cantons-Municipalities Committee for the Implementation of the Istanbul Convention）を設置している。同委員会はイスタンブール条約の実施状況を評価・監視する中心的役割を担っており、欧州評議会のGREVIOに報告を行う。同委員会には州を代表してさまざまな州間会議も参加している。

資料：OECD（2022）, Survey on Strengthening Governance and Survivor/Victim-centric Approaches to End Gender-based Violence.

　連携メカニズムから政府がGBV問題に注力していることがわかる一方で、幅広い課題が残っている。国から報告された課題には、GBV対応の調整を担う責任機関が不明確であること、省庁・機関間での効果的な情報共有と連携の欠如、GBVに関する知識と研修会の不足、担当する職員やサービス提供者の

側のジェンダーへの配慮不足、同意に基づく計画の実施の格差などがある。連携メカニズムの明確性を強化し（照会、リーダーシップ構造、作業部会、報告制度など）、意思疎通と情報共有を改善し（定期的な会合、オンラインプラットフォームなど）、GBVの防止と対応へのアプローチを調和させて（共通のツールや指標などを用いて）、異なる主体間に信頼と協力と説明責任を確立する余地が残っている（UNHCR, n.d.）。効率的な連携メカニズムを適切な能力と資源によって支える必要があるが、GBVに対処するための資金と専用の予算が欠如しているために、省庁と各レベルの政府が予算と資源とインセンティブの制約に直面すると、取り組みが困難になる（第3.2.3節で論じる）。資金調達の問題は、政府主体と非政府主体との連携を妨げる障壁としてしばしば言及される（OECD, 2023b）。

　適切な能力と資源を確保するには、公務員の研修に投資することも必要である。回答国は、連携メカニズムの効率的な実施を妨げる主要な障壁として、公務員の研修と意識の欠如を報告している。公務員を積極的に関与させ、この問題の重要性に対する意識を向上させるGBV研修に資源を充てれば、連携にプラスに働くだろう。能力構築と専門研修は被害者／サバイバーに直接対応する担当者にとって特に重要である（第5章参照）。

　GBVの性質と被害経験率、支援サービス、加害者に関する信頼性の高い適時のデータは、的を絞ったGBV撲滅政策の策定に不可欠である。しかし、データの欠如と、国の現行のGBV政策・戦略・行動計画に統計機関を関与させる必要性も、課題として報告されている。統計機関は枠組みのための情報収集で重要な役割を担うため、これは重大な問題である。そうした機関はデータの不足を突き止めるのに役立つだけではない。緊急事態下などでのGBVを防ぐためのエビデンスに基づく対応を策定し、GBVを撲滅するための早期対応を提供する方法を明確化するのにも寄与する（OECD, 2021c）。統計局だけでなく多くの政府機関も、プログラムの成果に対して独自の指標や測定基準を用いて関連データを収集していることから、省庁間での一貫性の確保と共有の必要性が浮き彫りになっている。長期的に、データのモニタリングは望ましくない傾向を食い止め、採用された措置を調整するのに役立つ。省庁や異なるレベルの

政府間での適切な情報共有に関して明確な指針とツールと期待が必要であるが、それは細分化されたインターセクショナルなデータが、エビデンスに基づくGBV戦略と対応を、またスクリーニング、リスク評価と管理のためのツールを開発する土台であるからである（第3.2.5節参照）。

3.2.3　GBVと闘うための適切な資金の確保

　全政府的なGBVシステムは、十分な資金が提供された行動計画とプログラムがなければ実施不可能である。この問題の被害経験率と、被害者／サバイバーだけでなくその子ども、加害者、リスクにさらされている集団やコミュニティという対象集団の大きさを考えると、長期にわたる持続的な資金提供が不可欠である。シェルターと住居、対象を絞った利用しやすいカウンセリング、医療・司法サービスなど、重要分野で専用の資源が必要である。GBVの分野横断的な性質には幅広い連携が求められ、そのためにはかなりの資源が必要である（第5章参照）。緊急事態や危機の間はGBVのリスクが高まることから、継続的な資金の投入はきわめて重要である（第3.2.8節参照）。

　GBVと闘う取り組みには依然として資金が不足している。回答国の96％（25か国中24か国）が内閣（1か国は大統領）レベルでGBV政策や戦略を支持していると回答しているが、特別に策定された予算が拠出されていると報告したのは50％のみであり、10か国（38％）は現在のGBV計画やプログラムに予算を割り当てていないと回答した（図3.8参照）。興味深いことに、2022年調査ではOECD加盟国の半数以上が、近年GBV対策への資金を増額したと報告している（第3.2.8節参照）。世界の人道支援においても、他のセクターと比べて資金が大きく不足している（IRC, 2019）。二国間ODAの分析によると、女性と女児への暴力の撲滅を対象にしたOECD DAC加盟国からの資金提供は、2020年から2021年の期間で年平均4億5,800万米ドルであり、2019年から2020年の期間よりもわずかに増加したが、それでも同期間の年平均二国間ODA総額の1％未満であった（OECD, 2023a）。COVID-19パンデミックに続く不安定な経済状況のなか、政府が保健、失業、労働市場プログラムへの社会支出に重点を置い

図3.3　GBV戦略・政策に具体的な予算を割り当てている国

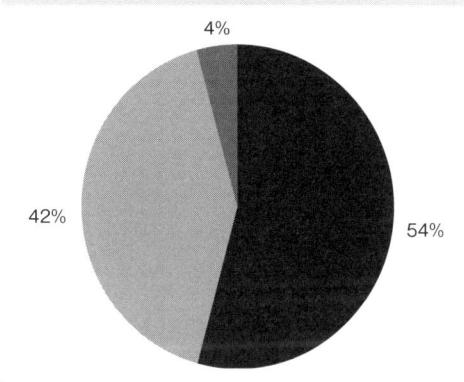

注：当該質問への回答国数は24。
資料：OECD (2022), Survey on Strengthening Governance and Survivor/Victim-centric Approaches to End Gender-based Violence.

StatLink：https://stat.link/mclzsk

　ため、GBVプログラムへの不十分な資金提供がリスクになった（OECD, 2023c）。複数の研究によると、この問題はCOVID-19対応予算で見落とされており、世界的にみて26兆7,000億米ドルという対応予算のわずか0.0002％しかGBV対策に充てられていなかった（Oxfam, 2021）。

　実際、GBVへの取り組みにおいて、資金調達は今なお最大の課題のひとつになっている。その原因として、限られた財源、短期的な資金調達（GBVの防止・対応策の持続可能性と継続性を危うくする恐れがある）、資金提供の制限（使途として認められているのがアドボカシーや政策変更ではなく、主に直接的なサービスであるなど）、資金をめぐる競合がある。こうした課題に対処するには、政府と市民社会組織の間の協力が必要である。

　GBV撲滅のための資金調達の状況を追跡することは、国内および国際的な約束がGBVを終わらせるための取り組みとして具体化しているかどうかを理解するのに役立つ（UN Women, 2016）。たとえば、政府は予算のタグ付けなどによって、GBVに関する約束を果たすための専用の資金を割り当てるために、

ジェンダー予算という実践に取り組むことができる（OECD, 2021c）。ジェンダー予算とは、ジェンダーに関連する問題に予算を割り当てることをいい、予算プロセスのあらゆる段階でジェンダーの視点を取り入れて、ジェンダー平等を促進するように歳入と歳出を再構築する（OECD, 2017）。ジェンダー予算は、予算編成と財政措置がジェンダー平等にどのように影響を与えるのか、GBV撲滅を含め、ジェンダー平等目標を実現するためにどのように予算を利用すればよいのか、政府が理解するのに役立つ。リーダーによる強固なコミットメント、全政府的アプローチ、およびジェンダー別データと政府職員の能力開発に基づく有効な環境は、ジェンダー予算の効果的な実施を確実なものにできる（Downes and Nicol, 2020）。この実践はOECD加盟国でますます採用されるようになっており、ジェンダー予算措置を導入していたOECD加盟国は、2016年では12か国（35％）、2018年では17か国（50％）であったが、2022年には23か国（61％）に増加している（OECD, 2022）。開発協力の文脈では、OECD DACのジェンダー平等マーカーが有益なツールとして、女性と女児に対するGBVの根絶を支援する援助の追跡に利用されている（OECD, 2021b）。

しかし、予算の制約は大きな課題である。セクター間の優先課題の相違と相まって、GBV対応への非効率的な割り当てや多部門計画の欠如につながる可能性がある（Remme and L. Lang, 2016）。協調融資などの選択肢を用いて、利用可能な資源を最適化する方法を理解し、さまざまな主体が協力するためのインセンティブを強化することが、そうした障壁の克服に有用であろう。

GBVに取り組むための資金は、プログラムを拡大し、カウンセリングや医療、法律扶助などの支援をはじめ、GBVのサバイバーへのサービスの質と利用しやすさを改善し、教育や意識向上キャンペーン、コミュニティ動員や有害な社会規範と社会的態度の変容などの防止策に投資し、ジェンダー平等を促進するなどしてGBVの根本原因に対処し、データの生成と研究によってエビデンスに基づく介入を考案し、紛争や自然災害やパンデミックなどの緊急事態下でGBVに対応するのに資する。資金不足は今後も問題であろう。具体的には、パンデミックとロシアによるウクライナ侵略戦争が公共支出をこれまで以上に

圧迫している。対応策よりも防止策のほうが費用対効果が高いことを考慮して、各国は防止の優先順位を上げることを検討してもよいかもしれない。他の有望なアプローチには、パートナーシップ（政府機関、市民社会組織、コミュニティを基盤とするグループとの協力など）、テクノロジーの活用（携帯電話を利用したサバイバーへの情報や支援の提供、ソーシャルメディアを用いたGBVに対する意識向上活動など）、被害者／サバイバーのニーズを重視した包括的なサービスと支援の確実な提供（カウンセリング、医療、法律扶助などの支援）、GBVの根本原因に対処するための政策変更の推進などがある。

3.2.4　GBVに関する正確なデータの収集

　GBVに関する信頼できる適切なジェンダー別データと統計データの体系的な収集、監視、普及は、ジェンダーに配慮した効果的な政策プロセスと政策選択肢への情報提供に不可欠である。データの収集はGBVの被害経験率とパターンを理解し、効果的な防止・対応戦略を開発するのに重要である。そのため、データの比較可能性を確保するために明確で一貫性のある定義を用いること、多様な情報源（アンケート、警察記録、医療機関など）からデータを収集すること、GBVの被害経験率とパターンを理解するために定量的データと定性的データの両方を収集すること、サバイバーや他の関係者の経験と視点を詳細に理解することが必要である。保護措置を講じて（匿名調査、暗号化によるデータ保護と安全な保存、十分な情報に基づく参加者の同意などによって）、被害者／サバイバーや他の調査関係者の秘密とプライバシーを確実に尊重するとともに、インターセクショナリティ分析を用いて、多様な形態の抑圧がどのように交差してそれぞれ異なる暴力の被害をもたらしているのかを理解する。

　以下のような幅広いデータが、GBVの被害経験率、発生率、影響を測定するのに有用である。

- どれだけの人がGBVの被害に遭ったことがあるのかを示す被害経験率に関するデータ。アンケートなどのデータ収集手法を用いて収集できる。

- 新たなGBV事案の発生率に関するデータ。GBV発生率の変化を追跡するのに有用である。
- GBVの被害に遭うリスクを高める要因（低学歴、貧困、紛争地域での居住など）であるリスクファクターに関するデータ。このデータを収集することで、予防戦略に情報を提供できる。
- GBVの身体的、心理的、社会的、経済的影響など、影響に関するデータ。アンケートや聞き取り調査などで収集できる。
- GBV被害者／サバイバーによるサービス（医療、司法サービス、カウンセリングなど）の利用状況など、サービスの利用に関するデータ。これはサービス提供の格差を突き止め、サービスへのアクセスを改善する取り組みに情報を提供し、何が有効かを理解するのに役立つ。

　GBVに関するデータソースには、行政データ、アンケートデータ、ケーススタディ、定性調査、メディアやソーシャルメディアのデータ、専門家の意見や政策文書、人道・開発プログラムのデータ、国の報告書や国際的な報告書などがある。データはアンケートや二次調査だけからではなく、被害者／サバイバーや彼女たちと接するサービス提供者（医療従事者や他の社会福祉サービス提供者、NGO、警察など）からも収集しなければならない。適時の、信頼性の高い、各国間で比較可能なデータも必要である。国際的にデータを収集する調査は、各国間の具体的な差異を明確化し、政策立案者がエビデンスに基づく措置を設計する際に情報を提供するのに役立つ（コラム3.7参照）。

コラム 3.7　GBVに関する国際的なデータ収集の例

EU基本権機関による女性に対するGBV調査

　EU基本権機関は2011年から2012年にかけて、すべてのEU加盟国を対象に、GBVに関する最初の調査を実施した。この調査は、全加盟国4万2,000人の女性に対面で聞き取り調査を実施し、EU諸国におけるGBVの程度、被害経験状況、深

刻さを検証しようとした。また、サービス提供者と法執行機関からどのような対応を受けたか、女性の経験を評価することも目指した。女性の年齢、出身地、教育レベル、雇用形態などの特徴は匿名で記録された。

　調査の開発には、第一線で業務に当たる専門家、研究者、国際機関、NGOなど、さまざまなステークホルダーが参加した。

注：本調査は、2011年と2012年のEU加盟国とクロアチアを対象に実施された。
資料：FRA（2011）, *FRA Survey on Gender-based Violence against Women*, https://fra.europa.eu/en/project/2012/fra-survey-genderbased-violence-against-women

——行政データ

　調査を行ったほとんどのOECD加盟国は、GBVに関する行政データ[2]を収集し、そうしたデータを用いて暴力の被害経験率と形態を推測していると回答した。収集された行政データの最も一般的なものは、法執行機関に通報されたGBV事件の件数・形態とそれらの事件の結果に関する情報など、警察記録のデータ（88％、26か国中23か国）であり、裁判記録（73％、26か国中19か国）、ヘルプラインや緊急電話相談センターの記録（73％、26か国中19か国）、GBVに関連するケガの治療を求めた個人の数やケガの種類や治療結果などの健康・医療記録（57％、26か国中15か国）、シェルターへの避難記録（57％、26か国中15か国）と続く（図3.4）。NGOからデータを収集している国は42％（26か国中11か国）のみで、生徒と教職員の間での性的暴力やセクシャルハラスメントなどのGBVの被害発生率などについて、学校からデータを収集している国は11％（26か国中3か国）のみであることが、回答から明らかになった。

　回答国の大多数に当たる90％（21か国中19か国）が、さまざまな形態のGBVに関するデータを収集していると報告しており、行政データを細分化する必要性を認める前向きな傾向が読み取れる。どのデータソースをみても、最も蔓延しているGBVの形態はIPVであり、性的暴行、性的虐待、セクシャルハラスメントと続く。フェミサイドと女性器切除に関するデータの収集では、警察記録、裁判記録、健康・医療記録が最も多く用いられている。警察記録と裁判記録は、人身売買と強制結婚に関するデータの最も一般的な情報源でもある。警

図3.4 GBV発生率を推定するために国レベルで収集される行政データの種別

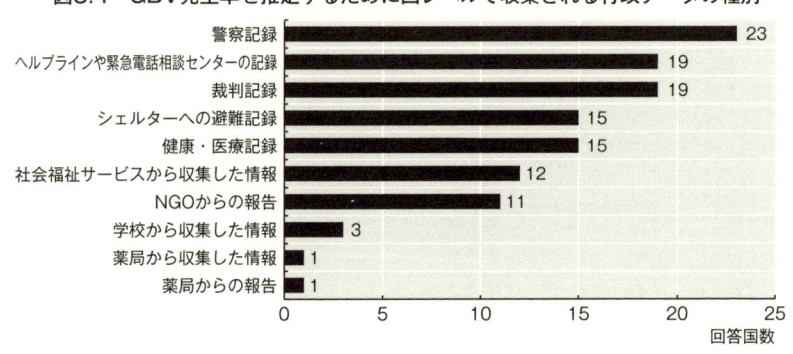

警察記録	23
ヘルプラインや緊急電話相談センターの記録	19
裁判記録	19
シェルターへの避難記録	15
健康・医療記録	15
社会福祉サービスから収集した情報	12
NGOからの報告	11
学校から収集した情報	3
薬局から収集した情報	1
薬局からの報告	1

回答国数

注：当該質問への回答国数は26。
資料：OECD（2022）, Survey on Strengthening Governance and Survivor/Victim-centric Approaches to End Gender-based Violence.

StatLink : https://stat.link/h1ab05

察記録と裁判記録のほかに、シェルターへの避難記録も、"名誉"に基づく暴力の情報収集に使われている。

　しかし、経済的暴力に関するデータの収集を報告したのはフィンランド、メキシコ、スロバキアの3か国のみであり、心理的暴力に関するデータの収集を報告したのは4か国（コスタリカ、フィンランド、スロバキア、スウェーデン）、テクノロジーを悪用した暴力に関するデータの収集を報告したのは6か国（ベルギー、カナダ、イタリア、スペイン、スイス、トルコ）のみであった。このことから、身体的暴力に関係しない形態のGBVへの認識が不十分であることが一因で、一部の形態のGBVに関してデータが不足していることがわかる。しかし、経済的、身体的、およびテクノロジーを悪用した暴力は、いずれも被害者／サバイバーとその感情的、精神的、経済的ウェルビーイングに深刻な影響を与え、身体的なGBVを伴う場合もある。こうした形態のGBVに関するデータを収集することは、GBVに包括的に対処できる総合的で全政府的な政策に不可欠である。

　行政データの収集頻度は加盟国によってばらつきがあり、情報を年に1度収集する国もあれば、半年ごと、四半期ごと、あるいは毎月収集している国もあ

る。収集したGBVに関する情報として最も回答が多かったのは、（1）被害者／サバイバーと加害者の交際状況、（2）暴力の頻度、（3）暴力が振るわれた場所、（4）関係当局への暴力の通報の有無である。過半数の国が、これらの回答の複数を挙げていた。加害者に関するデータの収集は、予防プログラムの有効性の向上に有用な情報を提供しうるが、情報源として調査が行われることはあまり多くない。すべての回答国が、被害者に関する情報の収集を報告しているが（23か国中23か国）、加害者に関するデータを収集しているのは回答国の85％（21か国中18か国）のみであった。さらに、英国を除き、被害者や加害者のエスニシティに関する情報を収集していると報告した国はなく、被害者や加害者の基本情報（年齢、性別、加害者の犯罪歴など）を収集していない国もあった。GBVに関する行政データの収集と調整における優れた実践の例を、コラム3.8でいくつか紹介する。

コラム 3.8　細分化された詳細な情報を収集することで、データの利用可能性を向上させている例

フィンランド

　フィンランドはGBVに関して複数の変数を記録しており、ジェンダー・性別、宗教別、産業別、年齢層別、住居形態別などで細分化することができる。

　データには、（1）DV、（2）レイプを含む性的暴力、（3）その他の身体的暴力、（4）心理的暴力、（5）経済的暴力、（6）ストーキング、（7）その他というさまざまな形態のGBVも含まれる。

　また、殺人に関して信頼性の高いデータを収集しており、そのなかには被害者／サバイバーと加害者の関係（パートナー、元パートナー、母親、父親、子ども、その他の親族、知人、他人）、人口統計学的変数（ジェンダー、年齢、婚姻状況）、殺人事件の主な特徴など、複数の変数に基づく情報が含まれる。また、加害者の前科や前兆（接近禁止命令、シェルター、脅迫、不安）に関する情報も収集されている。殺人事件に関する詳細な情報は、フィンランド殺人事件モニター（Finnish Homicide Monitor）が収集し、ヘルシンキ大学犯罪学・法政策研究所（Institute of Criminology and Legal Policy）が管理している。このシステムが成功してい

る理由として、標準的な電子形式を用いてデータを収集していることと、すべての捜査官にデータの提出を義務付けていることが挙げられる。

スペイン

　スペイン政府のGBV対策室に置かれた、GBV啓発・防止・研究のための副総局（Sub-directorate General for Awareness, Prevention and Studies of Gender-Based Violence）は、女性に対する暴力に関する行政データの国内調整機関としての役割を担っている。中央政府の機関としてジェンダー平等を担当する女性研究所（Institute of Women）の資金提供を受けた、女性に対する暴力救援サービス（シェルター、ホットライン、経済的支援など）の行政データなどを収集、分析、報告している。また、多様なセクターや政府レベルで女性に対する暴力に関するデータを調整して、そのデータをジェンダー・バイオレンス・ポータル（Gender Violence Portal）に報告することを規定に定めた。

資料：OECD（2022）, Survey on Strengthening Governance and Survivor/Victim-centric Approaches to End Gender-based Violence; EIGE, 2021; UN Women, 2022.

——住民調査

　行政データは、公共サービスがGBV被害者／サバイバーのニーズにどのように対応しているかを評価するために重要である。しかし、さまざまな理由から（OECD, 2023b）、多くのGBVが通報されないため（EIGE, 2014a）、GBVのすべての被害を把握するのは不可能である。住民調査は被害者／サバイバーの主観的経験を理解するひとつの方法といえ、被害者／サバイバー中心の文化を構築するツールにもなりうる。

　行政データの収集と同様、OECD加盟国は住民調査でGBVのデータを収集する有用性について、広く意見が一致しており、回答国の88%（26か国中23か国）が、過去15年間にGBVに関する住民調査を少なくとも1種類実施していた。この分野で最も一般的な種類の住民調査は、GBVに特化した調査であり（回答国の84%、26か国中22か国が実施）、続いて多いのが犯罪調査にGBVに関する質問を含めるケース（42%、26か国中11か国）と、人口保健調査にGBVに関する質問を含めるケース（38%、26か国中10か国）であった（図3.5）。住民調

図3.5　OECD加盟国がGBV関連データの収集に利用している住民調査の種類

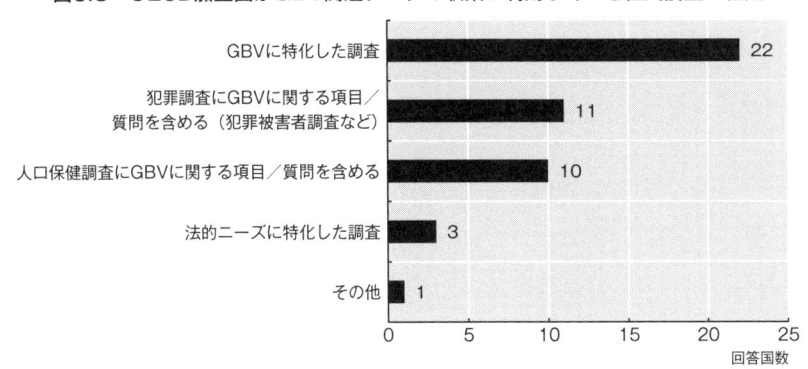

注：当該質問への回答国数は26。
資料：OECD（2022）, Survey on Strengthening Governance and Survivor/Victim-centric Approaches to End Gender-based Violence.

StatLink：https://stat.link/ybwzre

査の優れた実践として、GBVに関するデータを細分化し、また通報しない理由も明らかにしようとする調査が、カナダとメキシコで行われている（コラム3.9参照）。法的ニーズに関する調査も、被害者／サバイバーが経験する法律問題に利用者の視点から洞察を与え、法的枠組みとともに司法へのアクセスを改善する有益なツールになりうる（第6章参照）。しかし、この種の住民調査を利用していると報告した回答国は、11％（26か国中3か国）のみであった。

　住民調査を定期的に実施すれば、GBVに関して最も正確性の高いデータを入手できるはずだが、毎年調査を行っているのは回答国の17％（23か国中4か国）のみであり、1回限りの調査を行っている国のほうが多かった（35％、23か国中8か国）。回答国のうち、26％（23か国中6か国）は3年から4年ごとに調査を繰り返しており、22％（23か国中5か国）は5年以上のサイクルで調査を実施していた。

　住民調査を担当する機関として最も多いのは、中央政府のジェンダー平等機関（35％、23か国中8か国）と統計機関・局（35％、23か国中8か国）である。コラム3.9で、GBV関連データの収集を目的とする住民調査を実施している国の例をいくつか紹介する。

カナダ

公共および私的な空間の安全性に関する調査（Survey of Safety in Public and Private Spaces: SSPPS）は2018年に初めて行われ、カナダ統計局がGBVに関する全国調査として実施している。この調査では、回答者が経験したGBVが警察に通報されたかどうか、自ら通報したのか、通報した場合は警察とのやりとりの状況について、回答者から情報を収集した。また、回答者が関係当局以外の人、たとえば家族、友人、宗教指導者、弁護士、医療専門家などに助けを求めなかった理由についても質問している。

メキシコ

メキシコ国家統計地理情報局（INEGI）は2022年8月、「世帯における関係の全国動態調査」（ENDIREH）を発表した。この包括的な調査は、暴力の形態、暴力の発生場所、インターセクショナルな脆弱性に関するデータを細分化するとともに、通報しなかった理由も調査している。この調査は、メキシコにおける女性に対する暴力の状況を報告する一連の統計調査の5回目である。

暴力が発生した環境も検証され、調査では女性が属するコミュニティ内、パートナーと一緒にいるとき、学校、職場で発生した暴力に関するデータを収集する。このデータは女性の出身地域別に細分化される。

調査ではIPVのデータを収集し、IPVの形態を身体的・性的暴力だけでなく、心理的・経済的虐待でも細分化する。データには、暴力の発生期間が交際期間中ずっとであったのか、過去12カ月間であったのかも含まれ、暴力を経験した女性の年齢層も明らかにする。

調査は14万784世帯の15歳以上の女性と女児を対象に実施された。

資料：OECD（2022）, Survey on Strengthening Governance and Survivor/Victim-centric Approaches to End Gender-based Violence; INEGI, 2022.

GBVに関する正確なデータの収集における根本的な課題は、一般的な傾向として、GBVの被害の経験と発生が実際よりも少なく報告されることである。各国の回答から、通報されないGBV事案の件数を把握または推定するには深刻な問題があることが明らかになった。現在の戦略で利用されているのは、ほ

とんどの場合、前述したように住民調査やシェルターの記録である。スティグマ、文化規範、（被害者／サバイバーや愛する人たちへの）危害の恐れ、不十分な自活能力、法執行機関やその職員への信頼の低さなど、さまざまな理由から、被害者／サバイバーが虐待の被害を認めたがらないことがある。要するに、多くの暴力犯罪が通報されないのである（OECD, 2020a; OECD, 2021c; OECD, 2023b）。1度きりのGBVのアンケート調査を実施しても、大規模な調査に特例的にGBVの項目を含めても、限られた情報しか収集できないため、暴力の原因やパターンを詳細に把握するのは困難である（OECD, 2020a）。通報しない理由には、メキシコでの調査結果にあるように（コラム3.9）、暴力は通報するほど重要なことではないという認識、通報した結果や脅迫への恐れ、通報方法の理解不足などがある。また、被害を通報しない理由として、自尊心、誰にも信じてもらえないだろうという意識、非難されるだろうという認識を挙げている女性もいた。

　一方、調査に基づく数値はGBVの程度を過小評価している可能性があるものの、警察記録などの行政データはそれよりさらに情報が少ない場合が多い。その理由としては、多くの被害者／サバイバーが、報復を恐れて被害を公権力に通報するのに不安を感じることや、刑事司法制度が適切な保護を与えてくれると考えていないことなどがある（OECD, 2020a）。

　GBVの被害経験率と形態について、情報収集を改善しようとするどのような取り組みであっても、まず被害経験率をもっと正確に推定する方法を検討しなければならない（OECD, 2020a）。たとえば、調査の質問は、被害者／サバイバーが安心して正直に回答できるように表現する必要がある。したがって、包括的なデータ収集戦略は、GBVの被害経験率と形態の推定を改善するために、行政データや調査データのほか、他のサービス提供者が収集したデータなど、多様な情報源を利用することが望ましい（OECD, 2021c）。しかし、コラム3.10で概説するように、通報されない暴力事件を把握するための取り組みを実施してきた国もある。

　一般的に、GBVの過少通報を解消するには、スティグマを減らして通報を

促すための啓発と教育を強化し、報復やさらなる暴力の恐れを減らす安全で秘密が守られる通報の仕組み（ホットラインやオンライン通報フォーム、安全な通報チャンネルなど）を提供し、サービス提供者（医療従事者や警察官など）に対して、GBVの兆候に気づき、暴力事件に適切に対応するための訓練を実施することが必要である。通報プロセスへの被害者／サバイバーの信頼を高める他の有望な解決策としては、コミュニティの指導者や組織を巻き込んで（意識向上、通報方法についての情報提供、よりよいサービスの支持などによって）被害者／サバイバーに通報を促し、支援を提供してもらうこと、制限的な法律や法執行機関の担当者の偏見を持った態度など、法律・政策上の障壁に対処することなどがある。国によっては、学校教師や医療従事者など、特定の職業にGBVの通報を義務付けている。訓練はそうした事案の特定と通報を改善・迅速化するのに役立ち、それによって政府はGBVの発生率と程度をより明確に把握できるようになるだろう（第4章参照）。

コラム3.10　通報されないGBVについてデータを収集・推定するためのOECD加盟国の戦略

エストニア

　エストニアは、GBV被害者／サバイバーが刑事司法制度や被害者支援サービスでの経験について、フィードバックを提供できるウェブサイトを開設し、通報を妨げる障壁を関係当局が特定するのに役立てている。このツールは利用しやすいように、エストニア語、ロシア語、英語で提供されている。

イタリア

　男性から女性への暴力に対する国家行動計画（National Action Plan on Male Violence against Women）2021〜2023年は、暴力の被害者／サバイバーである女性と、助けを求めた女性を支援するための事前・事後評価措置を導入した。これらの評価では、通報者の状況について追跡調査を実施し、関係当局に通報されなかったと考えられるヘルプラインから報告された事案と、警察に通報された事案と暴力防止センターやシェルターに通報された事案とを区別している。

スペイン

　スペインでは、どの程度警察に通報されていないのか、女性に対する暴力に関する2019年調査（Survey on Violence against Women 2019）で推定された。この調査では、IPV、パートナー以外からの身体的または性的暴力、セクシュアル・ハラスメント、ストーキングがどの程度報告されていないかを調査した。被害を受けた個人に対し、警察や裁判所に暴力を通報したかどうかを直接質問している。その結果、GBV被害者の70%とパートナー以外からの性的暴力の被害者の90%近くが、暴力を通報していないことが明らかになった。しかし、調査回答者は経験した暴力を打ち明けないことが多いため、これも低い推定値である可能性がある。

資料：OECD (2022), Survey on Strengthening Governance and Survivor/Victim-centric Approaches to End Gender-based Violence.

　発生したGBVの形態だけでなく、加害者に関して、また被害者と加害者の関係に関して情報を収集することも、一般的な課題である。細分化されたデータは、被害者／サバイバーのニーズや、彼女たちが直面する潜在的な障壁について、理解を深めるのに有用である。そうした情報からは、多様な集団におけるさまざまな形態のGBVについての洞察が得られるほか、予防・対応策の有効性が読み取れる場合がある（OECD, 2021c）。データ収集は、人種、民族、年齢、階級、宗教、先住性、国籍、移民・難民の地位、性的指向、障害、性自認などに起因するインターセクショナルな経験を有する被害者／サバイバーの経験を理解するために、インターセクショナリティという原則を取り入れる必要がある。しかし、各国はこうしたすべての側面を行政データの収集や住民調査に含めることに今なお苦労している（第4章参照）。

　GBVが被害者／サバイバーの生活に与える影響を詳細に理解するには、身体的な影響だけでなく、心理的、精神的、感情的な影響の評価も目的とする質問とデータ点を含む広範なデータ収集の取り組みが必要である。こうした影響は把握・測定しにくいため、とりわけ住民調査に関してデータ収集の取り組みを開発する際に、心理学者やメンタルヘルス専門家などのステークホルダーに相談することが望ましい。また、"1回限り"の調査やデータ収集でも、GBVが

心身の健康に及ぼす長期的な影響について情報を収集するのは困難である。縦断的な住民調査は長期的な影響に関する重要な情報源になりうるが、まだツールとして十分に活用されていない（GBVの長期的影響に関する洞察を提供しうる有望なデータ収集の実践例は、コラム3.11参照）。

コラム 3.11 GBVの長期的影響に関する情報を収集する
オーストラリアの縦断調査

オーストラリア女性健康縦断調査（Australian Longitudinal Study on Women's Health: ALSWH）は、女性の安全のためのオーストラリア全国研究機構（Australia's National Research Organisation for Women's Safety: ANROWS）が開発して、5万7,000人の女性を対象に、25年以上にわたって暴力と虐待に関するデータを収集したものであり、全国的・縦断的な住民調査を通じて、GBVが女性の生活に与える長期的影響に関する有用な情報を明らかにした。データは、性自認、文化的・言語的多様性、障害、居住地域別に細分化された。

調査の目的は、女性のライフサイクル全体で、親しいパートナーとパートナー以外からの性的暴力の被害経験率を突き止めることであった。そのデータを用いて、幼少期に受けた暴力がその後の人生で被害者／サバイバーの生活に与える影響も分析された。縦断的データのおかげで、性的暴力の長期的な健康および社会経済的影響に関する洞察が得られた。

調査結果を信頼性の高い包括的なエビデンスベースとして利用し、予防プログラム、リスク削減、性的暴力被害からの回復促進のための提言が策定された。

資料：ANROWS（2022）, *A life course approach to determining the prevalence and impact of sexual violence in Australia: Findings from the Australian Longitudinal Study on Women's Health*, https://anrowsdev.wpenginepowered.com/wp-content/uploads/2022/08/4AP.4-Loxton-Longitudinal-Womens-Health-Report.pdf

さらに、データ収集の困難さは、被害者／サバイバーが関係当局への通報を妨げられる弱い立場にある場合や、自らの状況に起因する別のスティグマにも直面する場合、悪化する可能性がある。そうした女性には、自発的に、または強制や脅迫によって売春に従事している女性や、人身売買された女性、非正規

移民の地位にある女性が含まれる。こうした背景を持つ被害者／サバイバーは、いっそう暴力にさらされやすく脆弱で、通報を阻む障壁が高くなる可能性がある。GBVの全貌を理解するには、そうした背景を持つ被害者／サバイバーが被害を通報できる安全な環境を整備する措置を導入する必要がある。

　しかし、データがGBV撲滅の闘いに寄与するのは、政府機関だけでなくサービス提供者にも効率的に共有された場合だけである（第5章第5.4.2節参照）。政策・法律・行動計画の開発におけるリスク評価と管理（第3.2.5節参照）のほか、フェミサイドの予防（第6章第6.4.3節参照）を含め、GBVに関するあらゆる行動分野でデータが確実に利用されるように、情報共有に関する合意や協定を整備する必要がある。

　最終的に、GBVに関する政策取り組みはデータに基づいて行われるべきであるため、GBV問題に関する信頼性の高いデータを、NGOを含むすべてのステークホルダーが利用できるようにすることが重要である。オンラインプラットフォームで共有すると、データセットはアクセスしやすくなり、透明性が高まる。公開されたデータを利用することで、NGOはGBVへの意識を高めるためにデータを可視化して資料を作成することができる。

3.2.5　リスクの評価・検出・予防——中央・連邦政府のスクリーニングツール

　GBVに対する総合的アプローチの重要な段階は、一次予防とリスク管理の段階である。GBVの発生が早期に発見されれば、サービス提供者は介入してさらなる事件の発生を防ぐために備えやすくなる。予防には、暴力の再発を防ぐために加害者を関与させること（第6章および第4章第4.2.2節参照）や、ジェンダー平等、暴力の防止、人間関係における健全な行動を促すための——特に男性と男児、青少年対象の——教育ベースのコミュニティプログラム（第4章参照）などがある。その際、一般市民の意識向上、情報や資源へのアクセス、GBVの加害者または被害者になるリスクのある個人へのサービスの提供にも重点を置く必要がある。

　重要なこととして、リスク評価と管理は命を救うことができる。研究で明ら

かになっているように、暴力の頻度と深刻さの増大、離別・離婚の申立、殺害の脅迫などのデータ点は、致命的な暴力事件の予測に利用できる（Garcia-Vergara et al., 2022）。したがって、専門的なリスク評価を開発して、フェミサイドに関する信頼性の高いデータを女性と女児の予防可能な死を防ぐために利用できるようにすることが不可欠である（第6章第6.4.3節も参照）。予防には個々の国におけるGBVの状況について十分に理解する必要があるため、その国のGBVの形態と被害経験率、被害者／サバイバーと加害者の特徴、GBVに関連する他の要素を経時的に特定することが重要である。望ましい結果が得られるように、予防に重点を置いた政策とプログラムの監視と評価に投資すれば、国にとって有用であろう。

スクリーニング、リスク評価、リスク管理は検出とその後の介入に欠かせない要素である。これらはGBVの既知の前兆とリスク要因に関するエビデンスに基づく手順に則り策定する必要がある。

スクリーニングツールはGBV被害者／サバイバーを特定し、通報しない理由（スティグマ、繰り返される暴力への恐怖など）を考慮した秘密が守られる環境で、GBV対応サービスを紹介する。医療従事者をはじめとするサービス提供者に対し、アンケートを用いた潜在的被害者／サバイバーの経験に関する情報収集に基づくスクリーニングツールを、適切に利用する訓練を行う必要がある。

同様に、リスク評価ツールがベースにするのは、過去の事件や加害者の行動に関する情報を含め、GBV事案に関する情報収集である（ほとんどの場合、IPVの事件で利用される）。リスク評価ツールは、被害者／サバイバーへの聞き取り調査や他のサービスが必要とする加害者データに関するガイドラインなど、データを収集する手法を概説する。エビデンスに基づくアプローチを支えるのは、サービス間でのデータ交換であり、それによって加害者に関連する情報（治療計画や医療記録など）が、GBVスクリーニング、リスク評価、リスク管理ツールなどの利用者にアクセス可能になる（EIGE, 2019）。被害者／サバイバーとサービス提供者から収集したエビデンスに基づき、リスク評価ツールは暴力

の可能性を予測することができる。このようなツールは、機械学習とアルゴリズムにますます依存するようになっており、それによって予測精度の向上が見込まれている（González-Prieto et al., 2021）。

GBV事案が特定され、リスクレベルが評価されると、暴力の再発リスクを引き下げ、被害者／サバイバーに安全を高める支援を提供するために、より大規模なリスク管理システムを確立することが必要になる。リスク管理には、虐待関係のサイクルのさまざまな時期において、被害者／サバイバーの特有のニーズを念頭に設計された一連の措置を有する被害者安全計画を含めることが望ましい（EIGE, 2019）。保護命令を遵守させ、加害者更生プログラムを確立するなど、加害者の説明責任を追及することも、被害者／サバイバーの保護に不可欠な要素である（詳細は第6章参照）。

GBVの早期発見はGBV事案の再発や悪化を防ぐ重要要素である。2022年OECD GBV調査では、回答国の67％（24か国中16か国）が、GBVのスクリーニングに利用するツールの開発や認証を報告している（図3.6）。また、大半の国（71％、24か国中17か国）が、GBVのリスク評価と管理に使用するツールの開発や認証[3]を報告している（図3.7）。

テクノロジーに依拠して利用可能性を高めた革新的なGBVスクリーニングツールの使用を報告している国もある。また、GBVの各事案のあらゆる側面を考慮し、文化的に配慮し、トラウマへの理解に基づくツールの開発または認証を進めている政府もある。たとえばハンガリーでは、全国危機管理情報電話サービス（National Crisis Management and Information Telephone Service）が、かかってきたすべての緊急電話を対象に、DV、人身売買、児童の被害者に合わせたスクリーニングアンケートを開発した。同サービスのウェブサイトは、暴力の形態のほか、暴力の初期兆候になりうる出来事の例を共有することで、暴力への認識を高めている。機密性の高いシェルターで、二次スクリーニングとして詳細な聞き取り調査を実施し、暴力のリスクにさらされている人々を特定してシェルターに保護するのに役立てている。米国の保健福祉省は、成人人身売買スクリーニングツール・ガイド（Adult Human Trafficking Screening Tool

図3.6　GBVのスクリーニングに利用するツールの開発・認証を報告している国

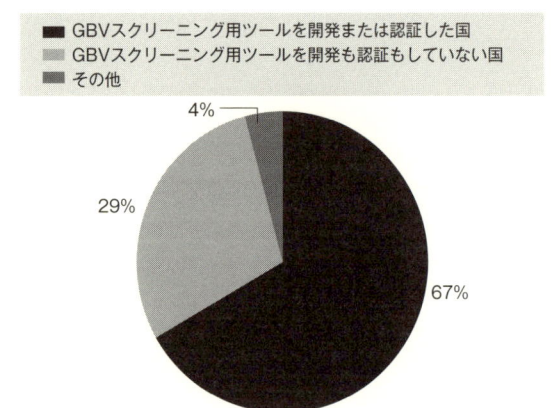

- GBVスクリーニング用ツールを開発または認証した国
- GBVスクリーニング用ツールを開発も認証もしていない国
- その他

4%
29%
67%

注：当該質問への回答国数は24。「その他」と回答した国は、GBVスクリーニング用ツールを開発も認証もしていないが、政府から資金提供を受けたパートナー（市民社会団体やサービス提供業者）が開発または認証を行ったか、そうしたツールの開発が地方政府または他の機関（警察など）の管轄である国。
資料：OECD（2022）, Survey on Strengthening Governance and Survivor/Victim-centric Approaches to End Gender-based Violence.

StatLink：https://stat.link/fxucr1

図3.7　GBVのリスク評価と管理に利用するツールの開発・認証を報告している国

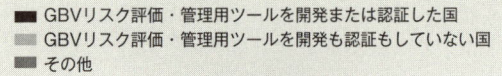

- GBVリスク評価・管理用ツールを開発または認証した国
- GBVリスク評価・管理用ツールを開発も認証もしていない国
- その他

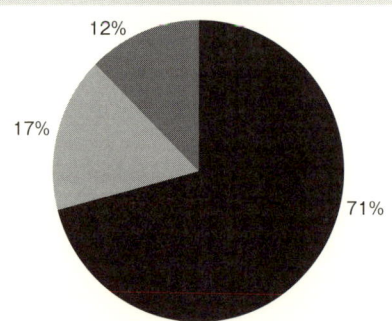

12%
17%
71%

注：当該質問への回答国数は24。「その他」と回答した国は、GBVリスク評価・管理用ツールを開発も認証もしていないが、政府から資金提供を受けたパートナー（市民社会団体やサービス提供業者）が開発または認証を行ったか、そうしたツールの開発が地方政府または他の機関（警察など）の管轄である国。
資料：OECD（2022）, Survey on Strengthening Governance and Survivor/Victim-centric Approaches to End Gender-based Violence.

StatLink：https://stat.link/anw5mg

and Guide）を開発して、人身売買の被害者や被害者になるリスクのある成人相談者を評価していることを報告している。サバイバー中心で、トラウマへの理解に基づき、文化的に配慮した介入ツールであり、医療、行動的健康、社会福祉サービス、公衆衛生の場面で利用するために考案された。

　ほとんどの国が、リスク評価・管理ツールを用いる主な目的として、(1) 暴力の再発リスクの評価と (2) 致命的暴力のリスクの評価を報告している。こうしたツールが扱う最も一般的な形態のGBVはIPVとDVである。

　複数のOECD加盟国が、多様な研究調査で開発されて予測妥当性が検証された単独のIPVリスク評価ツールを利用している。9か国が配偶者暴力リスク評価（spousal assault risk assessment: SARA）を、3か国が配偶者暴力リスク評価のための簡易フォーム（brief spousal assault form for the evaluation of risk: B-SAFER）を、4か国がオンタリオ家庭内暴力リスク評価（Ontario domestic assault risk assessment: ODARA）を利用している（EIGE, 2019; Government of Canada, n.d.）。2022年OECD GBV調査とOECD-QISD-GBVから、多機関リスク評価会議（multiagency risk assessment conferences: MARAC）の利用の増加が明らかになっており、MARACはサービス提供者間での情報共有に基づく効果的なモデルを開発している（詳しい議論については第5章を、リスク評価・管理ツール開発の有望な例についてはコラム3.12を参照）。

■コラム3.12■　オーストラリア：
GBV予防のためのリスク評価・管理ツールの例

オーストラリア

　オーストラリアのライトハウス・プロジェクト（Lighthouse Project）は、家庭裁判所制度に申立を行っている人々の家族の安全性リスクを特定・管理するための体系的なアプローチである。その構成要素には以下が含まれる。

● 連邦家庭裁判所で養育命令申立書の提出や対応をしようとする当事者は、オンラインリスクスクリーニング質問票に回答する。

- リスクスクリーニングで特定されたリスクについて、家族問題カウンセラーが評価する。
- リスクの高い当事者に対して安全計画を立案し、支援サービスを紹介する。
- 特定されたリスクに基づき、問題を優先順位付けして、事案の管理方法を差別化する。
- リスクの高い事案の管理には専門家リスト（エバット・リスト（Evatt List））を運用する。

家族法で定められた「包括的リスクスクリーニング検出（Detection of Overall Risk Screen: DOORS）」は、離婚と家族法の専門家が、ウェルビーイングと安全性のリスクを検出・評価するのを支援するリスクスクリーニングツールである。

ANROWSは独立した非営利研究機関であり、2018年に資金提供を受けて、家庭内暴力に関する国家リスク評価・安全管理原則（National Risk Assessment and Safety Management Principles for Family and Domestic Violence）を開発した。この原則は、州や準州の既存の枠組みに取って代わるものではなく、政策立案者や実務者がリスク評価のためのツールやリソースを開発するための指針を提供する。

資　料：OECD（2022），Survey on Strengthening Governance and Survivor/Victim-centric Approaches to End Gender-based Violence.

リスク評価・管理ツールが正確な判断を下せるのは、加害者の情報を含め、GBV事件のあらゆる側面に関する十分なデータに基づく場合のみである。しかし、そうしたデータは機関間で共有する必要があり、不十分な連携と情報共有は、ツールの効率的かつ正確な運用を妨げる大きな障壁になる（第5章第5.4.2節参照）。情報共有に関連する課題を回避するひとつの有望な策は、機関間に合意と協定を確立することである。スペインの「女性に対する暴力と家庭内暴力の被害者保護のための治安部隊・組織と司法機関の連携に向けた行動プロトコル（Action Protocol for Security forces and bodies and co-ordination with judicial bodies for the protection of victims of violence against women and domestic violence）」は、すべての主体による効率的なデータ共有を促進するとともに、

機関間の意思疎通と連携を円滑化するための複数のメカニズムを紹介する（Council of Europe, 2020）。

　しかし、データとアルゴリズムに依拠するリスク評価ツールの設計には、固有の限界がある。技術の進歩にもかかわらず、「アルゴリズム的統治」は誤りから免れられない。2010年から法廷と法執行機関でリスク評価ツールを利用しているスペインでのケーススタディでは、ツールの土台として機能するアルゴリズムはしばしば誤りを犯す（また、特定の背景を持つ男性と加害者に対してバイアスを示す場合がある）ことが判明した。こうしたツールを運用する司法制度の職員や専門家は、ツールの判断を必ず評価して、リスク評価プロセスにおいて「人間の経験」という視点を失わないようにしなければならない（Valdivia, Hyde-Vaamonde and García Marcos, 2022）。しかし、このケーススタディでは、実務者が十分な訓練を受けないままツールが導入されたことも明らかになっており、リスク評価の利用における透明性が脅かされている。リスク評価・管理ツールを使用するすべての関係者に専門的な訓練が必要であるが、必要な訓練を策定する困難さを複数のOECD加盟国が報告している。公務員の頻繁な配置転換とこうしたツールの複雑性も、ツールの効率的な導入と複雑な専門的訓練の障壁になっている。

　さらに、複数のOECD加盟国がリスク評価をリスク管理に結びつける困難さを報告している。リスク評価ツールをどれほど適切に設計しようとも、個別の安全計画を備えた、より広範なリスク管理システムの一部と見なされなければ、十分な役割を果たせない（Council of Europe, 2020）。リスク評価とリスク管理はステークホルダーからGBVの防止と撲滅に欠かせない要素とみなされてきたが、OECD加盟国は分野横断的なリスク評価を調整する枠組みの欠如を報告している。しかし、大きな進捗がなされてきた。たとえば、イスタンブール条約第51条（Council of Europe, 2011）は、リスク評価・管理措置の実施に必要な法的および他の措置を講じることを締約国に義務付けている。こうしたツールは被害者の権利に関する指令を通じて、EUの法的・政策枠組みにも取り入れられてきた（EURLex, 2012）。

最終的に、リスク評価と管理では、暴力のリスクが時間の経過とともに絶えず変化すること、またリスク評価を定期的に更新する必要があることを考慮に入れなければならない。再評価で尋ねる質問も変化に順応させて、最初の評価のものと変える必要がある。そして、暴力の再発、行動の変化、被害者が加害者のもとに戻っているかどうか（IPVの場合）、脆弱性の新たな要因があるかどうかの調査を目的としなければならない（Council of Europe, 2020）。

3.2.6 全政府的枠組みの有効性を評価するための検証メカニズム

全政府的枠組みで、より有効性の高いGBV対応アプローチを提供しようとするなら、国は評価・測定・説明責任の仕組みを開発し実施すべきである。これらのメカニズムは国家戦略・政策・プログラムについて、進捗状況を評価し、見直し、強化するために、有効性を定期的に評価・報告する必要がある。2022年OECD GBV調査では、GBVに関する国家政策・戦略・行動計画を監視・評価する重要性に関して、幅広い意見の一致が見られた。用いられている仕組みは2種類あり、国家機関の内部と外部のメカニズムである。ほとんどの国は、GBVの予防・対応措置の有効性の評価と改善のために、政府内部の検証メカニズムに依拠している（コラム3.13参照）。そうした仕組みには、欠陥や弱点や改善分野を突き止めるための独立監査や議会の監視、GBV関連の法規・施策・基準を確実に遵守させるための規制監督、定められた基準に対して措置を評価する認定と認証、ニーズを満たしていることを確認するためのピアレビューやコミュニティフィードバック、GBV予防・対応策に関する苦情を調査する苦情処理制度（オンブズマン、人権委員会、独立監視団体）などがある。

これに関して、回答国の46％（24か国中11か国）は、監督を行う機関として、オンブズマン事務所や議会、ジェンダー平等や女性問題を専門とする議会の委員会を報告している。回答国の41％（24か国中10か国）は、政治執行部の委員会がこの役割を担うと回答し、8か国は独立人権委員会を、29％（24か国中7か国）は諮問委員会を利用していると回答した。そのほか、複数の国が政府主体と非政府主体両者を代表する内部委員会を設置していると回答した。

コラム 3.13　内部監視メカニズムを実施するための実践

アイスランド

　アイスランドでは、首相府が主導する特別運営部会が、プログラム（青少年に対する性的およびジェンダーに基づく暴力とハラスメント予防措置に関する議会決議のための行動計画2021～2025年）を監視し、その取り組みを調和させる責任を負う。平等人権局（Department of Equality and Human Rights）は、6か月ごとに監視・評価ダッシュボードを更新している。

コスタリカ

　コスタリカでは、女性に対する暴力と家庭内暴力防止のための国家システムの政策評価・実施委員会（Commission for the Evaluation and Enforcement of Policies of the National System for the Prevention of Violence against Women and Domestic Violence）が、GBVに関する国家政策の効率的かつ効果的な遵守を監督・評価している。民間団体、オンブズマン事務所、国家計画・経済政策省（MIDEPLAN）の代表者で構成され、委員会の調整と指揮を担当している。

フィンランド

　フィンランドでは、複数の省庁の代表者からなる水平グループが、ジェンダー平等のための政府行動計画（Government Action Plan for Gender Equality）を監視している。その取り組みは社会保健省が調整している。政府は年に1度、進捗状況について協議する。さらに、女性に対する暴力撲滅のための行動計画（Action Plan for Combating Violence against Women）を策定した作業部会が、行動計画の実施を定期的に監視し、進捗状況を法務大臣が議長を務める国内の治安および法の統治強化に関する閣僚作業部会（Ministerial Working Group on Internal Security and Strengthening the Rule of Law）に報告する。

スペイン

　スペインでは、国や地方自治体の職員のほか、市民社会団体などのステークホルダーが運営する団体、女性に対する暴力に関する国家監視機関（State Observatory on Violence against Women）が、性的暴力と闘うための国家戦略（State Strategy to Fight against Sexist Violence）の実施状況を評価している。

　回答国のほとんどが、内部の検証メカニズムの利用を報告しているが、政府外部に監視の仕組みを構築することも重要である。外部の検証メカニズムでは、GBV防止・対応措置の有効性の評価と改善に外部の主体が関与する。例としてギリシャでは、ギリシャとキプロスの48の女性NGOの連合体であるギリシャ女性国民会議（National Council of Greek Women）が、ジェンダー平等に関する現行政策の評価を行う権限を有している（EIGE, 2014b）。国際レベルでも検証メカニズムを強化する措置が行われている。2018年に立ち上げられたイニシアチブ、「女性に対する差別と暴力に関する独立専門家機構（Independent Expert Mechanisms on Discrimination and Violence against Women）」は、国際的・地域的な検証メカニズムの組織的協力を強化することで、独立専門家の知見の活用を目指している（OHCHR, 2018）。

　さらに、GBVフレームワークの一環として、サービスを提供するNGOを監視・評価する仕組みも、関連政策・基準の遵守と有効性を確保するのに重要である。そうした仕組みは、サービス利用者がNGOのサービスや課題を評価するようなフィードバックメカニズムを通じて実施することが可能である。GBVの分野で活動するNGOの選定や資金提供を担当する機関がそうした条件を明確に義務付けてもよいが、それによってNGOに不要な負担を強いてはならない（OECD, 2021c）。

3.2.7　危機下でシステムを機能させる──緊急事態（COVID-19パンデミックなど）でのGBVへの対応

　GBVはパンデミックや自然災害、経済不況など、危機の間に増大することが多い（OECD, 2021c）。過去の危機や自然災害に関するエビデンスに実証されているように、外出制限措置はしばしばGBVや子どもに対する暴力が初めて振るわれたり、増加したりする結果につながる（OECD, 2020b）。緊急事態対応計画や危機管理計画は、GBVに対する現行の国家行動計画に組み込むか、補完的な政策文書として開発することが望ましい。そうした計画は、GBVへの効果的で迅速な対応を可能にするメカニズムを確実に実施するために、特定の危機の間に取れる関連政策や行動を明確化すべきである。

　COVID-19パンデミックは過去数年間にOECD加盟国が直面した危機であった一方で、多数の国において緊急事態でのよりよいGBV対応を策定するきっかけとなった。2022年OECD GBV調査の回答から、回答国の56％（25か国中14か国）がGBV対象の独立した危機管理計画を採用しておらず、採用していたのは35％（26か国中9か国）のみであることが明らかになった。また多くの国は、これらの独立した計画が、COVID-19パンデミックの枠組みのなかで策定されたことを報告している（コラム3.14）。

> **コラム3.14**　パンデミック下におけるGBVに対する独立した危機管理計画の優れた実践の例
>
> **メキシコ**
> 　COVID-19緊急事態に関連して、メキシコ政府は女性の安全を高めるために複数の措置を講じた。その一環として、INMUJERESが国家公共治安システム事務局（SESNSP）と共同で、国家情報センター（National Information Center: CNI）を通じて導入した「911緊急通報注意（9-1-1 Emergency Call Attention Number）」プロジェクトを強化した。これは、心理的な支援を必要とする911利用者に緊急対応するために、これまでよりも効率的なコミュニケーションメカニズ

ムを確立する目的で、地方レベルで協力を拡大することで行われた。1,500人以上
の公務員に対し、911緊急通報番号への注意と対応を強化するための訓練（「アク
ティブ・リスニング」ワークショップ）も実施された。

ポルトガル

COVID-19パンデミックによるロックダウンの間、GBV事案が通報されたことを
受けて、ポルトガルでは外出制限期間中のDVやそのリスクが高まった被害者の安全
と支援を確保する措置が導入された。そうした措置には、支援サービスやヘルプラ
イン、安全に対する助言や警告に関する情報の普及、被害者が支援を求めるチャン
ネルの拡充と多様化、被害者支援の構造とサービスの強化などがあった。

スペイン

スペインはCOVID-19パンデミック前にすでに複数の措置と枠組みを実施してい
たため、それらを土台として、パンデミック下におけるGBV被害者／サバイバーの
ニーズに対応する独立した計画を確立した。政府はパンデミックに由来する危機を
対象にしたジェンダーに基づく暴力に対する緊急事態対応計画（Contingency
Plan against Gender Violence）を立ち上げた。この計画には2つの目標があっ
た。ひとつは、（加害者が被害者のパートナーまたは元パートナーである事案とない
事案での）GBVに対処するためにすでに実施されている措置を強化することであり、
もうひとつは、パンデミック下での人身売買や性的搾取の被害者、性産業に従事す
る人々のために緊急行動計画を実施することであった。措置には、「必須サービス」
と呼ばれるシェルター、法律扶助、GBV被害者への情報・支援提供サービスなどが
含まれた。

資料：OECD（2022）, Survey on Strengthening Governance and Survivor/Victim-centric
Approaches to End Gender-based Violence.

3.2.8　COVID-19パンデミック下でGBV対応プログラムへの資金提供を拡大

非常事態でとりわけ重要なのは、パンデミックや経済不況などの危機下でし
ばしば最も影響を受け、危機に瀕する被害者／サバイバーが、引き続きサービ
スを広く利用できるようにするために、適切に資金を提供することである
（OECD, 2021c）。COVID-19パンデミック下で資金を提供した主なGBV関連サ

ービスに関して、シェルターとシェルター以外の宿泊施設（ホテルなど）、ヘルプライン、心理的・カウンセリングサービス、被害者／サバイバーへの具体的な経済的・財政的支援などのサービスに最も資金を提供したという点で、回答国の間に広く意見の一致がみられたが、法律扶助、加害者の治療・更生、国民の意識向上キャンペーン、性的暴行電話緊急相談センターは、パンデミック下で拠出資金が減少した。パンデミックによって複数の社会・司法・保健支援システムが崩壊し、数か国が患者の治療を担うセクターに資金を向けた。注目すべきこととして、パンデミック下で専門の警察部隊や特別捜査班に資金を割り当てたと回答した国はなかった。

　数か国が資金調達はパンデミック下で大きな課題であったと報告しているが、26か国中16か国はGBV関連プログラムやサービスへの予算を増額したと報告している。エストニアでは2021年の国家補正予算法で、（1）ヘルプラインまたはホットライン、（2）心理的またはカウンセリングサービス、（3）オンラインでのタスク管理のための情報通信技術（ICT）ソリューション、（4）社会保険庁のボランティア（支援者、心理的応急処置アドバイザー、調停者、危機対応者など）に対する手当に追加の予算が割り当てられた。

3.2.9　制度的な仕組み

　パンデミックを受けて、一部の国は機関間での制度的な取り決めや連携や情報共有などのGBVへのアプローチと、ステークホルダーエンゲージメントに変更を行った。連携の欠如がパンデミック下におけるGBVへの効果的な対応の主な障壁であったと回答した国もあったが、危機の間、GBV被害者／サバイバーを含む市民のニーズに合うように、既存の制度的な取り決めを順応できることを示した国もあった。そうした例のひとつはスイスであり、イスタンブール条約の実施のための連邦・州・市町村委員会が、連邦男女平等事務所が指揮を執るDV・COVID-19タスクフォース（Task Force on Domestic Violence and COVID-19）を通じて、具体的な対策（意識向上キャンペーンなど）を提案した（OECD, 2021c）。もうひとつの例は以前の女性の安全に関する全国連邦改革評議

会タスクフォース（National Federation Reform Council Taskforce on Women's Safety）[4]（オーストラリア政府の国家内閣が設立）であり、COVID-19が女性の安全に与えた影響など、女性の安全に関連する問題を連携して監視・対応する責任を負った（OECD, 2021c）。

3.2.10　データ収集

　パンデミックの間、GBVの被害経験率が上昇したと考えられることから、危機の間もデータ収集を継続することが不可欠である。しかし、パンデミックという危機の性質ゆえに、移動と対面接触を必要とするツールなどの場合は特に、データ収集努力が妨げられた（UN Women/WHO, 2020）。そのため、データ収集に当たっては、オンラインプラットフォームや携帯電話など、複数のテクノロジーを利用するとともに、従来とは異なるデータソースを用いることに伴うリスクを緩和することが重要である。調査回答国はデータ収集手法の変更も報告している。パンデミック下で最も一般的に用いられたデータ収集手法は警察記録からの収集であり（19か国）、これは緊急事態でない場合にも最も広く利用されていた（図3.8）。しかし、多くの国がパンデミックの間のデータ収集にヘルプラインの記録を利用したと回答し（26か国中18か国がこのソースからデータを収集したと回答）、裁判記録からデータを収集したと回答した国は減少した。

　調査結果から、一部の国（26か国中7か国）は住民調査から情報を収集したが、他の国（26か国中5か国）は研究機関やNGOによる二次調査からデータを収集していることが明らかになった。ベルギーが有望な実践を報告しており、ゲント大学が2020年5月、COVID-19対策導入後のDVと性的暴力に関して、4か国語（フランス語、オランダ語、ドイツ語、英語）による全国調査を実施した。ベルギー全国の回答者に、毎月のフォローアップに参加したいかどうかを質問した。スウェーデンも2021年のスウェーデン犯罪調査に項目を追加して、2020年3月から12月の期間に（COVID-19との関連で）DVの被害に遭ったかを質問したと報告している。

図3.8　COVID-19危機下で各国がデータ収集に用いた手法

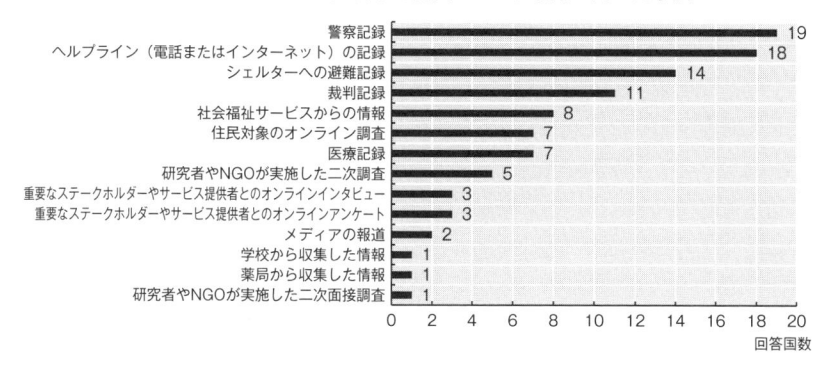

注：当該質問への回答国数は25。
資料：OECD (2022), Survey on Strengthening Governance and Survivor/Victim-centric Approaches to End Gender-based Violence.

StatLink : https://stat.link/cqor2b

　COVID-19パンデミック下におけるGBVへのアプローチの変革を支えるために、26か国中16か国が法律や命令などの適切な措置を通じて、GBV関連のプログラムやサービスへの資金提供を変更したと報告している。

　報告された主な課題には、(1) パンデミック下での電話やインターネットによるサービスの実施と提供、(2) 組織間の連携、(3) インターセクショナリティの配慮、(4) 重要な公衆衛生問題への包括的アプローチの考慮などがあった。

　COVID-19パンデミック下では、ロックダウンの間、地理的・技術的制限をはじめ、被害者／サバイバーと接触する困難さが主な理由で、データの収集や住民調査の実施に問題が生じたと複数の国が報告した。また、パンデミック下で研究機関や対象を絞ったターゲット調査からのデータ収集が不足したことを報告した国もあった。

　こうした問題にもかかわらず、各国の回答から、GBVの被害を受けている、またはGBVのリスクのある人々に支援の手を差し伸べる新たな方法が切り開かれたことも明らかになった。エストニア、日本、ギリシャは電話相談サービスの稼働と利用を拡大して、より多くの人にリモートでサービスを提供したと報告した。オランダは薬局やオンラインチャットで利用できる秘密の言葉を用

いて、GBV被害者が支援や助言を求めやすくなるようにした。また、GBVの（潜在的）被害者がどこで支援や助言を受けられるのか情報を提供する全国的キャンペーンも立ち上げた。ギリシャでは組織間で協定を結んで、暴力の被害を受けている女性やその家族がホテルに避難したり、ロックダウン下でも必要な診察を受けたりできるようにした。オーストラリアはCOVID-19とその余波が家庭内や家族間の暴力、性的暴力の女性被害者に与える影響を把握するために、調査と報告を実施したと回答した。

　COVID-19パンデミックはデータ解釈の重要性とその問題にも光を当てた。優れた実践の例がイタリアにあり、政府は2018年から2021年にかけて、国がGBV被害者支援のために提供しているヘルプラインに寄せられた電話相談から得られたデータを分析した。分析の結果、ロックダウンの間、電話相談件数が増加し、GBVのパターンが変化したことが明らかになった。しかし、各年の件数が最多（1日最大350件）となるのは11月25日頃であり、女性に対する暴力撤廃の国際デーがテレビやソーシャルメディアで広く取り上げられる時期と重なっていることも判明した。COVID-19などの場合のように、短期的な分析では特に、"実際の"増加件数を通報件数の増加と区別するのは困難である。こうした問題に対応するには、政府関係者と非政府関係者の間で効果的な連携メカニズムを確立して、包括的で適時の情報共有を確実に行うことが必要である（UNECE, 2021）。

3.3 ┃ 政策提言

● **戦略**：COVID-19パンデミックがGBVとジェンダー平等に与える影響を考慮すると、GBV対応の優先順位を政府は引き続き高く設定すべきである。具体的には、上級レベルが十分に関与し、政府全体で取り組む必要がある。GBV政策は、政権交代の間に取り組みが弱まることを防ぐために、より広範で長期的な政府のジェンダーイニシアチブと関連付けるべきである。

- **全政府的アプローチ**：各国は全政府的アプローチを採用して包括的な法律と政策を制定し、十分な資金を提供するとともに、効率的な連携メカニズムを確立して、それらの実施を支える必要がある。

- **細分化されたインターセクショナルなデータの収集**：ジェンダーに配慮した政策の選択肢とプロセスを策定し、ジェンダー平等の進捗状況を監視し、公共セクターの機関と幹部職員に説明責任を持たせるために、最新の、ジェンダー別の、インターセクショナルなデータを収集すべきである。GBVに関するデータはGBVの形態によって細分化し、加害者に関する情報も含める必要がある。

- **データ収集手法**：GBVに関する細分化されたデータは、二次調査だけでなく、被害者／サバイバーや、彼女たちと直接関わる医療従事者や他の社会福祉サービス提供者、NGO、警察などのサービス提供者からも収集すべきである。

- **意識の向上とスティグマの低下**：各国はGBVの通報を人々に促すために必要な措置を講じなければならない。そうした措置には、安全かつ匿名で通報できる仕組み、報復やさらなる暴力の恐れの軽減、サービス提供者への訓練、コミュニティの指導者や組織などの地域キ体の関与、通報手段に関する情報提供、サバイバーへのサービス向上の主導、法律・政策上の障害への対処などがある。

- **通報の拡大**：各国はGBVをめぐるスティグマなど、通報しない原因となる要素を削減するための対策を策定すべきである。その際、通報されないGBVの事案を把握し、被害者／サバイバーが安心して正直に回答できる調査を実施することを目指さなければならない。

- **予防とリスク評価・管理**：予防策はエビデンスと教育に基づき、GBVスクリーニング、リスク評価、リスク管理の各ツールに裏付けられたものでなければならない。各国は効果的な運用のために機関間で適切に情報を共有する必要がある。リスク評価ツールは、リスクの定期的な再評価が可能なより広範なリスク管理システムと連携していなければならない。

- **監視と評価**：各国は国の戦略、イニシアチブ、公共政策、プログラムの有効性を定期的に評価・報告するために、評価・測定・説明責任のメカニズムを開発して実施すべきである。

- **危機管理**：各国は非常事態計画や危機管理計画をGBVフレームワークに統合するとともに、ジェンダーの視点を国の緊急事態管理戦略に取り入れて、機関間の適切な情報共有と連携を確保することを検討するべきである。危機の間、データ収集の取り組みは、多様なチャンネルを通じて維持されなければならない。各国は被害者／サバイバーの脆弱性が悪化することを考慮し、GBVへの対応に継続的な予算を確保するとともに、GBV対応予算の増額を検討すべきである。

注釈

1. インターセクショナリティとは、個人が持つ複合的で交差的な属性のことをいい、その人を多様で、しばしば重複する形態の排除や不利益にさらす恐れがある。インターセクショナリティ分析は、政策立案において、特定の住民や集団を構成する個人間の重要な多様性への認識を高めることができる。ジェンダー平等に対応する戦略とますます認識されるようになっている。
2. 行政データとは、警察、裁判所、医療機関、シェルター、薬局、NGO、学校、社会福祉サービスなど、法的実体から公共機関に報告されたデータのことをいう。
3. 政府はNGOが開発したGBVスクリーニング・リスク評価・リスク管理ツールの認定と、公共サービスでのそれらの使用を判断することもある。
4. 2022年9月、同グループは「女性と女性の安全のための閣僚会議（Women and Women's Safety Ministerial Council）」に置き換わった。

参考文献・資料

ANROWS（2022）, *A life course approach to determining the prevalence and impact of sexual violence in Australia: Findings from the Australian Longitudinal Study on Women's Health*, Australia's National Research Organisation for Women's Safety, https://anrowsdev.wpenginepowered.com/wp-content/uploads/2022/08/4AP.4-Loxton-Longitudinal-Womens-Health-Report.pdf.

Council of Europe（2020）, *Assessing and Managing Risks in Cases of Violence Against Women and Domestic Violence*, Council of Europe, https://rm.coe.int/trk-2021-assessing-andmanaging-risks-in-cases-of-vaw-and-domestic-vio/1680a2a7cb.

Council of Europe（2017）, *Report submitted by Sweden pursuant to Article 68, paragraph 1 of the Council of Europe Convention on preventing and combating violence against women and domestic violence（Baseline Report）*, https://rm.coe.int/state-report-on-sweden/168073fff6.

Council of Europe（2011）, *Council of Europe Convention on preventing and combating violence against women and domestic violence ("Istanbul Convention")*, Council of Europe Treaty Series, No. 210, Council of Europe, https://rm.coe.int/168008482e (accessed on 5 October 2022).

Downes, R. and S. Nicol (2020), "Designing and implementing gender budgeting - a path to action", *OECD Journal on Budgeting*, https://doi.org/10.1787/689198fa-en.

EIGE (2021), *EIGE's indicators on intimate partner violence, rape and femicide: Recommendations to improve data quality, availability and comparability*, European Institute for Gender Equality, https://eige.europa.eu/publications/ eiges-indicators-intimate-partnerviolence-rape-and-femicide-recommendations-improve-data-quality-availability-and (accessed on 20 October 2022).

EIGE (2019), *A guide to risk assessment and risk management of intimate-partner violence against women for police*, European Institute for Gender Equality, https://eige.europa.eu/publications/guide-risk-assessment-and-risk-management-intimatepartner-violence-against-women-police.

EIGE (2014a), *Data Collection on Violence Against Women*, European Institute for Gender Equality, https://eige.europa.eu/gender-based-violence/data-collection #2014 (accessed on 20 October 2022).

EIGE (2014b), *National Council of Greek Women*, European Institute for Gender Equality, https://eige.europa.eu/gender-mainstreaming/structures/greece/ national-council-greekwomen.

EUR-Lex (2012), *Directive 2012/29/EU of the European Parliament and of the Council of 25 October 2012 establishing minimum standards on the rights, support and protection of victims of crime, and replacing Council Framework Decision 2001/220/JHA*, http://data.europa.eu/eli/dir/2012/29/oj.

FRA (2011), *FRA Survey on gender-based violence against women*, European Union Agency of Fundamental Rights, https://fra.europa.eu/en/project/2012/fra-survey-gender-based-violenceagainst-women (accessed on 13 March 2023).

Garcia-Vergara, E. et al. (2022), "Risk Assessment Instruments for Intimate Partner Femicide: A Systematic Review", *Frontiers in Psychology*, Vol. 13, https://doi. org/10.3389/fpsyg.2022.896901.

González-Prieto, A. et al. (2021), "Machine learning for risk assessment in gender-based crime", https://arxiv.org/pdf/2106.11847.pdf.

Government of Canada (n.d.), *Intimate Partner Violence Risk Assessment Tools: A Review*, https://www.justice.gc.ca/eng/rp-pr/cj-jp/fv-vf/rr12_8/a.html (accessed on 13 March 2023).

INEGI (2022), *Encuesta Nacional sobre la Dinámica de las Relaciones en los Hogares*, Institute of Statistics, Geography and Informatics, https://www.inegi.org.mx/ tablerosestadisticos/vcmm/#General.

IRC (2019), *Where is the money? How the humanitarian system is failing in its commitments to end violence against women and girls*, International Rescue Committee, https://www.rescue.org/report/wheres-money-how-humanitarian-system-failing-fund-endviolence-against-women-and-girls (accessed on 13 March 2023).

Murphy, M. and A. Bourassa (2021), *Gap Analysis of Gender-Based Violence in Humanitarian Settings: a Global Consultation*, ELRHA, London, https://reliefweb.int/report/world/gapanalysis-gender-based-violence-humanitarian-settings-global-consultation (accessed on 13 March 2023).

OECD (2023a), *Development finance for gender equality and women's empowerment*, https://www.oecd.org/development/financing-sustainable-development/development-financetopics/development-finance-for-gender-equality-and-women-s-empowerment.htm (accessed on January 2023).

OECD (2023b), *Supporting Lives Free from Intimate Partner Violence: Towards Better Integration of Services for Victims/Survivors*, OECD Publishing, Paris, https://doi.org/10.1787/d61633e7-en.

OECD (2023c), *The rise and fall of public social spending with the COVID-19 pandemic*, https://www.oecd.org/els/soc/OECD2023-Socaial-Expenditure-SOCX-Update-Rise-and-fall.pdf.

OECD (2022), *2022 Survey on Gender Budgeting*.

OECD (2021a), *2021 Gender Equality Questionnaire*.

OECD (2021b), *Development finance towards the elimination of gender-based violence*, OECD Development Co-operation Directorate, Paris, https://www.oecd.org/development/genderdevelopment/development-finance-elimination-gender-based-violence.pdf.

OECD (2021c), *Eliminating Gender-based Violence: Governance and Survivor/Victim-centred Approaches*, OECD Publishing, Paris, https://doi.org/10.1787/42121347-en.

OECD (2020a), *Issues Notes: Taking public action to end violence at home*, OECD, Paris, https://www.oecd.org/gender/VAW2020-Issues-Notes.pdf (accessed on 6 October 2022).

OECD (2020b), "Women at the core of the fight against COVID-19 crisis", *OECD Policy Responses to Coronavirus (COVID-19)*, OECD Publishing, Paris, https://doi.org/10.1787/553a8269-en.

OECD (2019), *Fast Forward to Gender Equality: Mainstreaming, Implementation and Leadership*, OECD Publishing, Paris, https://doi.org/10.1787/g2g9faa5-en.

OECD (2018), *OECD Toolkit on Mainstreaming and Implementing Gender Equality*, OECD, Paris, https://www.oecd.org/gov/toolkit-for-mainstreaming-and-implementing-genderequality.pdf.

OECD (2017), *Gender budgeting in OECD countries*, OECD, Paris, https://www.oecd.org/gender/Gender-Budgeting-in-OECD-countries.pdf.

OHCHR（2018）, *The EDVAW Platform: cooperation among UN, global and regional women's rights mechanisms*, Office of the High Commissioner for Human Rights, https://www.ohchr.org/en/special-procedures/sr-violence-against-women/edvaw-platformcooperation-among-un-global-and-regional-womens-rights-mechanisms.

Oxfam（2021）, *The Ignored Pandemic*, https://doi.org/10.21201/2021.8366.

Raftery, P. et al.（2022）, "Gender-based violence（GBV）coordination in humanitarian and public health emergencies: a scoping review", *Conflict and Health*, Vol. 16/1, https://doi.org/10.1186/s13031-022-00471-z.

Remme, M. and J. L. Lang（2016）, *Re-thinking Financing for Addressing Gender-based Violence: Background Paper for the Global Expert Meeting on "Reducing Gender-based Violence to Achieve the Sustainable Development Goals"*, https://www.sparkblue.org/system/files/2022-03/Rethinking%20Financing%20for%20Addressing%20GBV.pdf.

UN Women（2022）, *Improving the collection and use of administrative data on violence against women: global technical guidance*, https://www.unwomen.org/sites/default/files/2022-10/Improving-the-collection-and-use-of-administrative-data-on-violence-against-womenen.pdf（accessed on January 2023）.

UN Women（2016）, *Why Money Matters,* https://www.unwomen.org/sites/default/files/Headquarters/Attachments/Sections/Library/Publications/2016/UNiTE-Why%20Money%20Matters-Brochure-EN.pdf.

UN Women/WHO（2020）, *Violence Against Women and Girls: Data Collection during COVID-19*, UN Women/World Health Organization, https://rm.coe.int/vawg-data-collection-during-covid-19/16809e5e79（accessed on 13 March 2023）.

UNECE（2021）, *Measuring violence against women during Covid19 period: The Italian experience*, https://unece.org/sites/default/files/2021-09/PPP_muratore_italy_eng.pdf.

UNHCR（n.d.）, *Gender-based violence toolkit*, https://www.unhcr.org/gbv-toolkit/coordination-2/（accessed on 13 March 2023）.

Valdivia, A., C. Hyde-Vaamonde and J. García Marcos（2022）, *Judging the algorithm: A case study on the risk assessment tool for gender-based violence implemented in the Basque Country*, https://arxiv.org/pdf/2203.03723.pdf.

第4章

被害者／サバイバー中心の
ガバナンスとサービス文化

　本章では被害者／サバイバー中心のガバナンスとサービス文化の要素について考察する。そして、被害者／サバイバーの経験を理解し、あらゆる政策、サービス、プログラムにおいてそれらに配慮するような実践を明らかにする。GBV の根本原因に対処する予防努力も、男性と男児への働きかけに着目しており、被害者／サバイバー中心の文化を構築するために欠かせない要素である。本章では、COVID-19 パンデミックがきっかけとなった課題と優れた実践について取り上げ、被害者／サバイバー中心のガバナンスとサービス文化を強化するための提言で締めくくる。本章の内容は、2022 年の GBV 撲滅のためのガバナンスおよびサバイバー／被害者中心アプローチの強化に関する OECD 調査（2022 年 OECD GBV 調査）に対する 26 か国の回答に基づく。

本書において、「ジェンダー」および「ジェンダーに基づく暴力」は、各国が国際的な義務とともに国内法令に基づいて解釈したものである。

調査結果の要点

● 信頼の構築は、被害者／サバイバーに対してエンパワーメントと働きかけを行い、サービスへのアクセスを阻む社会的障壁を除去し、GBV計画・プログラムの設計と実施に参加させるために重要である。

● OECD加盟国において、国家政策、戦略、行動計画の開発に重要なステークホルダーを関与させる有望な傾向がみられる。（政府機関を除き）最も一般的なステークホルダーとして国が挙げたのはNGOと女性団体であり、専門家と研究機関が続く。しかし、ほとんどの国では、被害者／サバイバー自身がGBV対応策の開発に参加することはきわめてまれであった。

● 被害者／サバイバー中心のアプローチは、医療従事者やソーシャルワーカーなど、被害者／サバイバーと直接かかわる人々を、早期発見に関する最新の専門的な訓練とGBVのリスク管理・予防訓練によって支える必要がある。

● 国は被害者／サバイバーのインターセクショナルな経験を理解するための取り組みをさらに開発する必要がある。中央または連邦政府がGBVに関する政策、プログラム、サービスにおいて、被害者／サバイバーのインターセクショナルな経験を考慮するための正式なツールまたは実践を利用していると回答した国は、43%（23か国中10か国）のみであった。

● 男性と男児を予防プログラムに関与させることは、GBV撲滅の取り組みに不可欠であることから、各国はそのための措置を講じており、回答国の60%（23か国中14か国）が、男性と男児を関与させるために中央または連邦政府がGBV関連のプログラムやサービスを現在提供していると報告した。しかし、予防介入への加害者の関与を報告したのは、回答国の43%（23か国中10か国）のみであった。

● 緊急事態や危機的状況が被害者／サバイバー中心の文化を利用するきっかけになり、GBV政策・プログラムの設計と実施への被害者／サバイバーの関与を改善する可能性があることも、COVID-19パンデミックによって明らかになった。

4.1 | はじめに

本章では、OECD GBV フレームワークの文化の柱に含まれる、被害者／サ

バイバー中心のガバナンスとサービス文化の要素に焦点を合わせる（OECD, 2021a）。文化の柱は、被害者／サバイバーのニーズと利益への理解と対応、公共サービスのアクセシビリティの確保、被害者／サバイバーと直接かかわるサービス提供者の能力構築に重点を置く。この柱は男性と男児を関与させる予防イニシアチブを通じて、GBVの根本原因に取り組む重要性を強調している。また、GBVに効果的に対応するために、イニシアチブ、組織の態度と信念、政府の優先事項に対するシステム全体での変革の必要性を要約している。システムやフレームワークは、インターセクショナルで、トラウマと暴力に関する情報に基づき、被害者／サバイバーを中心に考えた政策やプログラムを用いてGBVに取り組まなければ、GBVに適切に対処可能な文化を創出できないだろう。

コラム 4.1　文化の柱の重要要素

　OECD GBVガバナンス・フレームワークは以下のような要素を含み、被害者／サバイバーのインターセクショナルなニーズを理解して対応し、GBVの根本原因の解消を目指すアプローチを開発している。

- 全政府的なGBVフレームワークは、その設計と実施の要素に被害者／サバイバーを関与させる多様な方法を見出すことを含め、被害者／サバイバー中心であることを重視して開発する。
- サービスの提供とプログラムは、被害者／サバイバー中心のアプローチを利用して開発し実施する。対応策は訓練とプログラムを用いて調整・支援する。サービスは被害者／サバイバーの特定のニーズに対応するように調整し、実施する。
- フレームワークでも、どのような政策やプログラムでも、インターセクショナリティという原則の重要性を示す。
- サービスとプログラムを提供するための十分な予算を組み込む。
- 政府はGBVの発見と予防に大きな責任を負う。予防措置には、有害な社会規範とステレオタイプへの対処に加害者と男性・男児を関与させるイニチアチブなどがある。

資料：OECD（2021a）, *Eliminating Gender-based Violence: Governance and Survivor/Victim-centred Approaches*, OECD Publishing, Paris, https://doi.org/10.1787/42121347-en.

4.2 　OECD加盟国全体で被害者／サバイバー中心の文化を確立するために

4.2.1 　被害者／サバイバー中心のガバナンスとサービス文化を奨励

　被害者／サバイバー中心のアプローチの重要要素は、被害者／サバイバーのエンパワーメントである。それを実現する方法は多数ある。たとえば、ICTを利用して、暴力行為を防止・対応するための情報とスキルの訓練を提供したり、幅広い形態とアクセスしやすいメディアで関連情報を利用できるようにしたり、平等と包摂に向けた社会変容を支持して、有害なジェンダー規範とステレオタイプに立ち向かうために、若者のリーガルリテラシーを構築したりすることなどがある（OECD, 2021a）。2022年OECD GBV調査から、被害者／サバイバーのエンパワーメントのためのさまざまなアプローチの優れた実践例が明らかになった（コラム4.2参照）。

コラム 4.2 　被害者／サバイバーのエンパワーメント：目的と方法

コスタリカ

　コスタリカの司法府は、IPVに関連する犯罪の通報を促すために、組織や個人と協力してさまざまな情報キャンペーンやワークショップ、会議を開催した。全国女性協会（National Women's Institute）も、被害者に助言を与えたり、権利について情報を提供したりする社会的ネットワークについて、キャンペーンを実施した。

ラトビア

　社会福祉省はソーシャルメディアでGBVとDVに関する短期間のキャンペーンを実施している。キャンペーンでは社会におけるGBVとDVに対するゼロトレランス（不寛容）を支持し、警察への通報の仕方を説明する。政府は情報キャンペーンや情報発信の効果を測定し、キャンペーンの実施以降、被害者対象の社会復帰サービスを申請して受ける人が増加していることが明らかになった。サービス提供者の報告によると、2021年、女性661人と男性43人の合計704人の成人の暴力被害者が社会

復帰コースを修了した（2019年は女性563人と男性21人の合計583人であった）。

スイス

　イスタンブール条約実施のための国家行動計画2022〜2026年の3本柱の1本は、GBV被害者／サバイバーが権利と助けを求める場所について情報を得られるように、多言語での全国的なキャンペーンを重点的に開発している。これらのキャンペーンは全国民を対象にしているが、高齢の被害者／サバイバーのほか、サイバー暴力やサイバーハラスメンの被害を受けている若者など、特定の集団も対象にしている。キャンペーンはオフラインでもオンライン（ソーシャルメディア）でも実施される。

資料：OECD (2022), Survey on Strengthening Governance and Survivor/Victim-centric Approaches to End Gender-based Violence; Government of Switzerland, 2022.

　信頼の構築は、被害者／サバイバーのエンパワーメント、サービスへのアクセスを阻む社会的障壁の除去、GBVに関する計画やプログラムの設計と実施への被害者／サバイバーの参加に不可欠である。優れた実践は、すでに被害者／サバイバーと絆を築いているNGOと政府が協力することである。たとえば、エストニアはジェンダーステレオタイプのない効率的な法執行システムを開発するため、2019年から2021年にGBV予防のための2か年計画を導入した。計画はアクティブ市民基金（Active Citizens Fund）が資金を提供し、NGOのエストニア開かれた社会研究協会（Estonian Institute for Open Society Research）が実施した。2か年計画の主な目的は、ジェンダーステレオタイプのない法執行機関の文化と情報共有の基準を開発することであり、法執行機関に対する被害者／サバイバーの信頼を高めて通報や相談を促そうとした。主要なターゲットグループは、IPVを扱う法執行機関の担当者で、検察官、裁判官、弁護士、刑事のほか、そうした分野で担当者にIPVに関する研修（講義）を準備する研修担当者や講師などであった。

　意識向上キャンペーンによって信頼を構築できることを実証している国もある。たとえばリトアニアでは、社会保障労働省は2021年、国民啓発キャンペ

ーン「Negaliu tylėti」に資金を拠出して、さまざまな種類（感情的、身体的、性的、経済的）のDVについて紹介することで、DVを防止しようとした。キャンペーンの一環として、8つのテレビ番組でDV被害者の体験談を取り上げた。リトアニア全国の都市の屋外広告と、Facebookのページ、ニュースサイトで4つのショート動画を放映した。DVの被害に遭ったことのある女性を対象に、最新のDVに関する全国調査が2022年に実施され、DVの被害を受けた後に警察などの法執行機関に相談した人がわずかに増加したことが明らかになった。そうした機関に連絡を取ったと述べた回答者は、2020年には15％のみであったが、2022年では17％になった。キャンペーンでは、（親密なパートナーからの）暴力の主な原因のひとつとして、有害なステレオタイプと家庭におけるジェンダーロールに大きな重点を置いた。抑圧的な男らしさ（男性性、マスキュリニティ）は、男性を支配的なジェンダーグループとしての因習的な役割に縛りつける社会的構成概念と定義され、私的空間において、性的暴力を含め、女性に直接否定的な影響を与えるとされる（OECD, 2021c）。

——被害者／サバイバー中心のアプローチにより、具体的なサービスの提供と計画を開発し実施する

　被害者／サバイバー中心の全政府的なGBVフレームワークを有効なものにするには、被害者／サバイバーを設計と実施に関与させる多様な方法を見出すことも必要である。前章で注目したように、被害者／サバイバーを関与させるひとつの方法は、彼女たちを調査と研究に参加させることであり、最終的には得られた教訓を用いて、現行の枠組みにエビデンスに基づく変更を行う。住民調査はひとつの調査方法である。住民調査はGBVに関する重要な情報源であるだけでなく、主観的でユーザー中心の経験を調査し、個人的、組織的、または共通の問題や経験（GBV被害者／サバイバーなど、特定の脆弱な集団やコミュニティの問題や経験など）に重点を置く（OECD, 2020）。調査回答国は被害者／サバイバーの主観的経験を理解する重要性を認識していたが、一部の形態の住民調査は十分に活用されておらず、あまり普及していない（第3章第3.2.4節参照）（OECD, 2020）。

　被害者／サバイバー中心のアプローチを用いたサービスの提供では、特定の被害者／サバイバーグループのニーズに合わせた支援を継続的に行うことも必要である（第5章も参照）。そうしたサービスを設計・実施するサービス提供者と政策立案者の能力構築も不可欠である。関係主体にはGBVフレームワーク内での役割について、訓練、ガイダンス、適時の助言が必要である。医療従事者やソーシャルワーカーなど、GBV被害者／サバイバーと直接かかわる人々が、GBVの早期発見、リスク管理、予防に関する最新の訓練を受けることが特に重要である（OECD, 2021a）。警察官もGBVに効果的に対応しようとするなら訓練が必要である。警察官はGBV事件の初期対応者であることが多く、彼らの介入の質は、実施されたリスク特定・評価に大きく左右される。警察記録は政府がIPVとフェミサイドのデータ収集のエビデンスとして利用する行政データの最も一般的な情報源であるため、GBVやDVの事案を認識し、特定することが重要である（第6章参照）。2022年OECD GBV調査の回答から、ほとんどのOECD加盟国が能力構築を実施していることが明らかになったが、多くの場合、初期対応者とサービス提供者が対象であった。そうした活動は、1対1のオンライン訓練や対面訓練から、政府以外のGBV関連セクターとの直接的な関与まで幅広い（第5章参照）。

　全政府的GBVフレームワークのために能力構築を強化するもうひとつの方法は、GBV関連サービスを提供するステークホルダーや専門家のネットワークを構築することである。そうすることで、特定の被害者／サバイバーグループのニーズに合わせて、エビデンスに基づく、予防的で、安全な支援サービスを提供する能力を高めることができる（コラム4.3参照）。

コラム 4.3　エストニアとスイスはGBVへの協調対応を導入

エストニア

　エストニア政府は複数の市民社会組織に、GBV予防への積極的な貢献を求めた。2022年、NGOのパルヌ女性支援センター（Pärnu Women's Support Centre）、

NGOの女性支援情報センター（Women's Support and Information Centre）、NGOの暴力のない生活を守るために（For the protection of Non-Violent Life）、アイスランドのパートナー団体Rótinによる Together Aware 計画が、エストニアでDVを削減するための専門家訓練プロジェクトに共同で取り組んでいる。プロジェクトの目的は、最初にDVの被害者と接触する専門家の意識の向上、DVの原因と影響の特定、受けられる支援の明確化であった。機関間の協力を促進するために、専門家は地域共同チームとして協力する訓練を受けた。

スイス

　新たな「イスタンブール条約実施のための国家行動計画2022〜2026年」において、スイスは能力構築に注力している。国家計画の優先事項のひとつは、あらゆる関連分野でDVと女性に対する暴力に関する基礎および継続訓練コースを提供することである。これらのコースは、さまざまな形態の暴力を認識し、暴力の被害者と加害者に対応する訓練を専門家とボランティアに行う。具体的には警察官に対する訓練などがあり、DVとGBVの被害者／サバイバーに対する警察の対応の強化を目指している。

資料：OECD (2022), Survey on Strengthening Governance and Survivor/Victim-centric Approaches to End Gender-based Violence.

　被害者／サバイバー中心のアプローチを用いた能力構築活動を実施する他の革新的な方法は、GBVの被害者／サバイバーと加害者の双方を関与させる方法である。ラトビアは2022年OECD GBV調査の回答でひとつの有望な例を概説している。2021年、ソーシャルワーカー対象の夏期講習会を開催して、暴力の被害に遭ったことのある成人と、暴力を振るったことのある成人の両方と対話した。得られた教訓に基づき、社会福祉事業として暴力の被害者と加害者の両方に働きかける手法が開発され、すでに導入されている。

　プログラムとサービスへの資金提供はGBVフレームワークにおいて重要であるが、シェルターや住居、対象を定めた利用しやすいカウンセリング、医療・司法サービスなど、専用の予算を必要とする重要分野がある（統合的サービス提供を取り上げた第5章も参照）。そうしたサービスはつねに、またパンデミ

ックや経済不況などの危機の間は特に、最も影響を受け、最もリスクにさらされやすい被害者／サバイバーのアクセシビリティを確保するために、適切に資源が提供されなければならない（OECD, 2021a）。この問題に対処するために、国は危機・緊急事態対応計画の立案を含め、あらゆる予算編成の決定において、ジェンダーに基づく分析を活用することが望ましい。

――政策設計では、被害者／サバイバーに重点を置いて関係者に働きかける

　2015年の公職におけるジェンダー平等に関するOECD勧告（OECD, 2016）は、政府と政府以外のステークホルダーを関与させることが、全政府的なジェンダー平等・主流化戦略を効果的に実施する鍵であると述べている（OECD, 2018）。政策や措置の策定に際し、（フォーラムでの円卓会議やオンラインコンサルテーション、対面での組織的な協議などを通じて）政府内外のステークホルダーと協議し、関与させるべきである。幅広いステークホルダーに協力を仰ぐことは、女性と女児のインターセクショナルな経験を考慮し、被害者／サバイバー中心のサービス文化を構築するために不可欠である。

コラム 4.4　重要なステークホルダーを国家政策と行動計画の開発に関与させるための実践

オーストラリア

　オーストラリア政府は18か月に及ぶ一連の協議に、GBVの被害を受けた経験を持つ人々など、ステークホルダーを関与させて、「女性と子どもに対する暴力を終わらせるための国家計画2022〜2032年」を策定した。その際、被害者／サバイバーの支援者80人と協議が行われ、2021年9月には女性の安全に関する全国サミットが開催されて、支援者、被害者／サバイバー、サービス提供者、専門家が集まって、国家計画の優先事項について戦略的な議論を行った。

　協議の一環として開かれた専門のフォーラムや議論には、アボリジニとトレス諸島民コミュニティ、移民と難民の女性、青少年、障害を持つ女性、LGBTIQA+のコミュニティ、農村・地方・遠隔地のコミュニティ、加害者へのサービス提供者、企業・産業界、裁判官や警察官など、特定利益集団から参加者が集まった。

2021年6月、国家計画に寄与するために、政府は国家計画アドバイザリーグループ（National Plan Advisory Group: NPAG）を設立した。NPAGのメンバーは、文化的・言語的に多様なコミュニティ、先住民コミュニティ、LGBTQIA+のコミュニティ、青少年、障害者など、オーストラリアのコミュニティの幅広いグループを代表している。

　オーストラリア政府は、DVと性的暴力に関してアボリジニおよびトレス諸島民アドバイザリーカウンシル（Aboriginal and Torres Strait Islander Advisory Council）を支援し、資金を提供している。カウンシルには、医療、コミュニティサービス、司法サービス、児童・家族サービス、大学などのセクターからアドバイザーが参加している。

コスタリカ

　女性が参加するコンサルテーションワークショップが開催され、ベレン・ド・パラ条約のコスタリカの遵守状況を測定した。アフリカ系の子孫、先住民、LGBT+のコミュニティ、障害者、自由を剥奪された女性、農村地域で暮らす女性、高齢女性、若年・青年期の女性、移民女性、HIV感染者の女性、性労働に従事する女性など、インターセクショナリティを持つ集団を代表して、全国から500人以上の女性が参加した。

資料：OECD（2022）, Survey on Strengthening Governance and Survivor/Victim-centric Approaches to End Gender-based Violence.

　複数の国が政策サイクルのさまざまな段階でステークホルダーを関与させていると報告しているが、その目的は異なっている。たとえば、オーストラリア、ベルギー、コスタリカ、ギリシャ、ハンガリー、日本、ラトビア、トルコ、スウェーデンは、幅広いステークホルダーを関与させて、GBVに関する具体的な計画や戦略を策定していると回答している。ベルギー、コスタリカ、エストニア、フィンランド、韓国、リトアニア、ルクセンブルク、メキシコはGBVに関する全体的な戦略ビジョンを、とりわけ関連する国際的または地域的な基準や文書（ベレン・ド・パラ条約やイスタンブール条約など）の実施に関して、協議を開いて検証していると報告した。ベルギーやイタリア、ポルトガルなどの一部の国は、非政府ステークホルダーを関与させて、国家政策、戦略、行動

計画の監視と評価を行っている（コラム4.5）。

　回答国においてGBVに関する政策設計に最も一般的に関与しているステークホルダーは、市民社会組織である。回答国の54％（26か国中14か国）が、ジェンダー平等や暴力防止や青少年を専門とするNGOと協議を行っている。政策設計の際、法執行機関または司法制度に携わる専門家と協議を行ったのは、回答国の19％（26か国中5か国）であった。業務上、被害者／サバイバーと直接かかわる実務者を関与させている回答国はごくわずかで、医療従事者を関与させた国は19％（26か国中5か国）、シェルターやケアセンターを関与させた国は8％（26か国中2か国）であった。医療従事者やシェルターで働く専門家は、被害者／サバイバーの日常的な経験を理解しているため、そうした人々を政策設計に関与させることは、被害者／サバイバー中心の文化に不可欠である。

コラム 4.5　非政府ステークホルダーを監視と評価に関与させる

ベルギー

　ベルギーの「ジェンダーに基づく暴力と闘う全国行動計画（National Action Plan to Combat Gender-Based Violence: NAP）2021〜2025年」の下、イスタンブール条約の実施状況の監視に責任を負う独立専門家団体であるGREVIOとイスタンブール条約締約国委員会の勧告に基づき、全国市民社会プラットフォームが創設され、草の根団体をGBV撲滅政策の実施、監視、評価に関与させた。全国プラットフォームの主な目的は、独立した立場でNAPの監視を行い、計画の中間・最終評価の際に助言を提供し、NAPの部門間調整グループ（Interdepartmental Co-ordination Group: IDG）に助言を行うことである。

イタリア

　監視プロセスが最初に導入されて以来、関連ステークホルダーは「男性から女性への暴力に対する国家行動計画2021〜2023年」の枠組み内で関与してきた。そうしたステークホルダーには、（意識向上、訓練、保護、被害者／サバイバーへの専門的支援など）GBVに専門的に取り組む市民社会組織、反暴力センター、シェルターなどの代表者が含まれている。

　市民社会組織は政策設計への参加が最も多く報告されているステークホルダーであったが、その関与を拡大する余地は残っている。回答国の半数近くが、GBV政策の開発でそうしたステークホルダーと協議を行っていないと報告している。女性の権利に関するNGOや市民社会組織が政策策定から除外されていることを、GREVIOも憂慮すべき傾向として報告している。GREVIOの基本的評価報告書の中期横断的評価によると、条約締約国のなかには制度的枠組みが不安定な国もあり、GBV政策の設計と実施にNGOを効果的に関与させられていなかった（Council of Europe, 2022）。政策立案でNGOと定期的に協議している国も、NGOが政策の実施で担う役割を正式化するのに苦労している（GREVIO, 2022）。報告書からは、条約締約国の大部分で、ある程度の公的資金がNGOに配分されているが、その活動にとって持続可能な水準の資金を確保するには十分ではないことも明らかになった（GREVIO, 2022）。

　GBVへの全政府的アプローチの開発に際し、高度なステークホルダーエンゲージメントが報告されているものの、関与するステークホルダーとして被害者／サバイバーが報告されることは総じてまれである。被害者／サバイバーの関与は被害者／サバイバー中心のガバナンスとサービス文化を築く重要な柱であるが、被害者／サバイバーに直接働きかけて政策立案に参加させる方法を見出すのは困難なことが多い。被害者／サバイバーはそれぞれ異なる経験をしているため、トラウマから回復するためのアプローチも異なる。GBV被害者／

サバイバーがトラウマから回復するプロセスに重点を置いた研究はほとんどないが、心的外傷後成長という前向きな影響に関するエビデンスが少しずつ増えている（Sinko and Saint Arnault, 2019）。このアプローチが注目する新しい前向きな経験は、被害者／サバイバーを彼女たちの生活、愛する人々、社会全体と再び結びつけるのに役立つ。効果的な回復プロセスには、経験の共有やGBV撲滅への関与などが考えられ、政策立案への参加もそれに含まれると考えられるものの、すべての被害者／サバイバーが関与を望むとは限らない。そのため、フェミサイドの被害者の支援者をはじめ、ジェンダー平等やGBVを専門とするNGOなど、被害者／サバイバーの支援者に働きかける多様な方法を見出すことが重要である。被害者／サバイバーの利益を代表するステークホルダーを関与させることに関して、調査に回答したOECD加盟国は根強い障壁があることに言及している。そうした障壁には、NGOの安定した長期的な活動資金、全般的な人材不足のほか、ステークホルダーエンゲージメントに充てる時間の問題がある。COVID-19パンデミックの間、GBVに関するデータを収集するために、NGOが実施した面接調査を利用したと報告したのはリトアニア1か国のみであり、研究機関やNGOが実施した調査を利用したと報告したのは5か国であった。1か国が、COVID-19パンデミックの間、外部ステークホルダーとの協議を開催しようとする際に問題に直面したことを報告している。そうした問題は、オンライン会議などの技術を用いて重要なプロセスを調整することでほとんど解決した。連携は効果的なステークホルダーエンゲージメントに不可欠であるが、ステークホルダーと十分に連携できなかったために、最善の意思疎通が行えなかったことを数か国の回答国が報告している。全般的にみると、政府はステークホルダーを体系的に関与させることに今なお苦労している。彼らに協議が持ちかけられるのは、提案や法律の起草後であることが多い。ステークホルダーからの情報を、政策サイクルの初期の段階で優先する必要がある（OECD, 2021b）。

――インターセクショナリティの原則を政策とプログラムに組み込む

　被害者／サバイバー中心の全政府的なGBVフレームワークを可能にする文

化に欠かせない別の要素は、インターセクショナリティの影響の考慮である。インターセクショナリティを分析・考慮しなかった場合、サービスと政策に深刻な欠陥が生じる恐れがある。女性と女児の経験は、人種、民族、年齢、階級、宗教、先住性、国籍、移民または難民としての地位、性的指向、障害、性自認など、個人的特徴や個々の環境によって異なる。司法とサービスへのアクセスは、移民、とりわけ移住してきたばかりの者や、非正規移民の場合、困難なことがある。その原因は多数あり、例として言語の壁、司法制度の理解不足、文化の違い、経済的問題、政府機関とかかわった場合に生じる結果への恐れなどがある。計画立案にはインターセクショナリティの視点を取り入れる必要がある（OECD, 2021a）。

OECDの調査では加盟国に対し、GBV政策・プログラム・サービスにおいて被害者／サバイバーのインターセクショナルな経験を考慮するための正式なツールや実践が中央政府にあるかどうかを質問した。回答は大きく割れ、43％（23か国中10か国）があると、56％（23か国中13か国）がないと答えた。

回答から、GBV政策・プログラム・サービスにおいて被害者／サバイバーのインターセクショナルな経験を政府が考慮するために利用している主な手段がいくつか明らかになった。

1）住民調査にインターセクショナリティに関する質問と知識普及を含める（例：スイス、コラム4.6参照）。

2）他の犯罪や脆弱性を扱う具体的な計画にGBVに関する目標を組み込む（例：ギリシャ、第3章参照）。

3）行政データを細分化する（例：コスタリカ、コラム4.6参照）。

4）（多部門での）サービス提供に関するデータを分析する（例：ポルトガルと米国、コラム4.6参照。分野横断的・省庁横断的アプローチについては第3章も参照）。

5）政策戦略やプログラム実施にステークホルダーを関与させる（コラム4.3および4.4の例）。

6）政策戦略やプログラム実施においてステークホルダーに言及する。

コラム 4.6　GBV被害者／サバイバーに対してインターセクショナリティの視点を取り入れているOECD加盟国の実践

コスタリカ

　コスタリカは警察記録、裁判記録、医療記録、ヘルプラインや緊急電話相談センターの記録、シェルターへの避難記録、NGOの報告書、学校から収集した情報、社会福祉サービスから集めた情報などから、GBVに関する行政データを収集していると報告している。ジェンダー平等省はシェルターへの避難情報を毎月収集して、(1) 性別、(2) 性自認、(3) 年齢、(4) 人種、(5) 民族、(6) 先住性、(7) 市民権の状態、(8) 性的指向、(9) 障害、(10) 扶養家族の人数、(11) 子どもの数、(12) 職業ごとに細分化している。

ポルトガル

　ポルトガルはDVに対する専門的なケア対応に、子どものDV被害者への心理的支援、高齢女性専用のシェルター、人身売買の被害者（子どもと大人）のためのシェルターの情報を始め、他のデータを関連付けている。

スイス

　スイスは現行の2022年犯罪被害者調査にインターセクショナルな経験に関する質問を取り入れた。調査は州警察署長会議（Conference of the Cantonal Police Commanders）と連邦男女平等事務所が主導している。GBVに関するこの調査の専門的評価は、2023年に発表される予定である。

米国

　米国の報告によると、政策、プログラム、対象を絞ったサービスは、多くの場合、実施・公表前に省庁間のレビューを受けて、インターセクショナルな経験が取り入れられていることを確認している。

資料：OECD (2022), Survey on Strengthening Governance and Survivor/Victim-centric Approaches to End Gender-based Violence.

　OECDの調査への回答から、GBV政策・プログラム・サービスが考慮する最も一般的なステークホルダーは、若者（15〜25歳）と子ども（15歳未満）で

あり、移民、ゲイ・レズビアン・バイセクシャル・トランスジェンダーなど多様なジェンダーを持つ人々、人種的マイノリティが続く。低所得層、高齢者、民族集団、農村居住者を対象にしたサービスを含めている国はそれより少ない。有害な薬物などの依存症者や経済的に脆弱な集団を対象にした措置を、国家政策、戦略、行動計画に含めていると報告したのは、スウェーデン1か国のみであった。

2022年OECD GBV調査では、被害者／サバイバー中心のインターセクショナルなアプローチの導入に関する優れた実践が多数報告された一方で、大きな課題も明らかになった。ひとつは、根強いデータ不足、とりわけ細分化されたインターセクショナルなデータの不足である。多数の変数にわたって一定の細分化を行うことにより、データを利用して結果や傾向を報告することが可能になるが、関連する変数を組み合わせて有意義なインターセクショナリティ分析を行うことがいっそう困難になることを複数の国が強調している。

4.2.2　男性と男児を関与させることがGBV撲滅に不可欠

GBVの根本原因はジェンダー不平等であるため、差別的な政策や慣行を支える有害な社会・文化規範や態度を変容させる必要がある。国際男性・ジェンダー平等調査（International Men and Gender Equality Survey）の結果、GBVの要因として、子どもの頃に暴力を受けた経験、経済的ストレスや仕事のストレス、ジェンダー平等に対する態度、紛争環境、アルコール依存症などが明らかになった（ICRW, 2011）。有害な男らしさの概念がどのように作用しているのか理解することが、男性と男児の行動を理解するのに不可欠である。GBVを防ぐ取り組みとして、有害な規範と態度を改善・変容させ、意識を向上させ、予防的介入を促進する必要がある（OECD, 2021a）。

男性と男児を参加させる予防努力は、女性と女児の権利を促進し、ジェンダー平等を推進する一連の明確な原則への理解に基づかなければならない。ジェンダーに変革をもたらし、ジェンダーロールに立ち向かい、その変容を目的とする介入は、単にジェンダーに配慮した、またはジェンダー中立的な取り組み

よりも効果的であることが証明されている（WHO, 2007）。予防プログラムは、有害な男らしさの概念から影響を受けた行動の変容を目指さなければならない。ジェンダー平等に取り組む組織は、具体的な介入を作成するための戦略立案プロセスにおいて、重要な洞察を提供することができる。男らしさの肯定的な解釈を推進し、暴力が男性の生活にもたらす有害性を明確にする予防プログラムは、GBVの根本原因に働きかける可能性がある（コラム4.7の例を参照）。より効果的なプログラムを設計するには、男らしさのインターセクショナルな経験も考慮に入れて、男性と男児の多様なニーズに対応する必要がある（Peacock and Barker, 2014）。こうしたプログラムからは、男性と男児自身もGBVを経験し、コミュニティや関係機関への被害の通報を妨げるスティグマの削減を求める可能性があることが、浮き彫りになる場合もある（OECD, 2021a）。

コラム 4.7　有害な男らしさに対処する包括的な例

エクイムンド（Equimundo）のメンケア父親キャンペーン（MenCare fatherhood campaign）

　この父親キャンペーンは複数のOECD加盟国を含め、60か国以上で実施されている世界的な取り組みであり、複数のイニシアチブを通じて、暴力とは無縁の父親・保育者としての男性を奨励し、凝り固まった社会規範に立ち向かっている。プログラムではエビデンスに基づく集団教育を利用しており、対立や葛藤への対処メカニズムを調節して、より健全に対処する方法を紹介する議論で男性に働きかけている。

　キャンペーンに対する複数の評価から、父親に関する規範を変容させると、IPVと児童虐待が減少し、男性の育児参加が増加することが確認された。

注：このプログラムは、以前はプロムンド（Promundo）として知られていた団体、エクイムンドが立ち上げた。
資料：UN Women et al., 2019; MenCare, n.d..

OECD GBV調査に回答した加盟国は、GBVに関連する数値を短期・中期・長期的に引き下げるのに男性と男児の関与が重要であることを認めている。回

答国の60％（23か国中14か国）が、現在GBVの撲滅や予防に男性や男児を関与させるために、中央・連邦政府がGBV関連プログラムやサービスを提供していると報告している。

　GBVの予防に男性と男児を関与させるために国が導入しているサービスや活動、介入は、早期介入キャンペーンから教育活動、研修会、カウンセリングサービス、治療プログラムまで幅広い。OECD加盟国の中には、リスクのある（暴力環境にいて、GBVの被害者または加害者になりやすい）男性と男児を関与させていると報告している国もあれば、もっと一般的に男性と男児を関与させていると回答した国もある（コラム4.8）。

■コラム4.8　GBV予防に男性と男児を関与させる例

オーストラリア

　この分野の有望な実践をオーストラリアが報告している。オーストラリア政府は5年間（2022年度から2026年度）に、暴力の加害者になる恐れがある、または再犯の恐れがある男児と男性を対象にした早期介入キャンペーンに4,790万オーストラリアドルを拠出した。また、メンズライン（MensLine）によるチェンジング・フォー・グッド（Changing for Good）——複数回のセッションからなるカウンセリングサービスで、健全で互いを尊重する関係を築きたいと考える男性をターゲットにしている——などのイニシアチブも実施している。オーストラリアのネット安全コミッショナー（eSafety Commissioner）も一次予防プログラムを提供して、親や教師、子どもにGBVに関する教育を行っている。暴力にノーを（No to Violence）プログラムは、暴力を用いる男性に情報や助言、カウンセリングを提供する。

アイスランド

　アイスランドでは、性的虐待・暴力のサバイバーのための教育カウンセリングセンター（Stígamót）が、GBVと闘うために男性に何ができるのかに具体的な重点を置き、GBVに関する研修会を実施している。その目的は、GBVに関する問題と概念への参加者の理解を深めるとともに、ジェンダー公正と暴力の予防に男性と男児をどのように関与させればよいかについて、実践的なツールと重要な洞察を提供することである。

オランダ

　オランダでは教育・文化・科学省が「解放者（Emancipator）」団体を設立した。その取り組みの目的は、GBVにおける男性と男児の役割に具体的に的を絞り、GBVの解決に彼らがどのように寄与できるかを突き止めることである。

資料：OECD（2022）, Survey on Strengthening Governance and Survivor/Victim-centric Approaches to End Gender-based Violence.

――加害者に働きかけることで再犯を防ぐ

　介入および女性の保護と並行して、予防プログラムに加害者を関与させることが、IPVの削減に不可欠であることがエビデンスに示されている。しかし、予防介入に加害者を関与させていると報告したのは、回答国の43％（23か国中10か国）のみであることから、回答国の予防努力には大きな格差があることがわかる。現在では加害者への継続的で長期的な働きかけは効果的なサービス提供の重要要素とみなされている。加害者への働きかけを行っている有望な国の例として、ギリシャ、アイスランド、スウェーデンが挙げられる（コラム4.9）。

コラム4.9　リスク削減介入の実践として加害者を関与させる

ギリシャ

　ギリシャの全国社会連帯センター（National Centre for Social Solidarity: EKKA）は、DVの加害者に専門的なカウンセリング・治療プログラムを提供する主要公的機関である。その目的は、加害者が自身の暴力行為の原因を理解し、解決しにくい問題を解決し、暴力を用いずに他者と機能的にかかわる別の方法を学ぶのを支援することである。また、アティコン大学総合病院（Attikon University General Hospital）精神科の司法精神医学ユニットが、性犯罪者向けのプログラムを提供している。こうしたサービスには、児童性的虐待、児童ポルノ、性犯罪者によるグルーミング行為の判定と治療も含まれる。加害者は、強制治療を義務付ける判決後に刑事司法制度からユニットに差し向けられるか、自発的にプログラムに参加する。

アイスランド

　社会・労働市場省の支援を受けるプロジェクト（Heimilisfriður）が、パートナー
を虐待したことのある女性と男性に専門的な心理学的サービスを提供する。IPVの
加害者に個人療法と集団療法を実施する。

スウェーデン

　スウェーデンは刑事司法制度に記録のある加害者を対象に、IPVリスク削減介入
戦略を実施している。リスク削減介入では、危機的状況と対話手法に関する専門的
訓練を受けた警察の交渉ユニットの職員と加害者との対話に基づく手法を用いる。
現在、スウェーデンのマルメ大学がプロジェクトの評価を行っている。

資料：OECD（2022）, Survey on Strengthening Governance and Survivor/Victim-centric
Approaches to End Gender-based Violence.

――予防介入の影響を評価する

　GBV対策に男性と男児を関与させることを目的とした政策やプログラムの
長期的な影響に関して、限られた研究や評価しか行われていないが（OECD,
2021a）、予防介入の評価に着手している国もある。スウェーデンがその一例で、
政府は国家予防プログラムの一環として、暴力防止に予算を割り当てている。
各団体、市町村、地域は暴力予防イニシアチブ（そうした取り組みの評価を含
め）を開発するために、ジェンダー平等庁の予算を申請することができる。た
とえば、教育庁は市民社会団体MÄNによる学校ベースの暴力予防プログラム、
暴力予防メンター（Mentors in Violence Prevention: MVP）の評価を行った。そ
の評価によると、複数の制約により一般的な結論を導き出すのは困難であるが、
生徒の知識・態度・行動に小さなプラス効果が観察されている。MVPはスト
ックホルム大学からも評価を受けている。その定量的評価からは、限られた範
囲内ではあるが、MVPは生徒の態度と行動に全体的に好ましい変化を引き起
こしたことが明らかになった。

　OECD加盟国はGBVの予防と対応に男性と男児を関与させるために、いく
つかの策を講じてきたが、GBVとそうした措置の影響について今なお評価が

大きく不足しており、そうした措置の有効性に関する情報が不足する結果になっている。そのため、効果的な長期的予防政策・措置の設計に利用できるデータも乏しい。

4.3 ┃ 危機下でも被害者／サバイバー中心の文化を維持する —— COVID-19パンデミックから得た教訓

　緊急事態や危機的状況では、女性が暴力、搾取、虐待、ハラスメントの被害に遭うリスクが高まる。しかし、緊急事態や危機的状況をきっかけとして、被害者／サバイバー中心の文化を活用し、GBV政策やプログラムの設計・実施における被害者／サバイバーの関与を強化することも可能である。それによって、（インターセクショナリティ分析を取り入れるなどして）被害者／サバイバーの特定のニーズに合わせたサービスの設計が促進され、（コミュニケーション、協力、連携などにより）GBV被害者／サバイバーへのサービス提供が改善され、（男性と男児を関与させるなどして）GBV予防が強化されるなどの変化が引き起こされる。

4.3.1　COVID-19パンデミック下でGBVプログラム策定に被害者／サバイバーを関与させる

　緊急事態で迅速な対応を取ろうとする場合、政府には予備的政策措置を開発するためにステークホルダーと協議する時間が限られていることが多い（OECD, 2021a）。しかし、女性と女児の経験にあるインターセクショナルな背景を考慮することは、緊急事態や危機的状況では特に重要である。回答国のうち、GBVに関連したCOVID-19への対応の一環として、外部ステークホルダーとの協議や関与を報告した国は78％（23か国中18か国）であった。オランダでは政府が直接現地のシェルターに働きかけて、政策立案者と被害者／サバイバーへのサービス提供者との適時の双方向のコミュニケーションを確保した。しかし、パンデミックの間、GBV対応の一環としてGBV被害者／サバイバー

を関与させたと報告したのは、オーストラリアと英国の2か国のみであった。オーストラリア政府が、女性と子どもに対する暴力を終わらせるための国家計画（National Plan to End Violence against Women and Children）（2022 〜 2032年）の開発に際し、被害者／サバイバーと行ったオンライン協議は、パンデミックの状況を考慮したものでもあった。これらの協議には、GBV 被害者／サバイバーを含め400人近くの代表者が参加し、LGBTQIA+、アボリジニとトレス諸島民など、あらゆる背景を持つ被害者／サバイバーの状況を改善するために、一連の重要課題について議論が行われた（National Summit on Women's Safety, 2022）。

4.3.2　COVID-19パンデミック下で被害者／サバイバーのインターセクショナルな経験を考慮する

　すでに述べたように、GBV 政策・プログラム・サービスで被害者／サバイバーのインターセクショナルな経験に配慮することに、幅広い合意がある。

　しかし、GBV 被害者／サバイバーのインターセクショナルな経験を政策・プログラム・サービスに反映させるためのこうした集団的な関与は、危機下ではみられなくなる。COVID-19パンデミック下で特定の女性集団のために対象を絞ったGBV予防・対応措置を講じたことを報告した国はほとんどなかった。パンデミックの間に実施した対象を絞った措置としては、政策やプログラムの複数言語への翻訳が主であったと回答した国もあった。

　これに関する有望な実践としてアイスランドの例が挙げられる。アイスランドではCOVID-19パンデミック下でのDVと子どもに対する暴力に対処するタスクフォースが、移民背景や障害を持つ人々、高齢者など、脆弱な人々に特別な注意を払った。国家警察庁長官（National Police Commissioner）指揮下の警察情報部門が障害者と年金生活者への暴力に関して2つの報告書を発表して、取るべき対策を提言した。ステークホルダーとの協議が開かれ、そうした提言に対しては、さまざまな対策に資金が拠出され、国民の意識向上キャンペーンが実施されたことが報告された（Government of Iceland, 2021）。

4.4 ┃ 政策提言

- **被害者／サバイバーと適切なステークホルダーを関与させる**：政府は被害者／サバイバー中心のアプローチを奨励して、被害者／サバイバーを政策設計に関与させる取り組みを取り入れるべきである。政策や目的、活動を開発し実施する際、フォーラムでの円卓会議、オンラインコンサルテーション、対面での組織的な協議などにより、被害者／サバイバーおよび政府内外の関連ステークホルダーと協議し、関与させるべきである。

- **男性と男児を関与させる**：予防努力として、男性と男児を有害な規範や態度の改善と変容、女性と女児の権利の認識と促進、ジェンダー平等の推進に関与させる方法を見出す必要がある。

- **加害者に働きかける**：必要に応じて、再犯防止対策では、IPV事件の場合は特に、GBV再犯リスクを低下させる可能性があるため、加害者への働きかけも含めるべきである。

- **インターセクショナリティを考慮する**：国はサービスや政策の重大な欠陥を防ぐために、GBV対応にインターセクショナリティ分析を取り入れるべきである。行政データや住民調査のデータを収集する場合、人種、民族、年齢、階級、宗教、先住性、国籍、移民または難民の地位、性的指向、障害、性自認などの要素で細分化する必要がある。

- **能力を構築する**：国は十分な予算を割り当てて、被害者／サバイバーと直接かかわるサービス提供者の能力を構築し、GBVの早期発見、リスク管理、防止に関する基礎および継続訓練を確保すべきである。サービス提供では、データ収集を通じて被害者／サバイバーの主観的経験を考慮に入れ、ニーズや利益に対応する必要がある。

- **危機下でも被害者／サバイバー中心のアプローチを維持する**：国は危機の間も、関連ステークホルダーや被害者／サバイバーをGBV対応の策定に確実に関与さ

せることで、被害者／サバイバー中心の文化を維持しなければならない。

参考文献・資料

Council of Europe（2022）, *Mid-term horizontal review of GREVIO baseline evaluation reports*, Council of Europe, https://rm.coe.int/prems-010522-gbr-grevio-mid-term-horizontal-reviewrev-february-2022/1680a58499（accessed on 4 October 2022）.

Government of Iceland（2021）, *Summary of Government Actions against Gender-based and Sexual Violence and Harassment*, https://www.government.is/library/01-Ministries/Prime-Ministrers-Office/Summary%20of%20Government%20Actions%20against%20Genderbased%20and%20Sexual%20violence%20and%20Harrassment%20.pdf.

Government of Switzerland（2022）, *The Federal Council adopts a national action plan for the implementation of the Istanbul Convention*, https://www.admin.ch/gov/en/start/documentation/media-releases.msg-id-89386.html（accessed on 13 March 2023）.

GREVIO（2022）, *Mid-term Horizontal Review of GREVIO baseline evaluation reports*, https://rm.coe.int/prems-010522-gbr-grevio-mid-term-horizontal-review-rev-february-2022/1680a58499（accessed on 13 March 2023）.

ICRW（2011）, *International Men and Gender Equality Survey (IMAGES)*, International Center for Research on Women, https://www.icrw.org/wp-content/uploads/2016/10/International-Menand-Gender-Equality-Survey-IMAGES.pdf.

MenCare（n.d.）, *About MenCare*, https://men-care.org/about-mencare/（accessed on 13 March 2023）.

National Summit on Women's Safety（2022）, *Official website of the National Summit on Women's Safety*, https://regonsite.eventsair.com/national-summit-on-womens-safety/（accessed on 13 March 2023）.

OECD（2021a）, *Eliminating Gender-based Violence: Governance and Survivor/Victim-centred Approaches*, OECD Publishing, Paris, https://doi.org/10.1787/42121347-en.

OECD（2021b）, *Evidence-based policy making and stakeholder engagement*, OECD, Paris, https://www.oecd.org/gov/regulatory-policy/chapter-two-evidence-based-policy-making-andstakeholder-engagement.pdf.

OECD（2021c）, *Man Enough? Measuring Masculine Norms to Promote Women's Empowerment*, Social Institutions and Gender Index, OECD Publishing, Paris, https://doi.org/10.1787/6ffd1936-en.

OECD（2020）, *Gender Equality in Colombia: Access to Justice and Politics at the Local Level*, OECD Publishing, Paris, https://doi.org/10.1787/b956ef57-en.

OECD（2018）, *OECD Toolkit on Mainstreaming and Implementing Gender Equality*,

OECD, Paris, https://www.oecd.org/gov/toolkit-for-mainstreaming-and-implementing-genderequality.pdf.

OECD (2016), *2015 OECD Recommendation of the Council on Gender Equality in Public Life*, OECD Publishing, Paris, https://doi.org/10.1787/9789264252820-en.

Peacock, D. and G. Barker (2014), "Working with Men and Boys to Prevent Gender-based Violence", *Men and Masculinities*, Vol. 17/5, pp. 578-599, https://doi.org/10.1177/1097184x14558240.

Sinko, L. and D. Saint Arnault (2019), "Finding the Strength to Heal: Understanding Recovery After Gender-Based Violence", *Violence Against Women*, Vol. 26/12-13, pp. 1616-1635, https://doi.org/10.1177/1077801219885185.

UN Women et al. (2019), *Justice for Women: High-level Group Report*, https://www.justice.sdg16.plus/_files/ugd/6c192f_b931d73c685f47808922b29c241394f6.pdf.

WHO (2007), *Engaging Men and Boys in Changing Gender-based Inequity in Health Evidence from Programme Interventions*, World Health Organization, Geneva.

第 5 章

親密なパートナーからの
暴力への対応

　本章では、親密なパートナーからの暴力（IPV）に特に重点を置いて、ジェンダーに基づく暴力（GBV）から逃れる女性の複合的なニーズに対処するために、統合的な政策が重要であることを説明する。そして、保健・社会政策セクターからのエビデンスを中心に、被害者／サバイバーのための統合的サービス提供を支える一般的な組織論を概説する。本章では、IPV に対応するために、医療、司法、住居、育児支援、所得補助などの分野において、サービス提供を統合する OECD 加盟国の現在の取り組みを紹介して、暴力に対する被害者／サバイバー中心の統合的な対応を促進するうえでの課題と機会に関する議論で締めくくる。また、統合的サービス提供における優れた実践を明らかにし、結論として政策への教訓と提言を提示する。本章の内容は、2022 年ジェンダーに基づく暴力に対応する統合的サービス提供に関する OECD 質問票（OECD-QISD-GBV）に対する 35 か国の回答と、被害者／サバイバーにサービスを提供する 27 の非政府組織とのコンサルテーションに基づく。

本書において、「ジェンダー」および「ジェンダーに基づく暴力」は、各国が国際的な義務とともに国内法令に基づいて解釈したものである。

調査結果の要点

- サービス提供レベルでの統合は、もっと広範な、ジェンダー主流化に対する全政府的アプローチに欠かせない。統合の成功に必要なのは、省庁と政府レベルを超えた連携と統合、すなわち水平連携と垂直連携である（第3章コラム3.3参照）。統合的サービス提供には、連携されたサービスへの適切で、確実で、十分に組織化された資金提供とともに、政策が相互に強化し合うように、すべての機関と政府レベルでの政策の一貫性が必要である。

- 調査に回答した35か国のOECD加盟国政府の約半数が、自国で統合的サービス提供を「ある程度」または「非常に」進めていると回答している。同様に、約半数の国が、サービス提供者による統合的サービス提供の拡大、改善、移行を支援するために、対象を絞った投資を行っていると報告した。十分な資金の定期的な提供は、OECD-QISD-GBVの回答国とNGOとのコンサルテーションに参加したサービス提供者が挙げている大きな課題であった。

- 統合的サービス提供は、医療・シェルター・警察サービスの窓口で提供されることが最も一般的である。こうした実践の多くは、ケースマネジメント、紹介、物理的に共同配置された提供に依拠する。

- サービス提供がしばしば地方レベルで行われることを考えると、統合的サービス提供に対する地方政府のガバナンスが非常に重要である。しかし、中央政府は地方の担当者が連携で果たす役割を理解する一助として、モデルとなる運営枠組みを提供するなどして、統合的サービス提供の促進において重要な役割を担う。

- 機関間でデータを共有する能力を強化しなければならない。サービス提供者間でデータを共有すると、申請にかかる利用者の負担（時間とエネルギー）を軽減し、別のサービス提供者に暴力の説明を繰り返すことに伴うトラウマを削減し、繰り返された暴力事案のリスクを追跡することにより、利用者の安全を高めることができる。理想的には、そうしたシステムには、説明責任と再犯性を追跡するひとつの方法として、加害者に関連する介入を統合することが望ましい。データの共有に際しては、強固なプライバシー保護を取り入れて、被害者／サバイバーの安全を徹底しなければならない。

- プログラムを適切かつ定期的に評価する必要がある。概してGBV対応への統合的サービス提供のアプローチは、体系的または定量的に評価されてこなかったが、統合的サービス提供には被害者／サバイバーの状況を改善する可能性があることが、既存の評価で証明されている。

- 総合的な視点が意味するのは、すべての関係者を——加害者も含め——ケアするということである。政府は法による処罰や裁判制度を通してだけでなく、加害者の説明責任を高め、個人レベルおよびより広い文化的レベルでの長期的な行動変容をもたらすことができる多面的な方法で、加害者にかかわることが望まれる。
- 最も重要なこととして、トラウマへの理解に基づく被害者／サバイバー中心のアプローチが不可欠である。地方のサービス提供者と中央政府の政策立案者を効果的なコミュニケーションチャンネルでつなぎ、より適切で、より被害者／サバイバー中心のサービス提供を可能にする必要がある。そうしたアプローチには、優れた実践の共同創出を促すために、定期的なステークホルダーエンゲージメントや調査を取り入れるとよいだろう。

5.1 | IPVは統合的な対応を必要とする複雑な問題である

女性は今もなおGBVの計り知れない影響に耐え続けている。最も多いGBVの形態は、現在または以前の親密なパートナーの手によるIPVとして知られる事案であり、本章ではこの問題に焦点を合わせる（OECD, 2020b）[1]。IPVには多くの形態があり（コラム5.1）、あらゆる年齢層、文化、地理的地域、社会的背景の女性から通報がある。

IPVは世界的に最も一般的なGBVの形態であり、夫やパートナーを持ったことのある15歳以上の女性の約26％が、親密なパートナーから何らかの形態の身体的・性的暴力を受けたことがあると報告している（WHO, 2021）。特にOECD加盟国平均では、4人に1人近くの女性が生涯にIPVを経験したことがあると報告している（OECD Family Database, 2020）[2]。しかし、これは深刻な数に思えるが、暴力は通報されないことが多いため、こうしたデータは暴力の発生率を過小評価している[3]（OECD, 2023）（第3章参照）。

多くの政府はIPVの予防、治療、撲滅を政策優先事項に設定してきた。しかし、OECD加盟国全体でみると、IPVという多面的な問題への対処に際し、

ガバナンスと実施に関して深刻な問題——ほとんどの国で対応が不十分な問題——がみられる（OECD, 2023）[4]。

暴力の被害を受けている間およびその後のGBV被害者／サバイバーのニーズは複合的であるため、必要とするサービスの形態はさまざまである。健康への脅威には、怪我、望まない妊娠、性感染症、妊娠合併症、メンタルヘルス問題、殺人、自殺などがある。第一歩として、IPVから逃れようとしている多くの女性は、救急医療、警察の介入、緊急避難用のシェルターなどで、窓口を通じて公的機関の支援を求める。多くの女性は（そのときであれその後であれ）多くの場合、安全計画、社会復帰のためのカウンセリング、法的権利の擁護、子ども、所得、住居、移住、亡命に関連する支援サービスとともに、経済面や職業面の相談も必要とする。暴力が家庭内で発生する場合、問題は悪化する。子どもや他の同居者も暴力から影響を受けるため、支援を必要とする場合がある。

被害者／サバイバーは自分たちのニーズを満たすために、通常、政府やNGO、民間のサービス提供者がバラバラに提供するさまざまな社会福祉サービスに申請しなければならない。サービスが「連携」されていることはめったになく、サービス提供者は利用者のデータをほとんど共有しないため、しばしば被害者／サバイバーは、トラウマを引き起こすような暴力経験について何度も説明するよう求められる。多くの場合、支援を求めている女性は、暴力行為の直接的・間接的な影響を受けながら——あるいは繰り返される暴力の脅威にさらされたまま——非能率的で煩雑な手続きに直面する（OECD, 2020b）。こうした障害は、支援相談プロセス全般への信頼の欠如によって悪化する可能性がある（OECD, 2023）[5]。

多様な支援サービスに、しばしば複数回、申請しアクセスする負担は、被害に遭ったトラウマが悪化する可能性があるため、暴力が続く環境に女性がとどまる原因になっていると考えられる。こうしたことは一過性の問題ではなく、女性が虐待関係から逃れるために複数回の試みが必要になることが多い。暴力環境からうまく逃げられた後でも、IPVの身体的、心理的、社会的、経済的影響は何か月も、何年も持続する場合がある。

本章では、35か国のOECD加盟国政府が回答した政策に関する広範な質問

票（2022年のOECD-QISD-GBV）と、27の非政府サービス提供者とのコンサルテーションに基づき、IPVの被害者／サバイバーを支援するためにサービス提供を統合しようとする加盟国政府の取り組みを概説する（コラム5.4）。本章の内容は、報告書『暴力のない生活を支援する：被害者／サバイバーに対するサービスのよりよい統合に向けて（*Supporting lives free from violence: Toward better integration of services for victims/survivors*）』（OECD, 2023）で詳述されており、同書は女性が最も多くアクセスするサービスに重点を置いて、統合的サービス提供を政府がどのように実施してきたのかを報告している。

　GBV被害者／サバイバーのための統合的サービス提供は、女性のニーズが複合的であり、多くのセクターが関与することから、計画し、資金を提供し、実施するのは困難なことが多い。しかし、統合的サービス提供の成功例は豊富にあり、とりわけ最も一般的に実施されてきたセクターである医療、住居、司法へのアクセスに根付いている。OECD加盟国政府は、IPVの被害者／サバイバーの生活を改善するために、引き続き統合的サービス提供の実践を試行し、再現し——最も重要なこととして——評価しなければならない。そうしたサービスの連携は、IPVに対処する全政府的アプローチの重要要素であり、これまでの章で論じたシステムの柱と文化の柱が取り入れられている。

コラム5.1　IPVは多様な形態を取りうる

　IPVはGBVの一種である。IPVは現在または以前の親密なパートナーとの間で起こる暴力のことであり、身体的、心理的、性的、経済的な危害を引き起こす。他の形態のGBV同様、殺人や自殺につながる恐れがある。また、「家庭内暴力（DV）」と呼ばれることも多いが、DVは必ずしも同居のパートナー間で起こるわけではない。世界保健機関（World Health Organisation: WHO）がIPVの一般的な形態を明らかにしている（WHO, 2012）。

● **身体的な暴力行為**：武器の有無を問わず、叩く、蹴る、首を絞める、ぶつ、殴るなど。

- **性的暴行**：強制的な性行為、性的な強制など。
- **感情的・心理的虐待**：威嚇、辱め、侮辱、被害者やその愛する者に危害を加えるという脅迫など。
- **行動の支配**：ストーキング、過剰な監視、移動の制限、社会や家族から孤立させること、財産・雇用・医療・教育へのアクセスの制限など。

　本章では、特にGBVの文脈でのIPVに焦点を合わせる。それはOECD加盟国でIPVと女性に対する暴力が蔓延しており、サービスセクターでGBV対応政策の開発が最も進んでいるためである。

資料：WHO（2012）, *Understanding and addressing violence against women*, https://apps. who.int/iris/bitstream/handle/10665/77432/WHO_RHR_12.36_eng.pdf?sequence=1&is Allowed=y.

5.2 統合的政策はGBV撲滅のための全政府的枠組みの鍵である

　政策立案者は多様な部門のソリューションを連携させて、女性に対する暴力の予防・対処・対応を改善する一手段として、統合的政策に関心を向けてきた。統合的政策のためには、サービス提供レベルだけでなく、すべての政府レベルでの統合が必要である。

　政策統合は、システムレベルのアプローチでジェンダー平等を主流化するための政府の取り組みの核となる要素である（第3章参照）。今ではジェンダー主流化は、ジェンダー不平等に取り組もうとする政府にとって、不可欠なツールと認識されている[6]。政府の予算と政策の設計・改革・評価のあらゆる側面に「ジェンダーの視点」を取り入れることで、政府は生活のさまざまな側面におけるジェンダー不平等を確実に削減できる。

　ジェンダー主流化には、省庁間と各政府レベルでの連携と統合が必要である。GBVは一連の多様な政府主体と非政府主体の関与を必要とする多面的な問題であるため、その対応には統合が非常に重要である。

　国家および国際的なGBV戦略では、GBV撲滅政策のガバナンス全体に統合を適用しなければならないことが認識されている[7]。この認識は、女性に対する暴力に関する傑出した2011年の国際協定、「女性に対する暴力と家庭内暴力の防止と撲滅に関する欧州評議会条約」（イスタンブール条約として知られる）を受けて、特に過去10年間で深まった。今日までに27か国のOECD加盟国が署名、批准、または実施したこの条約は[8]、GBVに対処する4つの柱として、予防、保護、訴追、（そして本章に最も関連する）政策協調を提示している。

コラム 5.2　統合的政策はイスタンブール条約の要である

　イスタンブール条約第2章「統合的政策とデータ収集」は、重要な指針を提示している。それは被害者中心の、包括的で、調整された政策と、関連する省庁、機関、組織間の連携（第7条）、NGOが実施するものも含め、統合的政策・プログラムを実施するのに十分な財政的・人的資源（第8条）、NGOおよび市民社会の承認・奨励・支援およびそうした組織との連携（第9条）、暴力を予防し撲滅するための政策を調整、実施、監視、評価する1つ以上の公的機関の設立（第10条）、条約の実施を支える徹底的なデータ収集および調査研究（第11条）を要請している。

　イスタンブール条約第4章「保護および支援」は各国に対して、女性に対する暴力への性差に配慮した理解に基づき、「被害者、加害者、子ども、およびより広い社会環境の間」の関係性を考慮した統合的なアプローチに基づき、二次被害を回避し、被害者の女性を（経済的になど）エンパワーメントし、幅広い保護・支援サービスを同一の場所で受けられるように整備し、子どもの被害者を含め、脆弱な人々の特有のニーズに対処するための措置を導入することを提唱している。

　この問題の重要性にもかかわらず、ほとんどの国は——OECD加盟国を含め——政策統合目標が不十分である。イスタンブール条約の監視メカニズムであるGREVIOは、一連の欧州諸国の評価から、国が政策統合と統合的サービス提供の最善の実践基準を満たしていることはめったにないことを明らかにした。このことから、統合的サービス提供を実際にどのように行うべきか、理解を深める必要性が浮き彫りになっている。

資料：Council of Europe, 2011; Council of Europe, 2022.

政策統合は垂直と水平の2つのカテゴリーに分けられる（第3章コラム3.3）。

垂直統合とは、異なる政府レベルでの連携を意味する。中央と地方の政府は多くの場合、異なるGBV対応措置やサービスに責任を負うため、協力は有益な結果につながる。そのためには、中央政府から地方政府への協力、情報共有、資金提供が必要になる。社会福祉サービスの場合、こうした連携は省庁レベルからケースワーカーレベルまでつながることも（またその逆も）ある。

水平統合とは、暴力の被害に遭っている女性のための医療と住居の支援を結びつけるなど、共通の目標を実現するために、さまざまな省庁、機関、サービス提供者を連携させることをいう。水平統合は連邦レベル、地域レベル、または地方レベルで起こることもあり、当然のことながら、垂直と水平の統合が同時に起こることもある。

垂直統合と水平統合を促進するために、OECD加盟国の多数の中央政府は国家戦略（戦略的枠組みやロードマップなど）を実施して、GBVの予防、対処、撲滅のためのシステムレベルアプローチの一環として、重要な国家主体とパートナーの役割（中心的な調整機関など）を明確に定義してきた（第3章; OECD, 2019; OECD, 2021b）。

5.3 統合的サービス提供とは？

5.3.1 統合的サービス提供の一般的概念を定義する

統合的サービス提供とは、利用者の利益になるように、サービス提供の効率改善を目的として、さまざまなレベルの社会福祉サービスと提供者とを結びつけることをいう（OECD, 2015）。統合的サービス提供はサービスの利用者と提供者の相互利益のために、社会福祉や医療などのサービスの経路を再構成する。

統合的サービス提供という概念が最初に一般化したのは医療セクターで、複合的な長期的ニーズを持つ患者へのさまざまな医療提供者からのケアを改善しようとする取り組みにおいてであった。基本的な定義は初期の医療関連の文献

から引用でき、それによると「統合とは、［さまざまな］セクター内およびセクター間に連携、調整、協力を生み出すために考案された、資金調達・管理・組織・サービス提供・臨床の各レベルにおける一貫性のある一連の手法とモデルである」(Kodner and Spreeuwenberg, 2002)。

　IPV に統合的に対応するために考慮すべき重要な点は、サービス利用者が繰り返し暴力にさらされるリスクと、安全に対するニーズの高まりである。そのため、IPV を経験している女性への統合的サービス提供は、被害者／サバイバー（およびその子ども）の安全と加害者からの保護を確保し、法的支援を通じて女性が司法にアクセスできるようにしなければならない。それを実現するには、警察官や裁判官の関与と法律扶助が必要になることが多い（OECD, 2023）。

　サービスを統合するための単一の普遍的な戦略は存在しない[9]。統合とは、さまざまな集約度でサービスを連携させることができる柔軟なアプローチである。OECD は社会的弱者への統合的サービス提供を考察して、集約度の低い順に3つのサービス統合方法を定義している（OECD, 2015）。

- **共同配置（Co-location）**とは、さまざまなセクター———医療、住居、司法サービスなど——の複数のサービス提供者を1か所に集約することをいう。それによって、サービスの利用にかかる煩雑さ、移動、時間、費用の削減に役立つ。サービス提供者の側でも、提供者と専門家による情報共有と協力が容易になる。
- **協力（Collaboration）**とは、共同配置よりもセクター間の統合が進んだ状態を意味し、情報共有と訓練を通じて、また利用者経験を改善するために機関間のネットワークの確立を通じて、機関が共同することをいう。この種の知識共有は、サービス提供者が他のサービスへの紹介と提言を改善するのに役立つ。
- **連携（Co-operation）**とは、深いレベルの統合を意味し、サービス提供者は一貫性のある所定の目的に向けて、個々の事案でコミュニケーションをとり、共同する。それによって、総合的なサービス提供の実現に役立ち、サービス利用者のアウトカムの改善につながる。

5.3.2　統合によって医療・社会セクターでアウトカムと効率が改善されている

　統合的サービス提供がGBV被害者／サバイバーにもたらすメリットに関して、経験的エビデンスはほとんど存在しない。しかし、他のセクターのエビデンスに、統合的サービス提供によって効率と効果が大幅に向上するとともに、サービス利用者のアウトカムも改善する可能性が示されている（NZ Productivity Commission, 2015）。

──費用対効果とコスト削減

　サービスレベルで水平統合されたサービス提供の、確実というわけではないが、ひとつの有望なメリットは、サービス利用者・提供者双方にとっての**費用対効果とコスト削減**である。1か所でサービスを提供して、運営費の無駄をなくし、場合によっては救急医療サービスの乱用を削減することで、統合的サービス提供は高齢者や精神疾患者への支出を削減するツールになる可能性がある（OECD, 2015）。介入の初期時点での統合的サービス提供は、下流でのサービスの利用とコストを削減することも明らかになっている。たとえば、効果的な退院計画と組織的地域医療との連携は、精神疾患者が費用のかかる再入院や集中治療サービスを受ける可能性を低減することが証明されている（Rosenheck, 2000; Mares, Greenberg and Rosenheck, 2008; Stewart et al., 2011）。効果的な水平統合は格差を縮小し、またさまざまな機関からのサービスの重複を避けるのに役立つ。

　垂直統合にも、コストのかかる緊急サービスから、より費用対効果の高い予防サービスへの資源の移行を促すなどして、コストを削減する可能性がある（OECD, 2015）。

　費用対効果とコスト削減は保証されているわけではない。サイロを解体し、業務の重複を避け、職員を訓練し、情報を共有するには、協調的な政策と資金提供のアプローチが必要である。例として、医療セクターでリスクが高く医療費が高額の患者を対象にした65件の症例管理研究を調査したところ、これら

のプログラムの3分の2が具体的な進捗とアウトカムの目標を達成したものの、コスト削減や費用対効果では期待していたほどの成果がみられなかった（Swanson and Weissert, 2017）。患者間の資源配分に関連する追加的なインセンティブ、明確な規則、ガイドライン、アルゴリズムが適用された場合、これらの結果が改善されるだろうと著者らは述べている。サービス提供者がカバレッジを拡大して、それまで未充足であったニーズに対処する場合、コストも上昇すると考えられる（OECD, 2022）。

　長期的なコスト削減を実現させるには、対象を定めた多額の投資によって、統合的サービスのための持続可能な基盤を確立する必要がある。

――アクセシビリティと利用

　公共サービスを利用しようとしても気力をくじかれることがある。統合的サービス提供は、障害を持つ人、メンタルヘルス問題を抱える人、扶養する家族がいる人など、とりわけ複合的なニーズを持つ人々の**アクセシビリティと利用**を改善する一助となる。IPVの被害者／サバイバーも複合的なニーズを有しており、多くが社会福祉サービスや支援制度へのアクセスを阻む身体的、精神的、物理的障壁にぶつかる。

　統合的サービスモデルは「時間や透明性やアクセシビリティが理由で弱い立場にあるサービス利用者が、手続きを円滑に進められるようにする。たとえば、共同配置されたサービスは、複数のサービスに［1か所で］アクセスできるようにすることで、ニーズをより詳細に把握して、適切なサービスをより迅速に提供することが可能になる」（OECD, 2015）。ケースマネージャーも、サービス提供者の事務所をつないでサバイバーの代理を務めることにより、複数回に及ぶ申請手続きとサービス提供者間での情報収集という負担を削減することができる。

　複数の場所で複数のサービスにアクセスするのは、「脆弱な」家族――具体的に言うと、暴力から逃れようとしている母親と子ども――にとって、圧倒されるような問題である。こうした女性たちは、所得が不安定で、安全な住居を

探すのに苦労し、子どもの世話をしながら、不規則な労働時間を縫ってプログラムを申請していることもある。こうした事例や他の事例では、場合によっては既知のケースワーカーが提供する、サービス利用者にわかりやすく直接的で総合的な情報が、利用できる適切なサービスをすべて受けるのに役立つ（OECD, 2015）。

　申請手続き上の負担を減らせば利用も改善するだろう。そのため、社会福祉サービスの利用歴など、個人情報に電子的にアクセスできるようにするなどして、サービス提供者間でデータを共有することは、システムへのサービス利用者のアクセスを容易にする重要なツールである。

――サービスの質と利用者のアウトカムの質を改善する

　他のセクターでは、統合的サービス提供が利用者のアウトカムにもたらす恩恵について、研究が進んでいる。たとえば、統合的な「ハウジング・ファースト（Housing First）」アプローチは、緊急シェルターよりも効果的にホームレスを減らしており、メンタルヘルス上のニーズを持つ子どもはメンタルヘルスサービスを教育機関に統合することで恩恵を得ていた（OECD, 2015）。

　統合的サービス提供が適切に行われた場合、コスト削減、アクセスの改善、サービスの質の向上が同時に起こる（OECD, 2022）。主に英国で行われている、児童対象のサービスを提供する120以上の統合的なイニシアチブを調査した結果によると、機関間の協力はサービス利用者のアクセシビリティとレスポンスタイムを改善し、サービス提供者の知識と達成感を強化し、業務の重複を減らすことで機関の効率を改善していた（Statham, 2011）。米国でも児童に対する統合的なサービス提供に関する研究に、同様の結果が報告されている（Manno and Treskon, 2016）。

――しかし、統合の成功を阻む障壁は多数ある

　統合的サービス提供には明らかにメリットがあるようにみえるにもかかわらず、サービス提供の統合を妨げる大きな障壁が、一般的にも、GBVに対処す

るサービスに関しても存在する。

　ひとつの大きな障壁は**資金調達**である。統合的サービス提供では、多様な主体間の連携を成功させるために、複数の省庁、さまざまなレベルの政府、現地のサービス提供者の間で協議を行って、立ち上げにかかる一定の費用の負担者を決めなければならない。継続的な運営費用を確保するという問題もある。安定した持続的な資金の流れは、具体的なサービスの継続性を確保するだけでなく、パートナーであるサービス提供者の「業務終了による緊縮経営のドミノ効果」を防ぐためにも重要である（OECD, 2015）。共同業務には機関間で財政投入のバランスを取る必要があり、計画対象期間も重要である。機関や提供者が協力を短期的または一時的な計画とみなしている場合、全面的な協力を得るのが困難になることもある（OECD, 2015）。それまで資金をめぐって競わざるをえなかった提供者の場合は特に困難になる。

　もう1つの大きな障壁は、さまざまなレベルの政府、機関、そして現場の政府・非政府・営利目的のサービス提供者の間における**役割と責任の再構築**である。場合によっては提供者組織の構造と運営を再構築しなければならず、職員の再訓練や労働条件の変更、職場文化の変容が必要になる。

　最後の障壁であるサービス提供者間での**データ共有**は、かなりの法的・後方支援的懸念が生じるため、難しくなることがある。利用者に関する背景情報を効率的に入手できれば、提供者と利用者にとってメリットになるが、技術規格の異なる多様な提供者間で利用者のプライバシーを十分に確保することは困難になることもある。

5.4 ┃ 統合的サービス提供はIPVへの対応でどのような役割を担うのか？

　医療・社会政策における統合ケアへのアプローチの多くは、IPVの分野横断的な性質にも対応する。暴力の被害者／サバイバーに対するサービスは、被害者／サバイバーだけを対象にしたものではなく、国民一般を対象にした一般的

な支援サービスを通じて提供することも、暴力を経験した人々に具体的に対象を絞った専門的な支援サービスを通じて提供することも可能である。こうした一般的なサービスと専門的なサービスは補完的なものでなければならず、一般的なサービスと職員は適切な資源と訓練を通じて、GBVの被害女性特有のニーズに対処する能力を備える必要がある（Council of Europe, 2022）。

　GBVに対処する統合的サービス提供に適用できる「万能の」アプローチは存在しないが、オーストラリアのANROWSは、GBVに対処する統合的サービス提供の普遍的ガイドラインを明らかにしている（ANROWS, 2016）。

- サービス提供には2つ以上の機関またはサービスが関与すべきである。
- 統合的サービス提供には連携のための明確な手順がなければならない。
- 現在DVの被害に遭っている女性や、DV環境から脱したばかりの女性、性的暴行を経験した女性に体系的に対応することを目的として、統合的なサービスやパートナーシップとしてイニシアチブに資金を提供する。
- プログラムは機関間の正式なパートナーシップや共同サービス契約に基づいて運営される。
- プログラムは機関間の共通の原則や目標を記した正式文書を遵守する。
- 統合的サービス提供には、DVや性的暴行の被害に遭った女性と子どもに対するワンストップセンターを含むとよい。
- 統合的サービス提供には事案の調整または管理サービスを含むとよい。

　GBVに関して、統合的なイニシアチブで最優先すべき目的は、セクター間に「よりスムーズな紹介プロセス」を構築して、支援をより求めやすくし、手続きの重複に由来する二次被害を減らすことである（ANROWS, 2016）。関連する複数のサービス提供者に電話をしたり訪問したりしなければならない場合よりも、警察の介入後、ネットワークで結びついた相談員から先に連絡を受けるほうが容易である。これは基本的な医療文献で明確にされた、統合的サービス提供とは「複数のサービス・提供者・環境に及ぶ複合的で長期的な問題を持つ

患者のために、ケアの質と生活の質、利用者の満足度とシステムの効率を高める」ものでなければならないという目的と一致する（Kodner and Spreeuwenberg, 2002）。

　当然のことながら、女性に対するGBVを終わらせるための最善の方法は、**発生を未然に防止すること**であり、そのためには統合的で全社会的なアプローチが必要である。つまり、男児が成長して有害な男らしさを再現しないように、男らしさに関する規範を幼い年齢から変容させる取り組みが必要なのである（OECD, 2021c）。予防措置も、暴力に対する総合的で持続可能なソリューションを実現するために、IPVの成人の加害者を対象にする必要がある。暴力的な男性は複数の関係で犯罪を繰り返すことが多く、被害者／サバイバーは虐待者のもとに戻ることもある。加害者への働きかけは、再被害者化や新たな被害の発生を防ぐのに不可欠である。司法セクターのさまざまな関係者だけでなく多様なセクターの間での情報共有は、暴力の削減に寄与するだろう。

5.4.1　事案管理と共同配置したサービスは被害者／サバイバーを支援できる

　IPVの被害を受けている女性に対する統合的サービス提供は、心身の健康のための専門的なケア、安全で安価な住居、所得と雇用の支援、育児支援、司法へのアクセスを容易にするために、事案管理または共同配置したセンターを通じて調整されることが多い。

　共同配置アプローチは、「ハブ・アンド・スポーク・モデル（hub and spoke model）」と呼ばれることもある（Campo and Tayton, 2015; Mantler and Wolfe, 2017）。「ハブ」であるケースワーカーや中央事務所は、図5.1に示すように、必要な支援を提供するサービス提供者をセクターごとに特定して協力し、利用者を紹介する。

　本章で取り上げる統合的サービス提供の事例の多くでは、ケースワーカーが大きな役割を担い、それによって利用者の経験が改善する[10]（詳細はOECD, 2023参照）。事案管理はソーシャルワーカー、「DVアドバイザー」（代表例は英国）、一般的には地方または地域レベルの保健所職員などが提供できる。共同

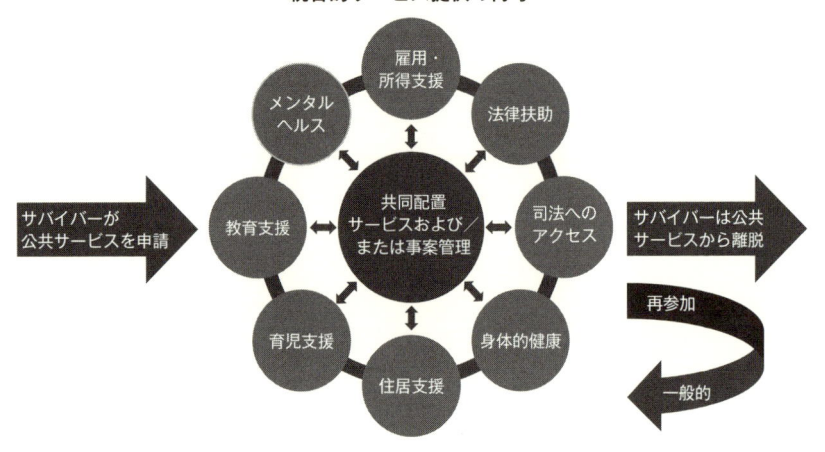

図5.1 IPVの被害者／サバイバーのための「ハブ・アンド・スポーク」統合的サービス提供の再考

注：この図が示すのは、IPVの被害を受けている女性のための地方レベルで水平統合されたサービス提供の定形化モデルである。
資料：OECD（2020b）, *Issues Notes: OECD High-Level Conference on Ending Violence Against Women: Taking Public Action to End Violence at Home*, https://www.oecd.org/gender/VAW2020-Issues-Notes.pdf から引用。

配置アプローチは欧州と米国で、多くの場合、非政府サービス提供者が官民両方からの資金提供を受けて実施している（コラム5.3の事例を参照）。

コラム 5.3　欧州と北米の共同配置サービス提供者

欧州と米国の各地にあるファミリー・ジャスティス・センター

　ファミリー・ジャスティス・センター・アライアンスは、DVと性的暴行の防止を目的に掲げ、サービスを提供するハブの世界的ネットワークの構築を使命とするHOPEインターナショナル連合（Alliance for HOPE International）が、補助機関として米国に創設した。現在、アライアンスは欧州、米国、カナダで活動を行っており、地方・中央政府と密接に協議しながら、ファミリー・ジャスティス・センター（Family Justice Centers: FJCs）として知られる分野横断的なサービス提供モデルを実施している。FJCsは窓口を1か所に共同で設置して、DV、性的暴行、高齢者虐待、児童虐待、人身売買の被害に遭った女性に複数機関のサービスを提供する。公共・民間機関はサービス提供者をフルタイムまたはパートタイムベースで

FJCsに指定して、安全計画、法律上の助言、事案管理、暴力の正式な報告書の作成や医学的証拠の入手などの証拠報告、カウンセリング、金融リテラシーと職業訓練の支援、公的給付申請手続きの支援、シェルターや住居などをはじめとするサービスを提供させることができる。FJCsはサービスを受ける女性に保育サービスや交通手段の補助も提供する。そのため、ある程度のデータ共有も必要であり、米国に拠点のあるFJCsの86％は行政データと接続しており、87％は申請手続きを一元化して、提供者間での情報共有を容易化していると報告している。

カナダ・サスカトゥーン市のサスカトゥーン・コミュニティ・サービス・ビレッジ

　サスカトゥーン・コミュニティ・サービス・ビレッジ（Saskatoon Community Service Village: SCSV）プロジェクトの生みの親は、1986年に設立され、16の団体からなる連合を代表していたサスカトゥーン女性リソースセンター（Saskatoon Women's Resource Centre）である。10年以上に及ぶ計画、議論、資金調達を経て、1996年についに設立されたSCSVは、共同配置と協力を通じて女性対象のサービスを提供している。現在はコミュニティに基盤を置く6つの非営利団体を1つにまとめて、共同での計画立案、プログラム作成、権利擁護を通してサービスを提供している。サービスには若者と成人向けのカウンセリング、虐待・暴力・性的暴行に対応する専門サービス、児童虐待・自殺防止・薬物使用・ギャンブル問題・DVに関連する24時間対応の危機介入サービス、住居・物品支援、女性と子ども対象の短期・中期シェルター、育児支援サービス、コンピュタリテラシーや総合教育開発訓練などの就職・スキル支援センター、利用しやすいフィットネスセンターなどがある。SCSVはIPVに関するコミュニティベースの教育・意識向上にも取り組んでいる。SCSVの活動は共同開発計画に概説されており、役割と責任を明確に定めた法的取り決めに裏付けられている。

米国ハワイのククイ・センター

　ククイ・センター（Kukui Center）は2009年に開設され、現在は10の非営利団体を集約して地域の家族を支援している。これは、弱い立場にある人々を支援して、IPV対応の主流化に努めてきた統合プログラムの一例である。センターの支援はIPVに限定されておらず、児童・青少年・家族対象の短期・中期避難シェルター、独立生活プログラム、法律・調停サービス、障害児向けの専門サービス、母子の保健医療サービス、さまざまな年齢対象の識字・金融リテラシーサービス、ホームレスの家族対象の専門サービス、里親制度、グリーフケア（喪失後の支援）を含む多

年齢向けのカウンセリングサービス、暴力・性的暴行・人身売買に焦点を合わせた専門的な「移民司法センター（immigrant justice centre）」など、虐待・暴力・性的暴行を経験している子どもや成人への支援、リスクのある若者を雇用する社会的企業などのサービスも提供している。センターの指導者は定期的に会合を持って、センターの活動を決定したり、事案について議論したりする。

資料：ABT Associates, 2018; Family Justice Center Alliance, 2022; Saskatoon Community Service Village, 2022; Kukui Center, 2019.

　2022年のOECD-QISD-GBVから、ケースワーカーモデルを代替または補完するモデルとして、別の比較的よくみられる注目すべき地域レベルの事案管理の取り組みが明らかになった。**多機関リスクアセスメント会議（MARACs）**（第3章第3.2.5節も参照）や、名称は若干異なるものの同様のケース会議などである。こうした会議では現地の警察、医療従事者、検察官、ソーシャルワーカー、児童福祉提供者、ケースマネージャーが定期的に集まって、特に深刻なIPVのリスクにある女性の長期的な安全と継続的なケアの確保を目指す（OECD, 2023）。

　そうしたケース会議はオーストラリア、オーストリア、エストニア、フィンランド、ニュージーランド、英国などにも存在することが報告されているが、サービス提供計画は国や地方の状況によって異なる（第3章およびOECD, 2023参照）。慈善団体のSafeLivesは、MARACsが全国300か所で実施された場合、大幅な節約が可能になり、「MARACsに投入される1英国ポンド当たり、警察・公共医療サービスなどの機関の直接経費に投入される公的資金が1年で少なくとも6英国ポンド節約できる」と推定している（SafeLives UK, 2010）。こうしたプログラムについてはさらに評価を進めて、利用者と提供者のアウトカムを算定する必要がある。

5.4.2　利用者のプライバシーを保護しながら、サービス提供者間で利用者のデータを共有する

　虐待経験を説明し、社会的・経済的な経歴を提供し、サービスを受けるため

に（しばしば煩雑な）申請手続きを経ることはつらいことであり、女性にもサービス提供者にも高い負担を強いる可能性がある。サービス提供者間でのデータ共有は、時間、労力、エネルギーの点でこうした負担をいくらか削減し、女性が暴力の被害に遭った場合に、より効率的かつ適時に公的な対応が可能になる。安全な一意の個人識別子を使用することで、医療、警察、児童サービス、住宅などのサービス提供者間で、個々の利用者の情報を共有することができる。

　協力環境にあるステークホルダーは共同で調整した情報共有のプロトコルや手順を開発し、情報に基づくリスク評価を実施し、支援を求める個人に効果的なソリューションを提供することが重要である（CACP, 2016）。OECD-QISD-GBVでは回答国は、データ共有が通常は法的枠組みによって管理され、情報は女性が差し迫った危険にさらされている場合、情報が必要不可欠な場合、および女性が情報共有に同意している場合に共有可能であると報告している（OECD, 2023）。英国では児童保護の専門家は、リスクに瀕している子どもの保護という最優先職務に必要なデータを共有することができる（UK Home Department, 2003）。

　データプライバシーはGBV被害者／サバイバーにとって最も重要な問題であり、彼女たちの安全が加害者への情報の秘匿にかかっている場合はなおさらである。多数の多様な機関やセクター間で共有されると、個人情報の漏洩リスクが高まる。こうした懸念は、OECDとNGOのサービス提供者とのコンサルテーションでも表出した。あるサービス提供者が報告しているように、「利用者の安全をつねに最優先する必要があるため、他のサービス提供者との情報共有にはいつも不安がある。他のサービス提供者や機関から利用者の居所が漏洩することは珍しいことではなく、いったん利用者の居所が漏洩すれば、利用者は安全のために引っ越さざるをえない」（OECD, 2023）。情報漏洩のリスクを懸念して、被害者／サバイバーが加害者の通報を思いとどまる可能性が十分にある。

　そのため、データの収集、分析、サービス提供者間での共有のプロセスは、明確なプロトコル、政策ガイドライン、情報に基づき調整された専門家の判断

によって管理される必要がある。そうした管理は、GBV被害者／サバイバーに対して連携したサービス提供を促すのに役立つ優れた実践であることが明らかになっている。さまざまな国のステークホルダーは、データ共有の機会を考慮する際、さまざまな法的枠組みに直面する。たとえば、EUで暮らす被害者／サバイバーは、比較的厳格な一般データ保護規則によって保護されている。

別の興味深い例は、チリで統合的な事案管理データベースシステムを開発・実施するために、世界銀行が資金を提供したプロジェクトである。その目的は、暴力を受けている女性の追跡と対応を改善することである。厳密なマッピングを実施して継続的なケアにおける重大な空白を突き止めた後、機関間でのGBV事案の追跡を可能にし、サービスの提供を改善し、リスクの高い事例では警告を発出する統合プラットフォームが提案された（World Bank, 2022）。

5.4.3　GBVに対処する統合的サービス提供の現地での進化が重要である

政策統合は国家GBV戦略で優先されているが（OECD, 2023）、統合的サービスは資源が限られている場合、効率を改善するために、当然のことながらしばしば現地で進化する。ネットワーク作り、関係構築、コミュニティの動員は、現地および地域の実務者によるサービス提供の再設計につながっており、上位の政策立案者に統合的サービス提供のメリットを示している。上位レベルの政府に流れる「現地の」知識と実践は、垂直統合の重要部分である。

たとえば、カナダの農村・遠隔地の女性シェルターに関する研究から、正式なネットワーク作りを進めることで、サービス利用者の利益になるようにサービス提供がどのように進化するのか、相互に関連する3通りの方法が明らかになっている。

- **空白の解消**：農村地域は地理的位置や資金不足が原因で、社会福祉サービスの提供が不十分であることが多い。そのため、女性シェルターの職員は、直接的なシェルターサービスに含まれないニーズを満たすために、社会福祉サービスの空白を埋めざるをえない。社会福祉サービスに対する「どのドアからでも入れる（no wrong door)」アプローチのように、空白を埋めるという考え方は、支援要請者が断られたりニーズが未充足のままになったりしないようにするのに役立つ。資源が不足している場合、創造的な問題解決が必要になる。

- **事案管理**：空白を解消するために、シェルターの職員は事案管理の役割を引き受け、支援要請者を直接リソースに結びつけ、最終的には継続して利用できるリソースのネットワークを確立する。
- **システムへの対応と活用**：事案管理を職務として遂行する際、シェルターの職員は「暴力の状況を理解している」関連サービス提供者を特定するだけでなく、理解していない関連サービス提供者に女性が対応できるようにすることで、女性によるシステムの活用を促す。（Mantler and Wolfe, 2017）

被害者／サバイバーのニーズと権利をあらゆる介入と措置の中心に据えるためには、個人的にサービスを利用したことのある人々の生きた経験を取り入れることが重要である。被害者／サバイバーの日常的な経験から国が教訓を得るひとつの方法は、協議の実施である（OECD, 2021d）。ウェールズ政府は「全国サバイバーエンゲージメント枠組み（National Survivor Engagement Framework）」のもと、被害者／サバイバーと協議を行って、GBV被害者／サバイバーの視点を政府の政策設計に取り入れた（Welsh Government, 2018）。同様に、米国の政策設計評価次官補局（Office of the Assistant Secretary for Planning and Evaluation）は、さまざまな生きた経験を有する被害者／サバイバーと協力して、連邦政府の福祉担当職員を対象に、研究・政策立案・プログラム設計において利用者と公平にかかわるために、新しい戦略と実践に関するリソースを開発した（Office of the Assistant Secretary for Planning and Evaluation, 2021）。カナダでは、州・準州との協調的で全政府的な取り組みと、先住民パートナー・GBV専門家・ステークホルダーとの対話の後、2022年11月にジェンダーに基づく暴力を終わらせるための国家行動計画（National Action Plan to End Gender-Based Violence: GBV NAP）を発表した[11]。

スペインのGBVに対処する新しい国家戦略（Estrategia Estatal para combatir

las violencias machistas 2022-2025）も、被害者／サバイバー、市民社会、地方政府との会議や教育とデジタル暴力に関する円卓会議など、多数の参加型の手法を取り入れている。スペインの新しい「イエスだけが同意（Yes Means Yes）」という性的同意法も、インターセクショナルなアプローチから被害者／サバイバー、フェミニスト組織、市民社会が公共政策の設計・実施・評価に参加した結果である（Jefature del Estado, 2022）。

5.4.4　IPVに関して統合的サービス提供の評価が行われることはめったにない

　統合的サービス提供の長所と短所に体系的な評価が行われることはほとんどなかったが、おそらくその理由のひとつは、（提供者または利用者に対する）実施とアウトカムの定量的または定性的な評価を体系的に計画して、プログラムがつねに実施されているわけではないためであろう。このことから、この分野で研究を進める必要性が読み取れるが、一部の既存の評価が、統合的サービス提供には被害者／サバイバーのアウトカムを改善する可能性があることを示唆している。

　スタンディング・トゥギャザー（Standing Together）が専門家パートナーのコンソーシアムの一部として主導し、英国で2017年から2020年にかけて保健医療セクターで実施されたパイロットプロジェクトであるパスファインダー・プロジェクト（Pathfinder Project）を分析したところ、いくつか心強い結果が得られた。（OECD, 2023）。カーディフ大学で公衆衛生改善のための複合的介入開発評価センター（Centre for the Development and Evaluation of Complex Interventions for Public Health Improvement: DECIPHer）の研究者らが主導したある分析では、8か所のパスファインダー実施地からのデータを用いてイングランド全体のデータと比較し、パイロットプロジェクトの実施後、サービス提供がどのように変化したかを評価した。分析の結果、パスファインダー・プロジェクトによって、MARACsで議論される事案件数が、プロジェクト非実施地よりも増加したことが明らかになった。また、プロジェクト非実施地よりも幅広いリスク分類で多くのDV事案が特定されたことも判明した。コンソーシ

アムが実施した別の分析から得られた調査エビデンスには、自己報告による利用者のウェルビーイングが、プログラムを経て改善されたことが示唆されている（SafeLives, 2020; Melendez-Torres et al., 2021）。

　一般的に、評価を行う際には、統合的サービス提供による介入に関連するアウトカムを重要な反事実的状況——すなわち統合的サービス提供による介入が展開されなかった場合に起こったであろうこと——と比較する必要がある。OECD加盟国の他の社会政策分野では、無作為化比較試験の形態で行われることが増えている。資金が限られていて、新しいプログラムですべての人を支援するには資金が不足している場合、利用者を新しい対応（この場合は統合的サービス提供による介入）と従来の対応に無作為に割り当てる。そうすることで、無作為化により、理論上、統合的サービス提供へのアクセスの有無だけが異なる2つのグループ間で、アウトカムを比較することができる。

コラム 5.4　本章の情報源であるOECDの質問票とコンサルテーション

2022年ジェンダーに基づく暴力に対応する統合的サービス提供に関するOECD質問票（OECD-QISD-GBV）

　2022年1月、OECD雇用・労働・社会問題委員会の各国代表者に、自国でGBVを経験している女性を支援するために設計されたサービス提供の取り決めに関する質問票への回答を依頼した。質問票では、幅広いセクターでのサービス供給・提供についてと、統合が国レベルでどの程度優先されているかについて尋ねた。配付した質問票の詳細情報は、GBVに対する統合的サービス提供に関する詳細報告書で参照できる（OECD, 2023）。

　QISD-GBV質問票への回答率は92%であり、OECD加盟38か国中35か国から回答が得られた。

GBV被害者／サバイバーにサービスを提供する非政府提供者との2022年OECDコンサルテーション

　草の根団体、市民社会、NGOは、女性に対する暴力に対応するサービスを長らく提供してきた。現場でサービスを提供する非政府提供者から洞察を得るために、ア

ンケートを中心とするオンラインコンサルテーションを、2022年2月1日から4月30日にかけて、GBVの分野で活動を行う非政府サービス提供者に利用できるようにした。一般に広く参加を呼びかけるとともに、アンケートへのリンクをOECDのソーシャルメディアチャンネルやさまざまなメーリングリストを通じて配信した。アンケートは欧州ファミリー・ジャスティス・センター・アライアンス（https://www.efjca.eu/）を通じて非公式でも配付した。このサンプルがソーシャルメディアを通じて「スノーボール」サンプリングで作為的に募集されたこと、またアンケートが一般公開されていたことを考慮すると、「代表性」の程度については注意して解釈する必要がある。12か国のOECD加盟国でサービスを提供する合計27の団体から回答が得られた。そのうち2つはOECD非加盟国のサービス提供者で、それらの回答はその後の議論のために保管した。すべての回答は匿名で行われた。

5.5　IPVに対処するためのサービス提供における機会と課題

　OECD加盟国政府は、IPVを経験している女性のためのサービス提供を改善するひとつの方法として、統合的アプローチを試験的に実施している。統合的サービス提供の潜在的メリットに関して考慮すべきことがある。どのような実践がOECD加盟国で有効だったのか、また、あまり効果が上がっていないのはどのような実践か。統合的サービス提供の実施を拡大すれば、暴力を受けている女性を支援できるのか。

5.5.1　OECD加盟国における統合的サービス提供の状況

　IPVに対処するための統合的サービス提供は、その潜在的メリットにもかかわらず、体系的に実施されているとはいいがたい。調査に回答した35か国のOECD加盟国政府のうち、統合的サービス提供を「ある程度」または「非常に」促進していると回答した国は半数未満（48%）であった[12]。サービス提供者が統合的サービス提供を拡大、改善、またはそれに移行するのを支援するた

めに対象を絞った投資を行っていると報告した国は約半数（51%）であった。

　GBVへの政策対応を改善するために、統合的サービス提供はさまざまな形態を取ってきた。そのなかには専門的サービスの共同配置、機関間での情報共有と訓練の調整、一貫性のある所定の目的に向けて個々の事案に取り組むための機関間での緊密な連携などがある。

　OECD加盟国政府は医療、司法、住居、子ども関連のサービス、所得支援に関する統合的サービス提供の実践を報告している。こうした統合的サービス提供の実践のほとんどは、事案管理に依拠している。報告によると、統合的サービス提供が最もよく導入されているのは、医療、シェルター、警察のサービスの窓口である。

――医療セクターではIPVに対処する統合的サービス提供が最も一般的に行われている

　医療セクターは暴力から逃れようとする女性が公共サービスにアクセスする一般的な窓口であるが、それは被害者／サバイバーが怪我、望まない妊娠、性感染症、妊娠合併症、メンタルヘルス問題など、さまざまな脅威に直面しているためである。IPVは殺人や自殺につながる恐れもある。国レベルでみると、被害者／サバイバー対象のサービス提供の統合に努めている政府は、対象を絞ったメンタルヘルス支援や病院との連携サービスを最も頻繁に実施している。

【病院】

　広範な医療システムのなかで、病院は危機に陥っている多くの被害者／サバイバーが向かう先であるため、統合的サービス提供の重要拠点になっていることが証明されている。公的資金で賄われる医療システムを有する国は、対応を全国的に連携させて統合的なGBV支援を提供するのに有利である。被害者／サバイバーを支援するために共同で配置した事案管理・紹介モデルが、OECD加盟国全体で報告されており（OECD, 2023）、長期的な医療資源のインフラを提供しながら、暴力を受けた直後の危機に対応するのに役立つため、その役割

は徐々に重要性を増している。

　特にオーストリアは、病院でのGBV関連サービスを広く統合してきた。すべての病院はDVを受けている女性のための「被害者保護グループ」の設立を法律によって義務付けられている。こうしたグループは病院職員の意識向上を通じて、DVの早期発見と予防の促進に責任を負う。また、警察、シェルター、ソーシャルワーカー、ヘルプラインのオペレーターなど、支援要請者の支援に動員可能な分野横断的な関係者のネットワークも確立する（OECD, 2023）。韓国も、病院にある分野横断的なセンターが、直接の被害者とその家族に対して医療支援や心理療法、法律相談を提供する集約的なアプローチを取っている。

　一方、すべての医療ニーズが病院で最も適切に満たされるというわけではない。精神面でのケアに関しては、ほとんどの場合、コミュニティベースのケアが優先されるべきアプローチと認識されている（OECD, 2021a）。どのOECD加盟国も、すでにメンタルヘルスサービスの大部分を病院以外で提供しているか、コミュニティベースのケアモデルへの移行を優先してきた。それによって、入院治療よりも低コストで、よりサービス利用者の希望に合致し、他の公共サービスと適切に統合されたケアが提供できる可能性がある。これは日常診療でのIPVスクリーニングツールの使用に関連し（OECD, 2023）、今後のIPVへの統合的サービス提供による対応に反映させることが望ましい（OECD, 2023）。

【メンタルヘルス支援】

　ランセット精神医学委員会（Lancet Psychiatry Commission）は、IPVを受けたことのない人よりもある人のほうが発症しやすいさまざまなメンタルヘルス障害をリスト化しており、そのなかには「不安、うつ病、物質使用障害、心的外傷後ストレス障害（PTSD）、人格障害、精神病、自傷行為、自殺傾向」などがある（Oram et al., 2022）。こうした問題を受けて、複数のOECD加盟国は国レベルで連携した統合的なメンタルヘルスプログラムを創設してきた。

　デンマークでは2020年以来、地方自治体はDVを受けてシェルターに滞在している（または滞在したことのある）女性に対して、無料の心理的カウンセリ

ングを最大10時間提供することが義務付けられている。さらに、そうした女性と同伴の子どもに対して、4時間以上10時間以下の心理的支援を提供することも義務付けられている。カウンセリングセッションはシェルター滞在中でも退去後でも利用できる（OECD, 2023）。

　総合的なカウンセリングセンターの形態でメンタルヘルスプログラムを確立しているOECD加盟国もある（第3章）。たとえばコスタリカでは、全国女性機関（National Institute of Women）が運営する地域ユニットが、IPVを経験している女性に心理的支援など多様な分野の支援を提供している。ギリシャでは、労働社会保障省が多数の専門カウンセリングセンターに資金を提供して、IPVを経験している女性にメンタルヘルスサービスを提供している。また日本では、中央および地方政府が共同で資金を提供して、複数の配偶者暴力相談支援センターを運営して、女性のメンタルヘルスのニーズに対応し、関連する診察に付き添っている（OECD, 2023）。

――住居は緊急時にも長期的にも被害者／サバイバーの支援に不可欠である

　IPVはOECD加盟国全体で女性と子どものホームレス化を引き起こす主要因であるため、IPVに対処するどのような取り組みにおいても、被害者／サバイバーの支援に際して考慮しなければならないのは、しばしば彼女たちの生活を立て直すとされる支援である（OECD, 2023）。中央政府は、暴力から逃れようとする女性と子どもへの緊急時、移行時、場合によっては長期的な住居支援に資金を提供し、管理している。

【緊急シェルター】

　緊急シェルターは虐待的な家庭から逃れようとする女性に避難所を提供し、暴力のリスクにさらされている女性のホームレス化を防ぐのに重要な役割を担う。緊急シェルターも社会福祉サービスに一元的にアクセスできる重要な窓口である。シェルターは一般向け（全国民が対象）の場合も、暴力を受けている女性専用の場合もある。しかし、緊急シェルターは重要な役割を担うものの、

実際には十分な数を提供している国はほとんどない。

　現地でカウンセリングを提供している場合もあるが、医療サービスを紹介する場合が多く、多くは子ども関連のサービス（子ども対象のカウンセリングなど）、法的権利の擁護、長期的な住居の紹介などを実施している。たとえばイタリアでは、暴力保護センターを通じて、所得支援や起業支援を申請することができる。

【移行時および長期的な住居】

　女性がシェルターを出て安全で長期的な住居に移るのを支援する政策を導入している国もある。たとえばハンガリーには、最長5年間、高額の助成を行う一時的な住居を提供する過渡的住宅制度がある。

　長期的な住居としては、数か国が既存のソーシャルハウジング制度の特別規定で、IPVを経験している女性の利用を優先していると報告している。ベルギー、アイルランド、日本、オランダ、ポルトガル、スペインなどがこの例に当てはまる。残念ながら、OECD加盟国全体でソーシャルハウジングが不足していることを考えると、そうした住居を利用できる女性はほとんどいない。米国では、連邦住宅資金が地方に配分されることが多く、連邦住宅資金の一部はDVを経験している女性と子どもにシェルターと支援を提供するために、地方の機関に留保される。また最近の例として、ギリシャの「住居と雇用プロジェクト（Housing and Work Project）」は、長期的な住宅助成とメンタルヘルス支援と雇用関連支援を統合している。

　オーストラリアはより大きな安定性を女性と子どもにもたらし、加害者に責任を問うのに役立つ新しい被害者／サバイバー中心のアプローチを採用している。「女性を自宅で保護（Keeping Women Safe in Their Homes: KWSITH）」イニシアチブは、DVを受けた後、女性と子どもが安全に自宅にとどまるための支援を提供する。注目すべきこととして、この取り組みは、パートナーに危害を加えた場合、現在の生活を手放す負担を加害者に負わせている。

【統合的な対応における司法セクターの役割】

　IPVに対処するための統合的サービス提供において考慮すべき重要な点は、利用者が暴力にさらされるリスク、安全に対する大きなニーズ、そして多くの場合、警察とのやりとりと司法へのアクセスの必要性である（詳しい議論については第6章およびOECD, 2023参照）。そのため、IPVに対処する統合的サービス提供措置は、しばしば警察と司法による権利擁護と結びついている。法律問題と訴訟手続きは、社会、経済、健康、雇用などの他の問題と関連しているため、GBVへの総合的な対応には、司法システムの組織間および司法システムと他のセクター間の緊密な協力が必要である（OECD, 2021b）。

　他のセクター同様、司法システムにも被害者／サバイバーのための支援を改善する余地がある。非専門家にとって手続きを乗り切るのは骨が折れる場合もあり、多くの被害者／サバイバーは警察に彼女たちの支援ができる、またはいとわずに支援してくれるとはあまり考えていない。多くの文化で被害者叩きやGBV事件の軽視が行われてきたことを考えると、それはある程度はもっともなことかもしれない（OECD, 2023）。

【警察】

　警察はときに司法や他の支援へのアクセスの窓口になる。犯罪の通報は、重要な介入と安全につながる入り口になりうる。現場の警察官は緊急事態に対応し、民事または刑事責任を追及・賦課する手続きで女性を支援し、多くの分野に跨る関連サービスを開始する（OECD, 2023）。

　関連するサービス提供者への正式な紹介ネットワークに警察が組み込まれている場合もある。オーストリア、チェコ、ルクセンブルク、スロバキアでは、警察は社会的支援サービスに連絡を取り、暴力を受けている女性につなぐことが義務付けられている。

　別の戦略は、関連サービスを警察署内に置くことである。たとえばオーストラリアでは、しばしば既存の警察署内にコミュニティベースの支援者が共同配置され、警察官の訓練も支援する。デンマークとノルウェーでは、警察署内で

複数分野のサービス提供を確立している。ポルトガル、アルゼンチン、ブラジルは、暴力事件に対処する訓練を実施した専門の女性警察署を設置している。

警察は暴力の再発防止の支援でも重要な役割を果たす。警察による——専門的な訓練に基づく——リスク・危険評価の効果的な利用と、接近禁止命令などの適切な適用は、加害者がさらなる危害を加えるのを防ぐ重要な一歩である。

警察は現場で暴力の加害者に対処し、暴力への統合的な対応を開始するのに適した立場にある。ニュージーランドでは、暴力の被害者も加害者も警察サービスを通じて「統合的安全対応（Integrated Safety Response）」プログラムに参加する。この統合的な枠組みには、行動変容プログラムを通じて加害者の説明責任を強化する取り組みも含まれている（OECD, 2023）。

【司法による権利擁護サービス】

より多くの被害者／サバイバーが、支援に利用できる法的枠組みを有効活用できるように、対象を絞った司法サービスが登場して、IPVの被害に遭った女性に対する支援を改善している。司法による権利擁護サービスと、裁判制度のなかでも家庭内暴力裁判所（DV裁判所）は（第6章第6.3.2節およびOECD, 2023参照）、女性による司法へのアクセスを容易化し、他のセクターとの統合的サービス提供を可能にする。

OECD加盟国には、分野横断的または統合的アプローチを取る警察など、法的支援を通じて女性による司法へのアクセスを支援する国家的イニシアチブが複数存在する。オーストリアとポルトガルでは、司法へのアクセスを改善するために、専門の総合的カウンセリングセンターが心理社会的カウンセリングとともに法律相談と裁判手続き支援を提供している。オーストラリアでは医療環境に法律支援サービスが埋め込まれており、それまでに医療サービスを利用した女性が効率的に司法にアクセスできるようにしている。

コスタリカ、ニュージーランド、トルコ、英国は、家庭内暴力専門のDV裁判所を設置して、トラウマに配慮した実践を用いて、女性が司法に訴えられるようにしている。DV裁判所は専門知識を利用して、女性を保護するために警

察と共同で発した命令をより効果的に執行する。また、加害者介入プログラム
を通じて加害者の説明責任を追及するうえで重要な役割を果たすこともできる
（OECD, 2023）。

5.5.2　政策上の教訓

　IPV を受けた女性が安全と自立を再び確立するには、多様な社会政策セクタ
ーからの支援が必要なことが多い。GBV に対する統合的アプローチは、複数
の不可欠なサービスを同時に提供することにより、被害者／サバイバーに対す
る暴力の影響を和らげる可能性がある。

　一方、統合的サービスは、プログラムが垂直（異なるレベルの政府間）およ
び水平（セクター間）で一貫性のある政策統合に支えられている場合、政府の
サービス提供コストを引き下げる可能性もある。OECD 加盟国全体ではガバナ
ンス構造は異なるものの、現場での統合的サービス提供を容易化・合理化する
ための機会が国レベルで存在する（OECD, 2023）。

——政策一貫性が重要である

　政府はさまざまなセクターや管轄区の現行政策が、法規の結果、直接的に[13]、
または資源をめぐる競争の結果、間接的に、意図せず互いを損なわないように
する必要がある。

　これに関連して、政策とサービスは GBV の全般的な問題に対処するために、
互いに補強しなければならない。これには、暴力事件が発生した場合の緊急対
応、中長期的な支援の継続、暴力の加害者に説明責任を問うことが含まれる。

　政策一貫性を確保するひとつの方法は、システムレベルでの行政枠組みモデ
ルを用いる例であり（OECD, 2023）、サービス提供レベルでの協力を促進する
のに役立つ。強固な行政基盤は、すべての関係者が共同での取り組みにおける
それぞれの役割を明確に理解するのに役立つ。第一歩として中央省庁は、サー
ビス提供者のサービスの質、利用者のアウトカムと満足度を改善するために、
表明された目標に基づきサービス提供基準に関するガイドラインを共同開発す

るとよい。テンプレートを開発して、共通の基本理念、セクター間の覚書、提供者間の共同サービス提供契約などを促進することも可能である。こうした行政に関する要素は、資金提供基準にも取り入れて、明確なサービス提供契約が存在する場合は統合を効率的に奨励することが望ましい。

――全政府的アプローチが不可欠である

　第3章で論じたように、全政府的アプローチは、国の枠組み、安定的で十分な資金提供、ジェンダー（およびGBVの）主流化に責任を負う政府の調整機関の関与を含み、省庁や機関が統合的にサービスを提供するのに役立つ。

　変わりやすく、あいまいで、重複する責任は、資金と運営をめぐるインセンティブの競合を生み出す。中央省庁はサービス提供の計画または確保に際して対象となる人口集団を分けることもあるが、GBVの場合、そうした集団はしばしば重複する。地方政府が開発する行動計画や法律は、国から下りてくる行動計画と整合することもしないこともある。公的財政支出が乏しい場合、こうした問題は悪化する。

　そうした課題は部分的に基本的なガバナンスの問題に由来する。多層的なガバナンス構造は、ほぼすべての社会福祉サービスの統合において、どのOECD加盟国にも共通する問題を提示する（OECD, 2015）。ガバナンス構造が高度に中央集権化している場合、国家政策が確実に地方のニーズを反映して、適切に提供されるようにするのは困難になりやすい。一方、立法上であれ財政上であれ、分権化されて地域・地方の自治の程度が異なる場合、サービスのカバレッジの格差と監視・評価の欠如につながる可能性がある（Lovette, Coy and Kelly, 2019）。たとえばNGOのサービス提供者から、財政支出や行政管轄区が異なる場合、虐待者から保護するために、被害者／サバイバーをもっと遠くに引っ越しさせざるをえない場合があると不満が寄せられている。

――GBV対策予算は長期的に十分かつ安定的に支出されなければならない

　IPV関連サービスを提供するための予算が不十分かつ不安定なことが、2022

年のOECD-QISD-GBVに回答した国とOECDコンサルテーションに参加した非政府サービス提供者が最も多く挙げた課題であった。

　GBVに対処する統合的サービス提供予算の法的根拠を守ることは、サイロ化した既存の資金の流れを回避し、サービス提供者によるケアの継続性を確保するのに役立つ。そのため、より広範なGBVフレームワークの一部として、国家予算で優先されなければならない。

　法的根拠は政権交代からも予算配分を守ることができる。それを可能にするのは、中央政府から地方機関に配分される予算に再支出の基準を設ける予算規定である。たとえば、英国では最近、国民保健サービス臨床委託グループ（Clinical Commissioning Groups）に対し、中央政府から配分される予算の全体的な増加に合わせて、メンタルヘルスサービスへの支出を増額することを義務付ける新しい規定が施行された。

　中央政府の予算配分で現地の具体的なニーズに対処する柔軟性を地方受益者に与えてもよい。コロンビアでは、ヘネラシオン・エクスプローラ（Generación Explora）プログラムに配分された中央政府の予算の地方受益者は、資金を調達する12の焦点問題（そのうちいくつかは暴力に専門的に対処する）から2つを選択できる。地方・地域の資金調達の柔軟性が拡大すれば、近隣の町や地域が共同で利用者を支援している場合などに、管轄区を跨ぐ資金配分手続きを簡略化することもできるだろう。

——中央政府は地方のニーズの定期的評価を標準化（して資金を提供）するとよい

　統合的サービス提供を確立・改善する第一歩は、現地のサービスニーズを示すデータを収集することである。特にサービス提供が地方レベルまたはNGOと協力して行われる場合、現地の状況はきわめて重要である。「画一的」なアプローチはほとんどの国で機能しないだろう。

　それでも、ニーズ評価を標準化するための国のガイドラインは、GBV撲滅に関連するターゲットが国家行動計画に概説されている場合は特に、有益性が証明されている（Kelly, 2018）。国のガイドラインと資源は、資源が不十分なサ

ービス提供レベルの主体が、サービスニーズの一貫性のある評価という共通の課題を解決するのに役立つ。

　政府は地方の行政データ収集の改善を優先すべきである。そのためには、サービス利用件数を用いるなどして、サービス利用率やシステム活用率を追跡するほか、現地における多様な形態のGBVの被害経験率を調査することも必要である。現地の被害経験率は、現地で利用可能なサービスの実績評価またはマッピングを行って、社会福祉サービスの「リソースを精査」することで測定できる。こうした評価は、現地で必要とされているサービスについて情報を提供することができる。サービス提供が分権化されている場合、そうした評価はサービス提供に対する助成金予算の根拠として利用できる。

　ニーズの定期的評価は定性的な評価にしてもよい。たとえば、ギリシャで最近行われたある調査では、女性シェルターで母親に同伴している子どものニーズを評価した（近刊）。チェコ政府はイスタンブール条約の勧告の実施に先立ち、DVを受けるリスクがある人々のニーズの評価を強化するために、地方の関係当局と現地のサービス提供者に調査を行った（EU Social Fund, 2021）。

　とりわけ実際の暴力発生率が低く見積もられている状況では、GBVに関する全国人口調査には大きな限界があるものの、そうした調査を実施することは重要である。調査データを利用して、場合によっては背景となる社会経済的状況に基づき、暴力の被害経験率や発生率が高い地域やリスクのある女性のサブグループを突き止めることができる。長期間継続的に実施されるこうしたGBV対象の調査や他の住民調査でのGBVに関する項目を利用して、ニーズ評価に情報を提供することも可能である。

——機関全体のデータ共有能力を強化しなければならない

　サービス提供者間でのデータ共有は、申請にかかる利用者の負担（時間とエネルギー）を減らし、別の場所で別のサービス提供者に暴力の説明を繰り返すことに伴うトラウマを軽減し、暴力事件の再発リスクの追跡を改善することで利用者の安全を高めることができる。理想的には、そうしたシステムは加害者

関連の介入も統合して、説明責任を追及して再犯を追跡するとともに、支援を求める女性のリスクをリアルタイムで監視することが望ましい。

　しかし、ほとんどの国ではIPV事案に関するデータ共有は、サービス提供者や各レベルの政府の間で大きな格差がある。場合によっては利用者のプライバシーを守りつつ、中央政府によって一元化された事案管理システムを利用して、機関全体のデータ共有能力を強化する必要がある。

　サービス提供者にとって、データ共有プラットフォームには多くのメリットがある。たとえば、情報を安全に共有できる環境の創出、連携の容易化、管理や処理にかかる費用・サービスの空白地帯・サービスの重複の削減、過去の支援要請を他のサービス提供者にみやすくすることによるリスク評価の正確性の向上などがある。政府にとっては、一元化した事案管理システムによって、組織間の連携を改善でき、暴力の発生率をより正確に追跡でき、サービス提供のコストと有効性をリスクに応じて事案ごとに監視する土台を提供できる[14]。

　利用者に関する情報の共有は、利用者のリスクの状況とそれまでのリスクを他のサービス提供者にわかりやすくすることにより、早期発見に役立ち、暴力を予防できる。早期発見、予防、サービス提供の効率の向上によって、政府は長期的なコストを削減することができ、最終的には問題解決が必要な訴えの件数が減ると考えられる。

　いったん確立されれば、そうしたシステムを利用して、他の社会的弱者の複雑な問題に対処するためにサービスを提供することもできる。そうしたシステムの多面的な有用性を認識して、世界銀行はチリで、暴力の被害に遭った女性へのサービス提供を改善することを具体的な目的として、一元的な事案管理システムの設立を支援している（World Bank, 2022）。オーストラリアも、シェルターを出る女性を対象とした情報共有・安全計画メカニズムであるセーフティ・ファースト・プログラム（Safety First Programme）に、データ共有戦略を導入している。

　プライバシーと安全はデータ共有戦略で最優先されなければならない。注目すべきこととして、デジタルデータ共有への移行は必ずしもリスクの上昇につ

ながるわけではなく、実のところ利用者のプライバシーがつねに適切に保護されているわけではない現在の状況を改善する可能性がある。多くの場合、情報は「機関から機関へ人の手を介して、またはEメールで伝達されており、秘密保持への懸念と、しばしば生死にかかわる状況で大きな遅延を生じさせている」(Inchauste, Bello and Contreras-Urbina, 2021)。

――より適切で定期的なプログラム評価が不可欠である

　全体としてみると、GBVに対処する統合的サービス提供のアプローチに対して、体系的または定量的な評価は実施されてこなかった。統合的サービスは個別にも、もっと広範な社会的保護システムによるGBV支援の点からも、より適切な評価を行う必要がある。

　評価を改善するには無作為化比較試験を用いるとよいだろう。この試験は統合的サービス提供アプローチを受けた利用者と、標準的なサービス提供を受けた利用者のアウトカムを比較し、統合的プログラムと標準的プログラムをモニタリング・評価し、利用者の経験に関して調査に基づく定性的エビデンスをもたらす。重要なこととして、重要な反事実的状況、すなわち政策統合がなければ何が起こる可能性があったかを理解するために、統合的サービスを受けた場合と標準的サービスを受けた場合で利用者を比較しなければならない。

　そうした評価では、男性がパートナーに（再び）暴行を加えるのを防ぐために何が有効なのかをよりよく理解できるように、暴力の加害者に対する介入も検証でき、また検証しなければならない。再犯をどのように防ぐかを理解することは、暴力の連鎖を断ち切るのに不可欠である。

――総合的な視点とは加害者を含むすべての関係者のケアを意味する

　GBVに対処し、最終的には撲滅することを目指す政策は、セクターや管轄区を超えた一貫性だけでなく、この問題のあらゆる側面を考慮に入れなければならない。そのためには、暴力の加害者をターゲットにする必要がある。政府は法による処罰や裁判制度を通してだけでなく、もっと総合的に加害者の説明

責任を高め、個人レベルおよびより広い文化的レベルで長期的な行動変容をもたらす多面的な方法で、加害者にかかわることが望ましい（OECD, 2023）。

——最も重要なこととして、被害者／サバイバー中心の視点を取り入れる

　GBVに対処するための政策的処方の多くは、本質的に「トップダウン」であり、中央政府に地方の非政府サービス提供者へのガイドライン、定期的な支援、データ収集ツールの提供を促す。このコミュニケーションルートは重要であるが、国の政策立案者が現場の専門家や被害者／サバイバーの声に耳を傾けることも少なくとも同程度に重要である。

　現地のサービス提供者や支援者は当事者である女性のニーズに通じており、女性が直面する多様で、しばしばインターセクショナルな問題に関する長年の経験と知識を提供してくれる。統合的サービス提供の「優れた実践」例の多くは、欧州と北米のファミリー・ジャスティス・センターやカナダの農村女性のシェルターの進化などのように、現場から生じている。そのため、現地のサービス提供者と国・地方の政策立案者とを確実なコミュニケーションルートでつないで、被害者／サバイバー中心のサービス提供を強化・拡大する必要がある。

　被害者／サバイバー中心のアプローチでは、定期的なステークホルダーエンゲージメントやサービス提供者への調査を取り入れて、ステークホルダーから優れた政策策定に役立つ情報を入手するとよい。米国保健福祉省は最近、政府機関に対して、サービス利用者の「生きた経験」を適切に把握し、プログラムが現地でどのように機能しているのか理解するための手引きを発表した。

5.6 ┃ 政策提言

- **政策一貫性の価値を認識する**：政府はさまざまなセクターや管轄区の現行政策が、法規の結果、直接的に、または資源をめぐる競争の結果、間接的に、意図せず互いを損なわないようにする必要がある。

- **全政府的なサービス提供戦略**：サービス提供では全政府的アプローチを土台とすべきである。このアプローチでは、省庁・機関・サービス提供者間の水平および垂直連携と、十分な資金提供によって、サービス提供レベルで国家戦略の形成に役立つ統合的アプローチが確保される。
- **サービスへの資金提供**：GBVに対処するサービスへの資金提供は、長期的に十分で安定していなければならない。IPV関連サービスを提供するための予算が不十分かつ不安定であることが、2022年のOECD-QISD-GBVに回答した国とOECDコンサルテーションに参加した非政府サービス提供者が、それぞれ最も多く挙げた課題であった。
- **現地ニーズの評価**：現地ニーズの定期的評価を標準化する。特に地方レベルまたはNGOと協力してサービス提供が行われる場合、現地の状況はきわめて重要である。「画一的」なアプローチはほとんどの国で機能しないだろう。
- **データ共有**：機関全体でデータ共有能力を強化すべきである。サービス提供者間でのデータ共有は、申請にかかる利用者の負担（時間とエネルギー）を減らし、別の場所で別のサービス提供者に暴力の説明を繰り返すことに伴うトラウマを軽減し、暴力事件の再発リスクを追跡することで利用者の安全を高めることができる。理想的には、そうしたシステムは加害者関連の介入も統合して、説明責任を追及して再犯を追跡するとともに、支援を求める女性のリスクをリアルタイムで監視することが望ましい。
- **プログラムの評価**：国は統合的サービスに関して、個別にも、もっと広範な社会的保護システムによるGBV支援の点からも、より適切かつ定期的にプログラムの評価を行う必要がある。
- **加害者のケア**：総合的な視点を取り入れて加害者のケアも行う。GBVに対処し、最終的には撲滅を目指す政策は、問題のすべての側面を考慮に入れなければならない。
- **被害者／サバイバー中心のアプローチへの現地の視点**：国は被害者／サバイバー中心のアプローチで現場に重点を置き、国の政策立案者が現場の専門家と被害者／サバイバーの声に耳を傾けるようにしなければならない。このコミュニケーシ

ョンルートは、中央政府が地方の非政府サービス提供者に提供する指針と定期的な支援に続いて、重視されなければならない。

注釈

1. 注意すべきこととして、異性愛関係にある男性と同性愛関係にある者も IPV を経験するが、この場合、暴力が振るわれる動機はジェンダーに基づく優越性の概念ではなく、人間関係または心理社会的な力学に根差していることが多い。女性に対する暴力と同様、LGBTI+ の人々への暴力は、男らしさと異性愛に対して加害者が抱く誤った優越性と偏見に動機付けられている点で、ジェンダーに基づく暴力である。統計的にみて、女性は男性パートナーから GBV を受けることが最も多く、支援を求める際の複雑性が増す。そのため本書では、異性愛者の女性に対する親密なパートナーからの暴力と、暴力から逃れようとする彼女たちの多くのニーズに対応するのに必要な支援に焦点を合わせている。
2. こうした全国的に比較可能な推定値には、これまでにパートナーを持ったことのある女性だけでなく、すべての女性が含まれている点に注意する必要がある。
3. GBV の測定は困難であるが、それは多くの理由から住民調査や警察記録などの行政データで実際よりも少なく報告されるからである（OECD, 2020b）。女性が IPV を報告しない可能性があるのは、女性がその出来事をあまり深刻ではないと考えた場合やサービス提供者に真剣に取り合ってもらえないだろうと感じた場合、報復やスティグマを恐れる場合、暴力の問題に内密に対処したいと考える場合、暴力を通報すると、安定した住居、経済的安定性、社会的支援ネットワークへのアクセスが脅かされるリスクがある場合である。COVID-19 下では、女性は外出禁止令によって虐待者のすぐそばに閉じ込められ、これまで以上に暴力を通報しにくくなったことから、IPV の被害経験率を推定するのはさらに困難になった（Kaukinen, 2020）。
4. 欧州の OECD 加盟国におけるイスタンブール条約の最低基準に対する遵守状況を評価した例として、Council of Europe（2022）と WAVE Network（2019）がある。
5. 被害を受けた女性は、警察などの従来の通報チャンネルに「真剣に取り合ってもらえない」かもしれないと考えたり、支援の選択肢が安全と安心を確保する長期的な解決策にならないかもしれないと感じたりする場合がある。こうした問題については、Glenn（2021）、Mundy and Seuffert（2021）、Moylan, Lindhorst and Tajima（2016）、Fusco（2013）を参照されたい。
6. OECD におけるこのテーマに関する研究の概要については、https://www.oecd.org/governance/gender-mainstreaming/ を、欧州評議会の研究の概要については https://www.coe.int/en/web/genderequality/what-is-gender-mainstreaming を、欧州ジェンダー平等研究所の説明的概要については https://eige.europa.eu/

gender-mainstreaming/what-is-gendermainstreaming を参照されたい。

7. 国際的なアプローチの例については、OECD（2021b）OECD（2020a）Council of Europe（2011）、国家戦略の一部については OECD（2023）を参照されたい。

8. https://www.coe.int/en/web/conventions/full-list?module=signatures-by-treaty&treatynum=210 参照。

9. 国際的な文献で言及されているように、多機関による協調的な取り組みを表す共通用語は存在せず、そのことが分類と比較を困難にしている。例として Atkinson, Jones and Lamont（2007）を参照されたい。

10. 当然のことながら、サービス提供者側では、1 人で調整役を担うケースワーカー（ソーシャルワーカーであることが多い。英国では「DV アドバイザー」）の職務は、感情面でかなりの柔軟性を要し、大きな感情的ストレスを伴う。メンタルヘルスの悪化はケースワーカーの間で珍しいことではなく、「不十分な組織的資源、訓練の欠如、他のコミュニティ資源との不十分な統合」に由来することが多い（Kulkarni, Bell and Rhodes, 2012）。米国では、COVID-19 の間、サービス提供者の間で燃え尽き症候群が悪化した（Garcia et al., 2021）。

11. ステークホルダーエンゲージメントはカナダでは比較的一般的である。マルチステークホルダー間の協議から得られた調査結果の一例を、報告書『沈黙を破る：ジェンダーに基づく暴力に対処するための連邦政府戦略のためのエンゲージメントプロセス最終報告書（*Breaking the Silence: Final Report of the Engagement Process for the Federal Strategy to Address Gender-based Violence*）』にみることができる（Status of Women Canada, 2018）。

12. 各国に対し、「連邦／中央政府は地方および／または非政府レベルで、あるいは民間のサービス提供者を通じて、サービスの統合または共同配置をどの程度積極的に促進していますか？」と質問した。回答の選択肢は「非常に促進している」「ある程度促進している」「ほとんど促進していない」「まったく促進していない」「不明」である。

13. たとえば、米国の一部自治体における「迷惑資産法（nuisance property laws）」は、所定数の緊急通報を利用した現住者に対して立ち退き命令を（場合によっては刑事責任までも）課す。これは IPV が繰り返される状況で保護を求めて警察に緊急通報する女性にとって、きわめて有害である（OECD, 2023）。

14. これは「有効性、リスク、価値（Effectiveness, Risk, Value: EVR）」フレームワークに基づく場合がある。もともと在宅介護サービスのために開発された「ERV 分析で評価されるのは、負のアウトカムのリスクを緩和する際の所定のケアプランの有効性であり、[算定されるのは] 期待される利益の価値がケアプランの費用を上回るかどうかである。その目的は最もリスクにさらされ、最も恩恵を受けると考えられる人々にケアを向けることである（Swanson and Weissert, 2017, p.545）。

参考文献・資料

ABT Associates（2018）, *Environmental Scan of Family Justice Centers, Final Report*, https://www.ojp.gov/pdffiles1/nij/grants/251561.pdf.

ANROWS（2016）, *Meta-evaluation of existing interagency partnerships, collaboration, coordination and/or integrated interventions and service responses to violence against women: Key findings and future directions*, Australia's National Research Organisation for Women's Safety, https://20ian81kynqg38bl3l3eh8bf-wpengine.netdna-ssl.com/wpcontent/uploads/2019/02/C2_4.2-IRME-WEB-2.pdf.

Atkinson, M., M. Jones and E. Lamont（2007）, *A review of the literature Multi-agency working and its implications for practice*, CfBT Education Trust, https://www.nfer.ac.uk/nfer/publications/mad01/mad01.pdf.

CACP（2016）, *National Framework on Collaborative Police Action on Intimate Partner Violence*, Canadian Association of Chiefs of Police, https://cacp.ca/news/national-framework-oncollaborative-police-action-on-intimate-partner-violence.html（accessed on 13 March 2023）.

Campo, M. and S. Tayton（2015）, *Domestic and family violence in regional, rural and remote communities: An overview of key issues*, Australian Institute of Family Studies, Melbourne, https://nla.gov.au/nla.obj-400852718/view.

Council of Europe（2022）, *Mid-term horizontal review of GREVIO baseline evaluation reports*, Council of Europe, https://rm.coe.int/prems-010522-gbr-grevio-mid-term-horizontal-reviewrev-february-2022/1680a58499（accessed on 4 October 2022）.

Council of Europe（2011）, *Council of Europe Convention on preventing and combating violence against women and domestic violence（"Istanbul Convention"）*, Council of Europe Treaty Series, No. 210, Council of Europe, https://rm.coe.int/168008482e（accessed on 5 October 2022）.

EU Social Fund（2021）, *ANALÝZA DOSTUPNOSTI SPECIALIZOVANÝCH SOCIÁLNÍCH SLUŽEB PRO OSOBY OHROŽENÉ DOMÁCÍM A GENDEROVĚ PODMÍNĚNÝM NÁSILÍM V ČR*, http://rsss.mpsv.cz/wp-content/uploads/2021/05/Anal%C3%BDza-dostupnostispecializovan%C3%BDch-soci%C3%A1ln%C3%ADch-slu%C5%BEeb-pro-osobyohro%C5%BEen%C3%A9-dom%C3%A1c%C3%ADm-a-genderov%C4%9Bpodm%C3%ADn%C4%9Bn%C3%BDm-n%C3%A1sil%C3%ADm-v-%C4%8CR-2.pdf.

Family Justice Center Alliance（2022）, "Family Justice Center: About Us", https://www.familyjusticecenter.org/about-us/（accessed on 13 March 2023）.

Fusco, R.（2013）, ""It's hard enough to deal with all the abuse issues": Child welfare workers' experiences with intimate partner violence on their caseloads", *Children and Youth Services Review*, Vol. 35/12, pp. 1946-1953, https://doi.org/10.1016/j.childyouth.2013.09.020.

Garcia, R. et al.（2021）, "The Impact of the COVID-19 Pandemic on Intimate Partner

Violence Advocates and Agencies", *Journal of Family Violence*, Vol. 37/6, pp. 893-906, https://doi.org/10.1007/s10896-021-00337-7.

Glenn, R. (2021), *2019 Churchill Fellowship to study service responses to women experiencing or escaping domestic financial abuse USA, Canada, UK*, Winston Churchill Memorial Trust of Australia, https://apo.org.au/node/312635.

Inchauste, G., G. Bello and M. Contreras-Urbina (2021), *How can an integrated platform improve the protection of women survivors of violence in Chile?*, World Bank Blogs, https://blogs.worldbank.org/latinamerica/how-can-integrated-platform-improve-protectionwomen-survivors-violence-chile (accessed on 13 March 2023).

Jefature del Estado (2022), *Ley Orgánica 10/2022, de 6 de septiembre, de garantía integral de la libertad sexual*, Legislación consolidada, https://www.boe.es/buscar/act.php?id=BOE-A-2022-14630 (accessed on 30 January 2023).

Kaukinen, C. (2020), "When Stay-at-Home Orders Leave Victims Unsafe at Home: Exploring the Risk and Consequences of Intimate Partner Violence during the COVID-19 Pandemic", *American Journal of Criminal Justice*, Vol. 45/4, pp. 668-679, https://doi.org/10.1007/s12103-020-09533-5.

Kelly, L. (2018), *Mapping support services for victims of violence against women, in line with the Istanbul Convention Standards*, Council of Europe, Strasbourg.

Kodner, D. and C. Spreeuwenberg (2002), "Integrated care: meaning, logic, applications, and implications – a discussion paper", *International Journal of Integrated Care*, Vol. 2/4, https://doi.org/10.5334/ijic.67.

Kukui Center (2019), *Kukui Center*, https://www.kukuicenter.org/ (accessed on 13 March 2023).

Kulkarni, S., H. Bell and D. Rhodes (2012), "Back to Basics", *Violence Against Women*, Vol. 18/1, pp. 85-101, https://doi.org/10.1177/1077801212437137.

Lovette, J., M. Coy and L. Kelly (2019), *Coordinated Responses*, UN Women, https://www.endvawnow.org/en/modules/view/16-coordinated-responses.html (accessed on 13 March 2023).

Manno, M. and L. Treskon (2016), *Improving Service Delivery for Children Affected by Trauma*, https://www.mdrc.org/publication/improving-service-delivery-children-affected-trauma (accessed on 13 March 2023).

Mantler, T. and B. Wolfe (2017), "A rural shelter in Ontario adapting to address the changing needs of women who have experienced intimate partner violence: A qualitative case study", *Rural and Remote Health*, Vol. 17/1, https://doi.org/10.22605/rrh3987.

Mares, A., G. Greenberg and R. Rosenheck (2008), "Client-level Measures of Services Integration Among Chronically Homeless Adults", *Community Mental Health Journal*, Vol. 44/5, pp. 367-376, https://doi.org/10.1007/s10597-008-9138-7.

Melendez-Torres, G. et al. (2021), *Health Pathfinder: Full Technical Report*, https://decipher.uk.net/research/programmes/healthy-social-relationships/health-pathfinderevaluation-safelives/.

Ministry of Equality of Spain (2022), *El Gobierno aprueba la Estrategia Estatal para combatir las Violencias Machistas 2022-2025*, Notas de prensa, https://www.igualdad.gob.es/comunicacion/notasprensa/Paginas/gobierno-apruebaestrategia-violencias-machistas.aspx (accessed on 30 January 2023).

Moylan, C., T. Lindhorst and E. Tajima (2016), "Contested Discourses in Multidisciplinary Sexual Assault Response Teams (SARTs)", *Journal of Interpersonal Violence*, Vol. 32/1, pp. 3-22, https://doi.org/10.1177/0886260515585530.

Mundy, T. and N. Seuffert (2021), "Integrated domestic violence services: A case study in police/NGO co-location", *Alternative Law Journal*, Vol. 46/1, pp. 27-33, https://doi.org/10.1177/1037969x20984598.

NZ Productivity Commission (2015), *More effective social services*, New Zealand Productivity Commission, https://www.productivity.govt.nz/assets/Documents/8981330814/Final-reportv2.pdf.

OECD (2023), *Supporting Lives Free from Intimate Partner Violence: Towards Better Integration of Services for Victims/Survivors*, OECD Publishing, Paris, https://doi.org/10.1787/d61633e7-en.

OECD (2022), *Integrating Services for Older People in Lithuania*, OECD Publishing, Paris, https://doi.org/10.1787/c74c44be-en.

OECD (2021a), *A New Benchmark for Mental Health Systems: Tackling the Social and Economic Costs of Mental Ill-Health*, OECD Health Policy Studies, OECD Publishing, Paris, https://doi.org/10.1787/4ed890f6-en.

OECD (2021b), *Eliminating Gender-based Violence: Governance and Survivor/Victim-centred Approaches*, OECD Publishing, Paris, https://doi.org/10.1787/42121347-en.

OECD (2021c), *Man Enough? Measuring Masculine Norms to Promote Women's Empowerment*, Social Institutions and Gender Index, OECD Publishing, Paris, https://doi.org/10.1787/6ffd1936-en.

OECD (2021d), *Working Party on Gender Mainstreaming and Governance: Strengthening governance and survivor/victim-centred approaches to eliminating gender-based violence*, OECD, Paris, https://www.oecd.org/mcm/Strengthening%20governance%20and%20survivorvictim-centric%20approaches.pdf.

OECD (2020a), *Call to Action for the OECD: Taking Public Action to End Violence at Home Background*, OECD, Paris, https://www.oecd.org/gender/VaW2020-Call-to-Action-OECD.pdf.

OECD (2020b), *Issues Notes: OECD High-Level Conference on Ending Violence Against Women Taking Public Action to End Violence at Home*, OECD, Paris, https://www.oecd.org/gender/VAW2020-Issues-Notes.pdf.

OECD (2019), *Fast Forward to Gender Equality: Mainstreaming, Implementation and Leadership*, OECD Publishing, Paris, https://doi.org/10.1787/g2g9faa5-en.

OECD (2015), *Integrating Social Services for Vulnerable Groups: Bridging Sectors for Better Service Delivery*, OECD Publishing, Paris, https://doi.org/10.1787/9789264 233775-en.

OECD Family Database (2020), *OECD Family Database - OECD*, http://www.oecd. org/els/family/database.htm (accessed on 7 December 2017).

Office of the Assistant Secretary for Planning and Evaluation (2021), *Methods and Emerging Strategies to Engage People with Lived Experience: Improving Federal Research, Policy, and Practice*, U.S. Department of Health and Human Services, https://aspe.hhs.gov/reports/livedexperience-brief.

Oram, S. et al. (2022), "The Lancet Psychiatry Commission on intimate partner violence and mental health: advancing mental health services, research, and policy", *The Lancet Psychiatry*, Vol. 9/6, pp. 487-524, https://doi.org/10.1016/ s2¥215-0366 (22) 00008-6.

Rosenheck, R. (2000), *Cost-Effectiveness of Services for Mentally Ill Homeless People: The Application of Research to Policy and Practice Programs for Seriously Mentally Ill Homeless People*.

SafeLives (2020), *Pathfinder Key Findings Report Contents*, https://static1.squa respace.com/static/5ee0be2588f1e349401c832c/t/5ef35fc7d4c474437a774783/1593 008073853/Pathfinder+Key+Findings+Report_Final.pdf.

SafeLives UK (2010), *Saving lives, saving money: MARACs and high risk domestic abuse*, https://safelives.org.uk/sites/default/files/resources/Saving_lives_saving_ money_FINAL_REFERENCED_VERSION.pdf.

Saskatoon Community Service Village (2022), *Saskatoon Community Service Village*, https://villagesaskatoon.com/ (accessed on 13 March 2023).

Statham, J. (2011), *A review of international evidence on interagency working, to inform the development of Children's Services Committees in Ireland*, Department of Children and Youth Affairs, Dublin, https://www.drugsandalcohol. ie/16074/1/A_review.pdf.

Status of Women Canada (2018), *Breaking the Silence: Final Report of the Engagement Process for the Federal Strategy to Address Gender-based Violence*.

Stewart, M. et al. (2011), "Care coordinators: A controlled evaluation of an inpatient mental health service innovation", *International Journal of Mental Health Nursing*, Vol. 21/1, pp. 82-91, https://doi.org/10.1111/j.1447-0349.2011.00771.x.

Swanson, J. and W. Weissert (2017), "Case Managers for High-Risk, High-Cost Patients as Agents and Street-Level Bureaucrats", *Medical Care Research and Review*, Vol. 75/5, pp. 527-561, https://doi.org/10.1177/1077558717727116.

The World Bank (2022), *Roadmap for an Integrated Case Management Platform for*

Survivors of Violence against Women（VAW）in Chile, The World Bank, Washington, DC, https://www.worldbank.org/en/results/2022/04/21/roadmap-for-an-integrated-casemanagement-platform-for-survivors-of-violence-against-women-vaw-in-chile（accessed on 5 January 2023）.

UK Home Department（2003）, *Safety and Justice: The Government's Proposals on Domestic Violence*, https://webarchive.nationalarchives.gov.uk/ukgwa/20131205100653/http://www.archive2.official-documents.co.uk/document/cm58/5847/5847.pdf（accessed on 11 April 2022）.

WAVE Network（2019）, *Women Against Violence Europe Imprint Wave Country Report 2019*, WAVE Network, Bacherplatz, https://wave-network.org/（accessed on 13 March 2023）.

Welsh Government（2018）, *National Survivor Engagement Framework*, Welsh Government, https://gov.wales/sites/default/files/publications/2019-05/national-survivor-frameworkproposal.pdf.

WHO（2021）, *Violence against women Prevalence Estimates, 2018*, World Health Organization, Geneva, https://www.who.int/publications/i/item/9789240022256（accessed on 3 October 2022）.

WHO（2012）, *Understanding and addressing violence against women: Intimate partner violence*, World Health Organization, Geneva, https://apps.who.int/iris/bitstream/handle/10665/77432/WHO_RHR_12.36_eng.pdf?sequence=1&isAllowed=y.

World Bank（2022）, *Roadmap for an Integrated Case Management Platform for Survivors of Violence against Women（VAW）in Chile*, https://www.worldbank.org/en/results/2022/04/21/roadmap-for-an-integrated-casemanagement-platform-for-survivors-of-violence-against-women-vaw-in-chile.

第 6 章

司法へのアクセスと
説明責任

　本章では、OECD GBV フレームワークの司法へのアクセスと説明責任の柱のもと、ジェンダーに基づく暴力（GBV）を防止し対応するための重要要素として、被害者／サバイバー中心の司法へのアクセスと説明責任に焦点を合わせる。有給休暇、入手しやすい情報、訴追と処罰の仕組みなど、司法へのアクセスの重要な側面について考察し、すべての側面で優れた実践を明らかにする。また、COVID-19 が司法へのアクセスに与えた影響について検証し、被害者／サバイバーと加害者に関するデータがフェミサイドの防止に与える役割を掘り下げる。結論として、司法へのアクセスと説明責任を強化するための提言を提示する。本章の内容は 2022 年の GBV 撲滅のためのガバナンスおよびサバイバー／被害者中心アプローチに関する OECD 調査（2022 年 OECD GBV 調査）に対する 26 か国の回答に基づく。

本書において、「ジェンダー」および「ジェンダーに基づく暴力」は、各国が国際的な義務とともに国内法令に基づいて解釈したものである。

- 被害者／サバイバーに司法へのアクセスを保証することは、総合的なGBVフレームワークの不可欠な要素であり、暴力の再発を予防し、被害経験から回復し、加害者の説明責任を追及するための保護と支援の確保を可能にする。しかし、司法における根強い格差が原因で、女性、とりわけ脆弱な背景を持つ女性は、司法制度から取り残されて保護を受けられないままになることが偏って多い。
- GBVに関連する法的・司法ニーズを特定することは、GBVへの対応を調整して被害者／サバイバーの効果的な保護を可能にし、司法へのアクセスを確保するために不可欠である。司法制度では、複雑な刑事・民事手続きを並行して行うことによる複合的な司法ニーズをはじめ、被害者／サバイバーの特有のニーズを理解し考慮に入れることも必要である。しかし、この点で体系的な取り組みを報告した国はごく少数であった。
- 法的手続きは複雑で費用がかかることから、被害者／サバイバーは訴訟を断念することが多く、インターセクショナルなアイデンティティを持つ女性と女児の場合、そうした障壁はさらに高くなる。法体制におけるジェンダーバイアスと社会的スティグマは、被害者／サバイバーにとってさらなる障害になる。
- 有給休暇や法律扶助をはじめ、司法に対する経済的、構造的、社会的障壁の削減・除去に進捗がみられているが、十分に利用されていない措置もある。被害者／サバイバーに追加の有給休暇の利用を認める措置を制定していると報告したのは、回答国の35％（23か国中8か国）のみであった。
- 権利や法的手続きに関する情報を、直接（カウンセリングや情報センターなどを通じて）または無料の電話相談やヘルプライン、テクノロジー（インターネットなど）を通じて入手できるようにして、取り組みを拡大している国もある。しかし、自動案内によるセルフガイド式のサポートにとどまらずに、さらに支援を拡大して、移民や民族集団、とりわけテクノロジーにアクセスできない人々（デジタルテクノロジーに不慣れな利用者、メンタルヘルス問題を抱える人、低所得者、遠隔地居住者、難民、社会的弱者家庭、ホームレス、障害者、虚弱者など）をはじめ、あらゆる形態のGBV被害者／サバイバーが支援を受けられるようにする必要がある。
- 進捗がみられるにもかかわらず、革新的な解決手法の可能性はまだ完全には引き出されていない。もっと多くの国が問題解決型司法に基づくモデルを導入する必要がある。その例としては、GBVの根本原因に対処し、より効率的に被害者／サバイバーを保護し、並行して複数の訴訟を起こす負担を軽減することができる

DV裁判所などがある。COVID-19パンデミックの間に実施された措置は、オンライン公判、告訴の受領・解決のための警察・検察・裁判手続きの簡略化など、GBV被害者／サバイバーによる司法へのアクセスの容易化に寄与しており、被害者／サバイバーの司法へのアクセス経路を迅速かつ革新的に改善する可能性が実証されていることから、活用を進める必要がある。

● 効率的な法の執行は、被害者／サバイバーの保護と加害者の説明責任の確保に不可欠であるが、過去5年間に被害者／サバイバーの保護と支援に関して、法執行の実績に関する評価を実施した国は、回答国の45％（22か国中10か国）のみであった。

● 女性と女児の意図的な殺害（フェミサイドやフェミニサイドと呼ばれる）の発生率を引き下げられる措置についてエビデンスが収集されてきたが、各国のそうした取り組みは、その最も極端な形態のGBVを撲滅するのに十分ではない。フェミサイドを記録・分析するプロジェクトやプログラムを実施または資金を提供していると報告したのは、回答国の35％（23か国中8か国）のみであった。

6.1 はじめに

　本章では、司法へのアクセスとGBVに対する説明責任に焦点を合わせる。OECD GBVガバナンス・フレームワークの司法へのアクセスと説明責任の柱（コラム6.1）の中核要素を取り上げる。2022年OECD GBV調査を利用して、法律・司法・社会福祉サービスへのアクセスを強化し、被害者／サバイバーの法的ニーズに対応するためのOECD加盟国の取り組みを考察する。また、危機下などで複数のセクターが連携して対応した優れた実践について検証する。

コラム 6.1　司法へのアクセスと説明責任の柱の重要要素

　OECD GBVガバナンス・フレームワークが総合的で被害者／サバイバー中心の司法制度の重要要素として考案した以下の要素は、司法へのアクセスを保証し、サ

ービスを被害者／サバイバーの法的ニーズに適応させ、加害者の説明責任を強化する。

- GBV対応は被害者／サバイバーのインターセクショナルな法的ニーズを理解して配慮し、司法に対する経済的、構造的、社会的障壁を引き下げる措置を講じる。
- GBVの加害者に説明責任を負わせることは、司法へのアクセスの重要要素である。そのためには、効率的な法の執行を徹底し、保護命令を遵守させ、加害者に働きかけて根本原因に対処する必要がある。
- この柱には、被害者／サバイバーの同意が得られた場合、訴追以外に、または訴追に加えて、（革新的な解決手法などの）司法的対応を考案することも含まれる。
- 政府はフェミサイドに関する分析とデータ収集を実施し、事件の発生を予防する。

資料：OECD (2021a), *Eliminating Gender-based Violence: Governance and Survivor/Victim-centred Approaches*, OECD Publishing, Paris, https://doi.org/10.1787/42121347-en.

　司法へのアクセスは、被害者／サバイバーが被害経験から回復し立ち直るのに必要な保護、支援、説明責任を提供できるため、GBV事件において非常に重要である。また、加害者にその行動に対する説明責任を問うことで、将来の危害に対する保護策を講じることができる。そして、被害者／サバイバーが補償を受けられるようにするとともに、GBVとその影響についての関心を高めることができる。被害者／サバイバーが司法制度を利用して、人生に対するコントロール感を取り戻せるようにすることで、彼女たちをエンパワーメントし、最終的にはGBVの加害者にその行動に対する説明責任を問うことで不処罰を防ぐこともできる。逆に、司法へのアクセスの欠如は、被害者／サバイバーとその家族の社会的、感情的、経済的なアウトカムに悪影響を及ぼす恐れがある。それだけでなく、女性に対する根強い司法格差に加えて、とりわけインターセクショナルなアイデンティティや脆弱な背景を持つ場合、被害者／サバイバーの大多数は被害を通報せず、訴訟を起こさないため、多くが適切な保護と対応を受けられないままになる。2021年の報告書で明らかになったように、被害者／サバイバーは子どもの養育権を失ったり、暴力的環境にとどまることにな

ったりと悪影響に直面する可能性がある（OECD, 2021a）。そのため、アクセスの欠如は、すでにジェンダー不平等と差別を経験している被害者／サバイバーが、さらに力を奪われる原因になりうる（OECD, 2021a）。

6.2 ┃ 被害者／サバイバー中心の司法へのアクセス経路に向けて

6.2.1　司法への経済的、構造的、社会的障壁を取り除く

　GBV被害者／サバイバーによる司法へのアクセスを容易化する明確な戦略を導入するには、被害者／サバイバーが直面する司法への法的・制度的障壁を特定し除去する必要がある。実のところ、被害者／サバイバーの女性の大多数が、被害を関係当局に通報していないことがエビデンスに示されている。国連女性機関の推定によると、暴力の被害に遭った女性のうち、被害を報告するのは40％未満であり、報告する場合でも家族や友人に助けを求めることがほとんどで、警察に通報するのは10％未満である（UN Women, 2020）。さらに、被害者／サバイバーが警察に通報した場合でも、法執行機関とかかわることで二次被害を受けたり、手続きの際にトラウマを追体験したりすることも多く（OECD, 2020）、そうした機関への信頼が欠如する結果になる。こうしたことから、被害者／サバイバーの圧倒的多数の法的ニーズが満たされておらず、依然として司法制度に保護されていないという深刻な現実が読み取れる。

　司法へのアクセスを阻む障壁は女性にも男性にも残っているが、被害者／サバイバーの女性はそうした障壁のひとつである構造的なジェンダー不平等にも直面する。ジェンダー司法格差は世界的に残存しており、世界司法プロジェクト（World Justice Project）によると、世界全体で司法制度に平等にアクセスできると考えている男性は44％であるのに対し、女性は35％のみであった（World Justice Project, 2019）。被害者／サバイバーは経済的および社会的に脆弱なことも、スティグマや訴訟の断念を迫る社会的圧力を受けることも、司法制度を信頼していないこともある。

それが特に当てはまるのは、障害を持つ女性と女児、トランスジェンダーの女性と女児、レズビアンやバイセクシャルの女性と女児、移民の女性と女児、先住民の女性と女児、ヴィジブルマイノリティ（visible minority）の女性と女児、高齢女性、遠隔地や農村地域に暮らす女性と女児、貧困のなかで暮らす女性と女児など、複数の抑圧に直面している女性と女児である。司法へのアクセスを阻む障壁には次のようなものがある。

- ● **経済的障壁**：サービスに直接かかる費用、罰金、交通費、育児、仕事を休めないことなど。
- ● **構造的障壁**：難解な法律用語、認識不足、複雑でわかりにくい訴訟手続き、不十分な法的保護、翻訳された資料や通訳サービスの欠如など。
- ● **社会的障壁**：ジェンダーや他のアイデンティティに基づくステレオタイプ、スティグマや恥、司法制度や他の制度における偏見や差別、司法・法執行職員への不信感、報復の恐れ、教育やリテラシーの欠如など。（OECD, 2021a）

　こうした障壁に対処するには、教育、権利擁護、政策改革、十分な資源と支援サービスの提供などを含む多面的なアプローチが欠かせない。そのためには、被害者／サバイバーを保護するための法律や政策を実施し、GBVと支援を求める重要性について意識を向上させ、法律扶助や他の支援サービスへのアクセスを提供し、女性に対する暴力を永続させる文化的・社会的態度の変容に取り組むことが必要である。さらに、司法へのアクセスを阻む多数の障壁に対処するには、被害者／サバイバーが迅速かつ効果的に司法と保護にアクセスできるように、被害者／サバイバー中心の司法へのアクセス経路を改善することが求められる。そのためには、カウンセリング、医療、法律扶助などの支援サービスを増強し、司法制度において警察官や検察官、裁判官やサービス提供者などの多様な主体間の協力と連携を強化し、コミュニティに働きかける必要がある。
　司法制度からジェンダーバイアスを取り除くことは、すべての人が法の下で平等に扱われるようにするために不可欠である。そのためには、意思決定にお

けるジェンダーバイアスを特定・対処できるように、裁判官や弁護士などの法曹にジェンダーに配慮した訓練を推進し、より多様性のある司法制度を創出するために法曹に占める女性の割合を引き上げ、国民の意識を高めるとともに、意識的または無意識的なバイアスを除去するために司法制度関連の政策と実践を体系的に評価することが必要である。

――法律関連の負担を減らし、障壁を除去するための統合的な司法へのアクセス経路

　統合的な司法へのアクセス経路には、手続きを簡略化して、被害者／サバイバーの負担を減らすことができる被害者／サバイバー中心の司法制度を創出する可能性がある。この手法がもたらす、より総合的なアプローチでは、法律・司法サービスは一貫性のあるシステムの一部であり、法律や司法や他の福祉サービスの提供者間の協力に基づき、ひとつのサービスの流れのなかで法律問題の照会や引継ぎがシームレスに実施される（OECD, 2021b）。国は被害者／サバイバー支援における連携した統合的サービスの重要性と、司法へのアクセスを阻む障壁の除去における国の役割を認識するようになっている。ポーランドでは公正基金（Justice Fund）が一時的宿泊施設やシェルター、教育のほかに、重要な法的・心理的・経済的支援を提供している。基金の目的は、保育料、光熱・水道費、家賃を支援することで、被害者／サバイバーの経済的制約の削減を進めることである。統合的な司法へのアクセス経路は、二次被害の減少にも寄与しうる。たとえばスロベニアでは、二次被害の削減を目的として、さまざまなステークホルダー間で暴力関連の刑事事件のデータや資料の共有を改善する取り組みが行われている（OECD, 2019）。統合的な司法についての詳しい議論は第6.3.2節で取り上げる。

――被害者／サバイバーに法律扶助を提供し、法律情報を利用しやすくする

　法律や司法制度が複雑であることに加えて、国の教育制度が存在するにもかかわらず、法律を理解するための十分な教育と情報を社会的に受けられる機会が実質的に乏しいことを考慮すると、リーガルリテラシーの強化はすべての司

法制度にとって大きな課題である。法律情報の提供は、この課題に対処するひとつの重要な手段である（OECD, 2021b）。

　GBV被害者／サバイバーによる司法へのアクセスを容易化するひとつの戦略は、法律と権利に関する情報を彼女たちに利用しやすくすることである。GBVに対処するための被害者／サバイバー中心のアプローチでは、民法や刑法上のニーズに応える法律扶助などの法的支援メカニズムについて、関係者に十分な情報を提供する必要がある。そうしたメカニズムは彼女たちのニーズに対応したものでなければならず、女児の場合は成熟度や理解度に応じた説明が必要である。女児は司法へのアクセスに際して、司法制度の複雑性に加えて、子どもがそうしたプロセスを乗り切る困難さなど、特有の障壁にぶつかる（OECD, 2021a）。

　法的手続きは多大な費用を要することもある。刑事・民事訴訟の代理人にかかる費用は、虐待を受けた後、場合によってはすでに経済的に脆弱な状況にある被害者／サバイバーにとって、大きな経済的障壁になる。社会的、経済的に恵まれない背景を持つ人々の場合はさらに深刻である。無料または安価なカウンセリングや法的助言は、この障壁に対処する重要なツールになるだろう。法律扶助を導入して、被害者／サバイバーに法的助言や訴訟代理人の費用を補助することも、司法へのアクセスと説明責任の実現に向かう重要な一歩になる。その対象には刑事訴訟だけでなく、離婚訴訟や子の養育権訴訟をはじめ、民事訴訟も含めるべきである。法律扶助は、複雑な手続きや低水準のリーガルリテラシーを含む構造的障壁に対処する有益なツールにもなる。調査から、少なくとも45か国が被害者／サバイバーに対する法律扶助制度を設けており、この措置が女性のエンパワーメントとジェンダー平等に寄与していることが明らかになっている。民間企業（法律事務所を含む）が無料法律相談などのサービスを通じて、直接被害者／サバイバーを支援する取り組みを行っている国もある。オランダには有望な例があり、被害者／サバイバーが利用できる法律扶助プラットフォームを設置している。

> ### コラム 6.2　手頃で利用しやすい法律扶助制度に向けたオランダの取り組み
>
> 　オランダはオンライン紛争解決プラットフォームのRechtwijzerを設立し、法的選択肢に関する総合的な手引きを無料で公開している。同サイトは他のサービスも紹介しており、例としてJuridisch Loket（リーガル・サービス・カウンター）は対面またはリモート（電話またはインターネット）による60分間の無料法律相談を提供している。
>
> 資料：UN Women et al. (2019), *Justice for Women: High-level Group Report*, https://www.justice.sdg16.plus/_files/ugd/6c192f_b931d73c685f47808922b29c241394f6.pdf.

　2022年OECD GBV調査への回答から、OECD加盟国が現在数種類の措置や方式を利用して、GBV被害者／サバイバーに法律と権利に関する情報と法律サービスを提供していることが明らかになった。そうした方式として、対面（カウンセリングや情報センターなど）、無料電話相談やヘルプライン、技術的手段（オンラインなど）による情報提供がある。一部の国（コスタリカやエストニアなど）は、所定の連邦機関を通じて運営することで、そうした措置のいくつかを同時に提供していると回答している。ギリシャもさまざまな方式を利用して情報を発信しており、組織的な全国ネットワークを通じて情報を提供している（コラム6.3）。

> ### コラム 6.3　全国ネットワークを整備してGBV被害者が情報にアクセス可能に
>
> 　ギリシャでは、人口統計・家族政策・ジェンダー平等事務総局（General Secretariat for Demography, Family Policy and Gender Equality: GSDFPGE）がジェンダー平等を所管する政府機関である。また、女性に対する暴力の防止と撲滅も担当しており、欧州評議会イスタンブール条約の実施状況の監視も管轄している。あらゆる形態の暴力の女性被害者（移民や難民を含む）は、GSDFPGEの全国ネットワーク組織（National Network of Structures）から、自分たちの権利、支援サービス、利用可能な法的救済策に関する情報を得ることができる。ネットワーク組織には以下が含まれる。

- ギリシャ全土19か所のシェルター（女性被害者とその子どものための宿泊施設）。
- 全国SOS 15900ヘルプライン。365日24時間無料で、ギリシャ語と英語で相談サービスを提供している。ペルシア語とアラビア語を話す女性のために、通訳を2名雇用している。
- 全国44か所のカウンセリングセンター。多様な言語の通訳を提供する職員がおり、女性に付き添ってサービスを受ける支援をする。2021年、COVID-19パンデミックによる制約のなか、通訳サービスは主に電話やスカイプを利用して提供された。
- ウェブサイトの例
  - https://isotita.gr/w：GSDFPGEの公式ウェブサイト。英語およびギリシャ語で提供され、利用できるサービス、活動、取り組み、最新の（法律）ニュースについて、最新情報を提供している。
  - https://womensos.gr/：GSDFPGEのソーシャルネットワーキングウェブサイトで、一部のみ英語、ギリシャ語、アラビア語、ペルシア語で利用できる。女性に対する暴力の形態、暴力の見分け方、支援の求め先について、情報を発信している。
  - https://metoogreece.gr/：セクシャルハラスメント、性的虐待・暴力の問題に関する情報を収集するための政府初のプラットフォーム。即時の支援・援助を相談できるヘルプラインやさまざまな形態のGBVに関する情報を掲載している。
- テレビとラジオでのスポット広告。女性に対する暴力について情報を提供し、国民の関心を高めるために制作された広告で、ギリシャ政府とEUが共同で資金を提供し、テレビとラジオ、それにGSDFPGEの公式ウェブサイトで放送された。2021年、GSDFPGEは女性に対する暴力への意識を向上させ、国民を敏感にするために、「ナイフのような言葉（Words Like Knives）」キャンペーンを立ち上げた。
- GBV相談と労働相談のための2つのカウンセリングガイド。

資料：OECD（2022）, Survey on Strengthening Governance and Survivor/Victim-centric Approaches to End Gender-based Violence.

　セルフガイド式の支援が、誰にとっても適切でアクセス可能なわけではないことを考慮して、一部のOECD加盟国は法律情報へのアクセスを支援する追加措置を講じていると報告している。たとえば、ハンガリーは法廷証人アドバイザー（Court Witness Advisers）──法廷審問に召喚された証人に情報やカウンセリングを提供する責任を負う裁判所職員──を任命している。同様の仕組

みは英国にも存在し、法務省が法廷ベース証人サービス（Court Based Witness Service: CBWS）に資金を提供している。CBWSは、イングランドとウェールズの刑事裁判所に出廷する証人（および証人が証拠を提示するために欠かせない場合はその家族や友人）に支援と情報を提供して、証人が最も適切な証言を行うサポートをする。弱い立場にある証人や怯えている証人にアウトリーチ支援も追加的に提供している。

コラム 6.4　スロバキア：わかりやすいGBV情報を提供

スロバキアでは、GBV被害者／サバイバーに最初に接触する警察が、口頭および書面で情報を提供する。そうした情報には次のようなものがある。

- 刑事告訴状の記入に関連する手続きと被害者の権利と義務
- 被害者に支援を提供する機関の連絡先
- 必須医療を受ける機会
- 法律扶助の利用
- 生命や健康への危険や脅威または財産への著しい損害が発生した場合に提供される保護の条件
- 通訳と翻訳を受ける権利
- 法執行機関により刑事訴訟手続きで権利の侵害が発生した場合に補償を求める手続き
- 被害者が問い合わせできる連絡先
- 刑事訴訟手続きでの損害への補償請求手続き
- 刑事訴訟における調停手続き
- 和解成立の可能性と条件
- 被害者が負担した刑事訴訟費用の補償の可能性と条件

具体的な事件で情報を提供する職務を遂行する際、警察官は年齢、健康状態、精神状態、具体的犯罪の性質などに応じて、被害者個々のニーズも考慮する。

資料：OECD (2022), Survey on Strengthening Governance and Survivor/Victim-centric Approaches to End Gender-based Violence.

しかし、セルフガイド式の支援にとどまらず、あらゆる形態のGBV被害者／サバイバー——移民や民族集団、特に技術的手段を利用できない者（デジタルテクノロジーに不慣れな利用者、メンタルヘルス問題を抱える者、低所得者、遠隔地居住者、難民、社会的弱者家庭、ホームレス、障害者、虚弱者など）——に届くような幅広い方式や措置での情報提供に関して、格差が残っている。

——有給休暇が司法へのアクセスに与える影響

　被害者／サバイバーはGBVの被害に遭ったことで職場で差別を受けたり解雇されたりすることがないように保護されなければならない（OECD, 2021a）。一部の国は、司法へのアクセスを容易化し、訴訟を起こしても被害者／サバイバーの雇用と所得が何の影響も受けないようにするために、さまざまな措置を導入していると報告している。2022年OECD GBV調査では、被害者／サバイバーに追加で有給休暇の利用を認める措置を実施していると報告したのは、回答国の35％（23か国中8か国）のみであり、15か国はこの種の措置を講じていないと回答している。すべての国が利用可能な有給休暇の期間を規定しているわけではないが、回答は数日（オーストラリアやポルトガルなど）から数か月（スペインなど）と開きがある。オランダのみが、必要な限り有給休暇を利用する権利を認めていると報告した。ほとんどの国は、こうした措置の対象になる被雇用者は、主として公共・民間セクターでフルタイムまたはパートタイムで就労する被雇用者であると回答しており、ポルトガルのみが自営業者と無業者の被害者／サバイバーも対象であると報告している。

　報告された障壁には、特有の経済的障壁など、被害者／サバイバーの視点から障壁を特定し理解することも含まれる。OECD加盟国に共通する課題は、有給休暇を利用した司法へのアクセスを容易化する明確な戦略を確立することである。既存の戦略は柔軟性がなく、一定の従業員と状況に限定されているようである。被害者／サバイバーは場合によっては加害者への保護命令を請求しながら、離婚訴訟や子どもの監護訴訟も起こすことになるため、そうしたアプローチでは多くのニーズに適切に対応するのが困難であろう。

6.2.2　被害者／サバイバーの法的ニーズを理解する

　GBV事案を通報しない割合が高いことと（第3章第3.2.4節参照）、有罪判決率が低いことから、多くの場合、司法制度が被害者／サバイバーの司法ニーズに適切に対応し、さらなる暴力の発生から彼女たちを守り、加害者の説明責任を問うことができていないことがわかる。第一歩として、不処罰を防ぐとともに、暴力行為に対する有効な処罰と慰謝料の取得を可能にするために、被害者／サバイバーの法律・司法ニーズの特定と測定を、法律・司法サービスの設計と提供の中心に据えなければならない。

　一般的に女性は特有の法的ニーズを有し、司法制度とのかかわりは男性と異なる。女性のほうが家族、子ども、教育、社会福祉に関する懸念について多くの困難に直面し（UN Women et al., 2019）、求める法的支援の種類に応じて満足度も異なる（OECD, 2020）。知的・心理社会的障害を持つ女性など、法的能力を欠き、他の差別や障害に直面する可能性がある女性をはじめ、他のインターセクショナルな脆弱性を有する女性も特有の法的ニーズを持っている（UN Women/Women Enabled International, 2022）。

　一般的に、被害者／サバイバーの法的ニーズはそれぞれ異なり複雑である。複数のインターセクショナルなニーズ[1]が虐待や加害者に関係する複雑な感情に結びついていることが多い（OECD, 2020）。オーストラリアでは、IPVやDVの被害を報告した回答者に、12か月間で平均して約20の法律問題（家族法、民法、刑法上のさまざまな問題など）が生じたことが明らかになった（Law and Justice Foundation, 2012）。被害者／サバイバーが直面する主な問題は、虐待から生じるさまざまな法律問題に同時に対処しなければならないことである。被害者／サバイバーの法律問題は、健康、住居、所得、雇用などの問題だけでなく、離婚訴訟、財産分与、保護命令、保育など、他の考えられうる法的ニーズによっても悪化する。オーストラリアの調査から、IPVを報告した人々は家族法関連の問題を経験する可能性が16倍高くなり、消費者、債権・債務、雇用、健康、住居、権利などをはじめとする他の問題——刑法と民法に関連する問題

——を経験する可能性が3倍から6倍高くなることが明らかになっている（Law and Justice Foundation, 2012）。多くのOECD加盟国およびパートナー国での法律・司法制度の複雑さを考慮すると、こうした並行するすべてのプロセスに、複数の弁護士で、数か月から場合によっては数年の期間で対処する必要があるだろう（OECD, 2020）。被害者／サバイバー中心の統合的アプローチは、被害者／サバイバーがこうした複雑なニーズに対処するのに役立ち、場合によっては司法制度の包括的な改革を必要とする（コラム6.5参照）。

コラム 6.5　被害者／サバイバー中心の司法に向けたアイルランドの取り組み

アイルランドが導入した「被害者の手続き支援（Supporting a Victim's Journey）」戦略は、手続きや慣行が被害者／サバイバーにトラウマを追体験させる可能性があることを認識して、被害者、特に性的暴力の被害者／サバイバー中心の司法制度を開発するために、50の改革を取り入れている。この戦略が支援するのは、司法制度における被害者／サバイバーの手続きをマッピングする計画の開発であり、彼女たちが司法というサプライチェーンの各段階を進む後押しをする。重要要素のひとつは、法的手続きにおいて被害者／サバイバーを支援するために、性的暴力の被害者／サバイバーに対応する司法関係者に専門的な訓練を行うとともに、被害者／サバイバーに法律扶助を提供することである。

アイルランド政府はこの改革に専用予算を確保しており、戦略で概説された改革を実施するために、230万ユーロが承認された。

資料：OECD, 2021c; Government of Ireland, 2021.

被害者／サバイバーの法的ニーズを理解するには、包括的ニーズ評価（被害者／サバイバーが経験したGBVの種類、利用可能な法的救済措置、司法へのアクセスを妨げる障壁に関する情報収集など）、ニーズを特定するための被害者／サバイバーとのインテーク面接、医療・シェルター・社会福祉などの支援サービスや法律扶助機関・被害者支援団体・他の社会福祉サービス提供者からの紹介をはじめ、さまざまなデータ収集法に裏付けられた強固なデータに基づく必要が

ある。そうしたデータには、サービス提供者や法的ニーズ調査、ターゲット調査などから得た行政データも含まれる。

　通報されないという問題から行政データの収集は不可欠であるが（第3章第3.2.4節参照）、GBV発生率に関する調査や、法律問題に関して主観的で利用者中心の経験を把握できる被害者／サバイバーの法的ニーズに関する調査で、データソースを補完すべきである（OECD, 2020）。法的ニーズ調査も、障害を持つ女性など、インターセクショナルな脆弱性を有する女性のニーズを理解するのに有益なツールになりうる。一例は近日発表予定の、知的・心理社会的障害を持つ女性を対象にした「女性の法的ニーズ（Women Legal Needs）」調査である（UN Women/Women Enabled International, 2022）。ターゲット調査も、法的ニーズ調査では標本として小数集団の被害者／サバイバーから有益な洞察を得ることができる。そうした女性たちは通報率が平均よりも低いと考えられ、ホームレス、受刑者、高齢者、遠隔地や先住民コミュニティの居住者が含まれる（OECD, 2020）。

　2022年OECD GBV調査の回答によると、GBV被害者／サバイバーの法的ニーズと経験を特定し測定するために、各国は多様なツールを利用している（図6.1）。回答国の62％（24か国中15か国）が、サービス提供者の行政データとターゲット調査を利用していると報告している。これらの国のほとんどは、ターゲット調査と行政データを組み合わせて利用している。しかし、被害者／サバイバーのニーズを把握するための法的ニーズ調査の実施状況には依然として大きな開きがあり、この種の調査の実施を報告している国は4か国にすぎなかった。こうした手段を導入すると、そうした人々のGBV関連の法的ニーズと経験の相互関連性への理解を広げるのに役立つ。

　2022年OECD GBV調査への回答によると、被害者／サバイバーのニーズと経験を考慮する際に国が直面する主な課題は、大きく3つに分類される。

1）制度とデータに関する限界：適切なデータソースとニーズの判断、行政データを一貫して記録するサービス提供者の能力の欠如、歴史的に周縁化されていた

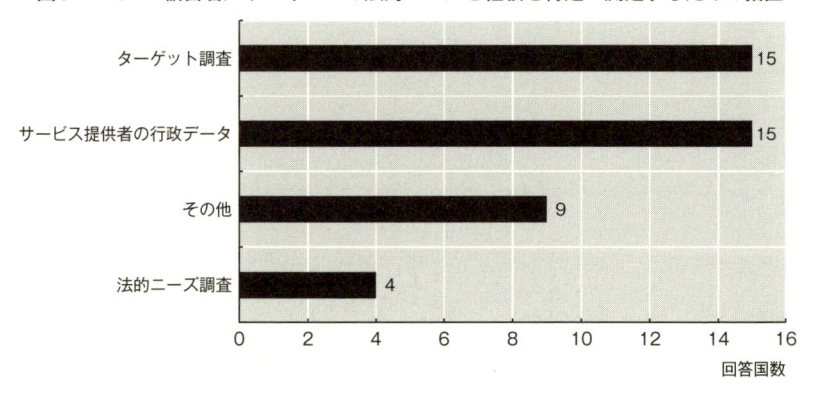

図6.1 GBV被害者／サバイバーの法的ニーズと経験を特定・測定するための措置

注：当該質問への回答国数は24。「その他」と回答した国は、法執行機関を対象にした調査、学術機関と協力した研究プログラム、個人ニーズ調査を採用していた。
資料：OECD (2022), Survey on Strengthening Governance and Survivor/Victim-centric Approaches to End Gender-based Violence.

人々に関するデータの欠如、情報収集を担当する職員の訓練・意識の不足が挙げられる。

2）組織間の問題：報告基準や慣行の組織ごとの相違、データ収集と分析に関してGBV被害者／サバイバーとやりとりする団体間の連携の欠如が挙げられる。

3）被害者／サバイバーへの対応に関連する限界：しばしば被害者／サバイバーの側に情報と信頼が欠如していることによる。

一例としてハンガリーは、法的ニーズを含め、被害者の個々のニーズを評価するために、政府の被害者支援担当者が個人ニーズ評価を実施していることを報告している。ニーズ評価では、被害者に刑事訴訟の知識があるか、刑事訴訟手続きの間、支援が必要かを判断する。こうした実践は、いつどのようにGBV被害者が司法的または非司法的な選択肢に頼るのかについて、理解を進める一歩になると考えられる。

6.3 ┃ GBV事件の説明責任に対する解決手法とアプローチ

　解決手法には修復的司法イニシアチブ、問題解決型司法、治療的司法がある。ほとんどのOECD加盟国は問題解決型裁判所を設立しているか、特定の分野の刑事裁判で問題解決型の原則を整備している（OECD, 2016）。そうした取り組みには犯罪の根本原因、刑務所や拘置所の過密などの司法制度の構造的問題、コミュニティの社会的ニーズと問題などへの対処が含まれる。こうした手法で重視しているのは、総合的で修復的なアプローチを有する多様な解決手段である。GBVに対する問題解決型司法に関する研究のほとんどは、DV事件に焦点を合わせており、不起訴件数だけでなく再犯者数も減少させる可能性があることが有望なエビデンスに示されている。一方、訴訟に関する被害者／サバイバーの満足度も上昇する可能性がある（Center for Justice Innovation, 2019）。

　問題解決手法と問題解決型裁判所は、実のところ裁判所のタイプや国によって異なるが、問題解決型司法の重要な原則の一部は以下のとおりである。

1) **創造的な（裁判所内外の）パートナーシップ**：問題解決型裁判所（GBVの場合、最も一般的なのは専門的なDV裁判所）を設置する。この裁判所は加害者とも密接にかかわり、サービスや治療の提供者も参加する。

2) **チームアプローチ**：裁判官・検察官・被告側弁護士の役割は問題解決型アプローチの特徴に合わせて進化・順応し、再犯の可能性を引き下げるために加害者の更生を目指す。チーム（ソーシャルワーカーやサービス提供者も含まれる）は裁判所の決定に協力して取り組む。

3) **裁判所による働きかけ**：問題解決型裁判所（DV裁判所など）の裁判官は、加害者と積極的に関係を構築するよう努め、加害者に治療プログラムの進展を動機付ける。

4) **裁判所による監視**：加害者は状況聴取の間、定期的に行動の説明を義務付けら

れており、進捗状況が監視される。

5) **情報に基づく意思決定**：問題解決型裁判所（DV裁判所を含む）では、裁判官は事前に（サービス提供者やソーシャルワーカーを通じて）加害者と個々の事件に関する知識を得ていることが多い。また、犯罪行動について考えられる根本原因とDVのダイナミクスに関する教育も受ける。

6) **調整したアプローチ**：問題解決型裁判所（DV裁判所を含む）は刑事事件に対して、裁判官が「事件の処理者」としてしか行動しない「画一的」なアプローチは取らない。代わりに、問題解決型裁判所の判決では、各事件の特有のニーズに対応し、犯罪行動の根本原因に対処しようとする。

7) **説明責任**：説明責任は問題解決型裁判所の重要要素であり、裁判官は評決後も、定期的な報告を通じて加害者の治療プログラムやコミュニティサービスの修了を監視することもある。

8) **結果の重視**：問題解決型司法は、被害者（安全性）、加害者（再犯性）、コミュニティに対する事件処理の影響を評価することで、結果を測定する。また、コストを削減し、刑務所や拘置所の過密を緩和し、国民の信頼を向上させることで、司法制度に好ましい成果を生み出すことも目指す。（OECD, 2016）

6.3.1 修復的司法と裁判外紛争解決手続きの仕組み

前述のとおり、裁判所はGBV事件に対処するために修復的司法の利用を認めることもある。しかし、そうした措置を提供するのは特定の場合のみでなければならない（OECD, 2021a）。イスタンブール条約は署名国に対し、調停や仲裁をはじめ、義務的な裁判外紛争解決手続きの禁止を義務付けている（第48条）。イスタンブール条約の説明書は、DVの被害者は加害者と対等の立場でこの手続きに加われることは決してなく、加害者のほうがつねに立場が強く支配的であり、国はDVの再被害者化を回避する責任を負うと明記している。それにもかかわらず、ほとんどの欧州諸国ではDV事件で実際に（任意の）裁判外紛争解決手続きと修復的司法が取り入れられている（Drost et al., 2015）。

2022年OECD GBV調査の各国の回答から明らかになったように、代替的手

段の前提条件のほとんどに被害者の安全が含まれている。たとえばメキシコで
は、管轄当局は調停に入る前に、被害者に利用可能なすべての選択肢と手続き
を通知しなければならない。スウェーデンでは、調停（従来の刑事司法制度で
は適用されないが、国または地方自治体が任意で適用する）は代替的ではなく、補
完的な手段である。主として若年加害者を対象に、適切な同意があった場合に
のみ任意で利用される。ルクセンブルクでは、調停は被害者の同居者が犯した
罪には利用できない。ハンガリーでは、調停人は事案からGBVやDVの兆候
を読み取るための訓練を受け、関係者の間に明らかな力の不均衡が存在し、再
被害者化の恐れがある場合、調停は推奨されない。

　ほとんどの国では、調停の結果は当事者（すなわち被害者と加害者）が達した
合意である。しかし、一部の国はそれにとどまらず、修復的な仕組みを取り入
れている。たとえば、ギリシャは調停を成功させるために、加害者が今後いか
なるDVも犯さないことを誓約し、DVをケアするための専門のカウンセリン
グ施設や治療プログラムに参加し、その行為が引き起こした結果を可能な限り
修復し、被害者に妥当な金銭的賠償を行うことを義務付けている。3年の期間
内に条件のいずれかに違反があれば、金銭請求に関して事件は取り消される。
カナダでは連邦矯正保護局（Correctional Service of Canada: CSC）が判決後の修
復的機会（Restorative Opportunities）プログラムを管理しており、犯罪（GBV
事件を含む）の被害を直接・間接を問わず受けた人々に、その被害を引き起こ
した加害者と対話をする機会を与える。プログラム（すべての関係者にとって参
加は任意である）は、当事者のニーズに最も適合し、専門的な調停人の力を借
りて当事者が明らかにした、多様な被害者・加害者調停モデルを利用する機会
を検討する。

　ハンガリーは調停人に訓練を実施して、調停のための対話を行う調停サーク
ル（peace-making circles）を促進していると回答しているが、実際に利用され
ることはまれであると報告している。オランダは家族集団会議を実施して、社
会福祉と医療の専門家が刑法システムと連携して、DVの通報や事件に取り組
んでいると報告している。いずれの回答国からも、コミュニティベースの地域

修復委員会を設置しているという報告はなかった。

6.3.2　問題解決型手法を取り入れるためのパートナーシップと機関間協力
　　　——DV裁判所

　前述のとおり、OECD加盟国は問題解決型手法と革新的な修復的措置をます
ます利用するようになっている。数か国のOECD加盟国が採用している問題
解決型手法への綿密な研究アプローチでは、DV事件とIPV事件に重点が置か
れている。DV裁判所は被害者／サバイバーの保護を重視して、加害者のケア
や更生よりも優先している（OECD, 2016）。こうした措置には、カウンセリン
グやシェルター、権利擁護など、幅広いサービスが含まれ、加害者はしばしば
介入プログラムへの参加が義務付けられ、DV裁判所の裁判官にそれを報告し
なければならない。

　さらに、こうしたDV裁判所は、統合されている場合、さらに総合的なアプ
ローチを提供することができる。その場合、DV裁判所の裁判官はDV関連の
訴訟だけでなく、それに付随する養育監護、面会交流、民事保護命令、婚姻問
題など、民事問題を処理し、それによって支援サービスへのアクセスも改善す
る。こうした統合的ソリューションは、より総合的で分野横断的であり、支援
サービスのアクセスと連携が向上する。そうしたソリューションは監視の有効
性を高めて、加害者の説明責任と遵守を強化することができ、裁判官は当該家
族に関する十分な詳細情報を得たうえで判決を下すことが可能になる（OECD,
2016）。有望な例として、米国ニューヨーク州はDV裁判所と総合DV裁判所の
両方を設置している（コラム6.6参照）。

> ### コラム6.6　米国の専門的な総合DV裁判所
>
> 　ニューヨーク州はDV裁判所と総合DV裁判所を導入して、DVに迅速で一貫性の
> ある対応を取り、被害者／サバイバーの安全と加害者の説明責任を優先している。
> 　DV裁判所には専任の裁判官がいて、事件の裁判長を務めるほか、加害者や保護命

令の遵守状況を監視する。これらの裁判所にはリソースコーディネーターもいて、各事件の個人の特徴について裁判官に情報を伝え、各機関に報告責任を負わせ、加害者をスクリーニングして裁判所が指示したプログラムに紹介し、効果的な情報共有のために警察・被告人の弁護人・検察官と連携する。さらに、現場で被害者／サバイバーの一次連絡窓口となる被害者支援担当者もいて、安全計画を作成し、住居相談や他の社会福祉サービスを調整し、被害者／サバイバーに刑事訴訟手続きの情報を提供する。最終的に、DV裁判所に関する調査と評価を担当する職員が定期的にフィードバックを行い、介入プログラムの成果を検証し、加害者の裁判所命令の遵守状況を分析する。

　こうしたすべての要素に加えて、総合DV裁判所の裁判官は刑事DV事件（および養育監護や面会交流など、関連する親子関係の問題）、民事保護命令、婚姻訴訟も扱う。その目的は、矛盾する命令を排除し、被害者の負担を軽減し、加害者の説明責任を高度に追及することである。このソリューションにより、被害者／サバイバーの発言権が大きくなり、虐待者の起訴を妨げる重要な家族の問題に、よりよく対処できるようになる。

資料：OECD, 2019; State of New York, n.d..

——パートナーシップとファミリー・ジャスティス・センター

　機関間協力と司法当局は問題解決型司法イニシアチブの成功の重要要素であり、司法制度にプラスの結果をもたらす。もっと具体的には、創造的なパートナーシップ、チームアプローチ、司法の情報交換は、事件の状況について情報に基づく意思決定プロセスを生み出し、被害者を重視した肯定的な結果につながる（OECD, 2016）。

　そうしたパートナーシップの注目すべき例がファミリー・ジャスティス・センターであり、共同配置した多分野のサービスをDV被害者／サバイバーにワンストップで提供する。この総合的サービスは、被害者に総合的な支援を提供し、加害者に説明責任を負わせることができる（第5章も参照）。ファミリー・ジャスティス・センターは被害者／サバイバーに包括的な医療・法律サービスやカウンセリングを提供し、彼女たちを裁判制度につなぎ、法律サービスだけ

でなく、公的給付の支援や権利擁護、安全計画作成など、他のサービスへのアクセスも促す。ファミリー・ジャスティス・センターは2022年に米国で初めて設立された後、ベルギー、カナダ、フランス、ドイツ、アイスランド、イタリア、オランダ、北アイルランド、ポーランド、スウェーデンをはじめとする数か国のOECD加盟国がこのイニシアチブを導入してきた（EUCPN, 2022）。ファミリー・ジャスティス・センターとパートナーシップの例はコラム6.7で紹介する。

コラム 6.7　OECD加盟国で修復的措置を実施するためのパートナーシップとファミリー・ジャスティス・センター

ベルギー

　ベルギーでは、分野横断的アプローチの開発がGBVフレームワークの主な焦点である。フランス語圏では機関の連合体が、女性に対する暴力（有害な慣習的慣行を含む）の連絡窓口になる専門家間で、分野横断的なケアの連携を可能にするパイロットプロジェクトの開発支援を計画している。ブリュッセル首都圏地域も、IPVに対する多部門連携アプローチを開発して、IPVの複雑な状況において検察庁、警察、司法施設、支援サービス、地域関係者の協力を強化することを目指している。フランドル地方ではファミリー・ジャスティス・センターが、社会福祉サービス、警察、司法制度が1か所で強力に連携するネットワーク組織として、DV（家族内での暴力と児童虐待）の防止に取り組んでいる。フランドル地方では、地方自治体から部分的に支援を受けながら3つのファミリー・ジャスティス・センターが稼働している。

カナダ

　カナダでは、司法省が州および準州と費用を分担するパートナーシップで、先住民主体の、コミュニティベースの司法プログラムに資金を提供している。こうしたプログラムは、司法の連続性に沿ってプログラムを提供する（予防、非刑罰的処理(diversion)、社会復帰）。コミュニティプログラムでは、被害者、（告訴された）加害者、他のコミュニティメンバーへの働きかけにおいて、修復的司法や他の伝統的な先住民の慣行を利用する。このプログラムの評価は5年ごとに実施される。

イタリア

　ファミリー・ジャスティス・センターは国の法律で明確に定義されており、1か所で総合的なサービスを紹介することを意味する。ポリクリニック性的暴力・家庭内暴力支援（Soccorso Violenza Sessuale e Domestica del Policlinico: SVSeD）センターなど、イタリア全国の複数の施設がこの構造を採用しており、欧州ファミリー・ジャスティス・センター・アライアンスの一部でもある。その目的は、DVの予防、訓練と意識向上を通じた教育、統合的サービスを通じた被害者／サバイバーとその子どもの福祉の確保である。

　SVSeDには医療従事者やソーシャルワーカーからなる分野横断的チームがあり、健康支援、法医学的支援、心理的サポート、社会的支援などを提供する。被害者／サバイバーには、民事・刑事専門弁護士から法律上の助言や支援も無料で提供される。SVSeDはDVに関する研究も行っており、従事者に社会、健康、司法、法執行の分野の訓練も実施している。

資料：OECD（2022）, Survey on Strengthening Governance and Survivor/Victim-centric Approaches to End Gender-based Violence; Fondazione G.B. Guzzetti, 2021.

　GBVに対する問題解決型司法のソリューションは、OECD加盟国でさまざまな課題に直面してきた。パートナーシップ、家族集団会議、調停サークル、地域修復委員会など、革新的な修復的司法メカニズムを実施する余地が残っている。一般的に、刑事司法制度は過重な負担を強いられており、財政的・人的資源の不足に苦しんでいる（UNODC, 2021）。こうした状況では、専用の予算の不足とジェンダーに配慮した専門的訓練の欠如が、修復的司法メカニズムを導入する際の根本的課題になっている。

6.4 ┃ 説明責任と評価はGBV対応の有効性向上に不可欠である

6.4.1　被害者／サバイバーの保護と効果的な法執行対応

　加害者に説明責任を負わせ、被害を見極め、将来の犯罪を抑止する必要があるため、有効な説明責任は、問題解決型手法のひとつとしてGBV事件では特

に重要である。GBVに関する説明責任に対しては、主に（1）多様な形態の GBV を犯罪化する——GBV法を制定するだけでなく、司法制度における法の機能を監視する——ことと、（2）GBVの加害者に説明責任を負わせることの2つのアプローチがある。それには訴追と、仲裁や調停、和解やオンライン紛争解決などの裁判外紛争解決手続きが含まれる。しかし、代替的な解決手続きは義務的なものであってはならず、採用するのは被害者／サバイバーが同意した場合に限定されなければならない（OECD, 2021a）。

　法執行機関はGBV法の有効性に本質的に結びついている。2022年OECD GBV調査によると、調査に回答した22か国のうち、過去5年間に被害者／サバイバーの保護と支援における法執行の実績について、調査を実施または委託したと回答したのは10か国のみであった。6か国は実施していないと回答した。1か国のみが他の形式の評価を実施したと回答し、3か国が他の形式の評価を開発していると報告した。注目すべきこととして、3か国のうちの2か国が、被害者の支援と保護の改善に特に重点を置いて、こうした評価を設計していると報告している。英国が有望な例を報告しており、英国では警察のサービスが犯罪被害者のためにどの程度有効で影響力を有しているかを評価するために、王立警察消防救急サービス監督局（His Majesty's Inspectorate of Constabulary and Fire & Rescue Services: HMICFRS）が警察に対する評価枠組みを整備している。

　さらに、法執行機関は被害者／サバイバーにとって司法制度の連絡窓口である。したがって、警察官が信頼を与えること、またトラウマを追体験させないような形で被害者／サバイバーに対応する訓練を十分に受けることが不可欠である。また、法執行関係者は通報された事件の初期リスク評価を実施できる必要があり、危険な兆候を突き止め、被害者／サバイバーを保護するための必要な措置を講じなければならない。もっと一般的なジェンダー平等に関する訓練によって、被害者／サバイバーに対するジェンダーに基づく偏見を減らすことも必要である（EIGE, 2019）。オーストラリアに有望な実践例がある（コラム6.8）。警察官の訓練が、とりわけ「支配的・強制的な行動」の識別において、

検挙件数に好ましい効果をもたらしていることが明らかになっている（Brennan et al., 2021）。法執行における訓練の恩恵を最大限に活用するために、訓練を定期的に評価する必要がある。

コラム 6.8 **よりよいGBV対応のための法執行機関の能力構築**

オーストラリア

　オーストラリアでは、内務省が410万米ドルの予算を受けて、親密なパートナーや家族からのあらゆる形態の暴力や性的暴力の被害者／サバイバーを特定して支援するために、法執行機関の能力を構築することで、女性と子どもの安全を強化する全国的な訓練パッケージを実施している。パッケージでは、強制的な支配、性的暴行、子どもの安全、態度と行動、テクノロジーを悪用した暴力の5つの分野に特に重点を置いている。

資　料：OECD（2022）, Survey on Strengthening Governance and Survivor/Victim-centric Approaches to End Gender-based Violence.

　GBVに対応する法執行のシステムにおいて、被害者／サバイバーの保護が重要要素であることを考えると、保護メカニズム（すなわち、保護命令や退去命令などの付随的命令）がGBVに対応する法律の重要要素である。そうしたメカニズムは、被害者／サバイバーのニーズと利益を念頭に適用されなければならない（OECD, 2021a）。OECD GBV調査への回答では、多様な形態の保護措置——具体的には、接近を禁止する保護命令、緊急接近禁止命令、電子監視装置、接触禁止令——の採用で広く意見が一致していた。もうひとつの共通点として、接近禁止命令違反はほとんどの国で刑事犯罪とみなされている。

　一部の国では電子監視の適用は特定の種類の事件に制限されており、一般的には重罪でない場合や他の保護措置と組み合わされる場合である。カナダでは、電子監視の適用は条件付き刑に服している加害者や、仮釈放が認められた加害者、一時帰休が許可された加害者には認められていない。コスタリカでこの種の措置が実施されるのは、性犯罪事件ではない場合、加害者が主犯の場合、刑

罰が6年を超えない懲役刑の場合、小火器が使用されていなかった場合、加害者が脅威ではないことが明白な場合である。保護措置に関する有望な実践は、メキシコ、ノルウェー、スロバキアにみられる（コラム6.9参照）。

コラム 6.9　OECD加盟国におけるGBV被害者／サバイバーのための保護措置の例

メキシコ

メキシコでは、女性が暴力のない生活を送るための一般法（General Law of Women's Access to a Life Free of Violence）が、保護命令を被害者の最善の利益の観点から緊急に適用される行為であると定めている。これらは基本的に予防的な措置であり、犯罪または違反とされる暴力行為を認識した時点で裁判官によって発出されるか、関係者、行政機関、検察庁、または管轄権を有する司法機関によって請求されなければならない。

ノルウェー

ノルウェーでは、仮禁止命令を請求する手続きには、警察の捜査報告書と家庭内の暴力または虐待の被害者との聴取とが必要である。被害者はそうした命令を警察に請求することもできる。

スロバキア

優れた実践には、こうした命令による影響、とりわけ被害者／サバイバーと子どもへの影響を最小限に抑えることも必要である。スロバキアでは、DVのリスクのある人々の保護を担う警察隊は、共同所有する住居から暴力的な者を退去させる権限を有している。その際、警察は地域を担当する「介入センター」に、共同所有の住居からの退去を通知する。警察官は暴力の脅威に瀕している者に、DVの被害者を支援する介入センターや他の利用可能な専門機関の情報を提供する。DVが発生している家庭に子どもがいる場合、または子どもがリスクに瀕している場合、警察は子どもの社会的・法的保護や社会的後見を管轄する機関に情報を提供する。

資料：OECD（2022）, Survey on Strengthening Governance and Survivor/Victim-centric Approaches to End Gender-based Violence.

　一部のOECD加盟国は、被害者／サバイバーの保護と支援における法執行機関の実績に関して評価を実施しているが、ほとんどの国は行っていない。OECD加盟国は保護措置（すなわち命令）、とりわけ別居を目的とする措置が、被害者／サバイバーや子どもに与える影響を最小限に抑える対応を強化する際に、共通の課題に直面している。

6.4.2　加害者に説明責任を負わせるための働きかけ

　説明責任には、GBVの根本原因に取り組むことを目的とした措置が伴わなければならない。重点を置く必要があるのは、GBVの発生を防ぐ可能性のある予防プログラムであるが（第3章第3.2.5節も参照）、問題解決措置には加害者に説明責任を負わせるだけでなく、犯罪を繰り返さないよう加害者を支援する可能性がある（第4章第4.2.2節も参照）。問題解決型司法で取られるアプローチと同じく、加害者への働きかけには以下の要素が必要である（OECD, 2016）。

- **協力**：政府や政府機関、民間セクター、コミュニティベースの団体をはじめとする多様な分野の主体が、介入を確立するためのパートナーシップを形成する必要がある。適切な情報共有と訓練に基づく司法制度と他のセクターの主体との協力は、加害者に対する定期的なフォローアップと接触によって、「加害者から目を離さない」でいることを可能にする（ANROWS, 2020）。
- **加害者の説明責任を重視**：加害者は説明責任を負い、適正な処罰を受ける必要があるが、完全に懲罰的なアプローチは再犯の予防には有効ではない。司法と結びついた計画的介入など、エビデンスに基づく幅広い対応を取り入れる必要がある。
- **犯罪行動の根本的問題に対処**：GBVはより広範な社会的問題の結果である場合もあるが、問題解決型司法は、心理的理由など、犯罪につながった個人的理由の解決を目指すことができる。
- **コミュニティと被害者／サバイバーの参加**：問題解決型司法ソリューションの開発に際し、コミュニティおよび被害者／サバイバーの意見を聞くことが望ましい。

加害者の再犯を防止する措置の導入は、構造的問題への対応の提供を目指す壮大なタスクであり、再犯に寄与するすべての要因に必ずソリューションを提供できるというわけではない。専門家によると、しばしば自身の暴力行為とその結果を受け入れられず、有害な男らしさを改めようとしない加害者に働きかけるのは困難である（Procentese et al., 2020）。

　保護命令を含む法的措置は加害者が真剣に受け取らない場合があり、彼らはそうした措置を「紙切れ」と見なして、権限を有するものとして受け止めようとしない。それがとりわけ当てはまるのは、加害者が犯罪は国ではなく被害者／サバイバーを利するために訴追されており、自分たちは「制度」から迫害を受けていると信じている場合である。男性の加害者は司法制度が女性に甘く、裁判官が「一方の言い分」を聞いて早合点していると考えていることがある（ANROWS, 2020）。そうした認識が、法の遵守と説明責任の低下につながっている。

6.4.3　説明責任を強化するため、また予防措置の一環として、フェミサイドを調査する

　統合的サービス提供など、革新的ソリューションに支えられた、より包括的な法的・政策枠組みが採用されるようになっているにもかかわらず、どの国も最も極端な形態のGBVであるフェミサイドの撲滅に今なお苦慮している。WHOによると、フェミサイドとは女性であることを理由に女性を殺害する故意の殺人と一般に理解されるが、より広範な定義では、あらゆる女性と女児の殺害を含む（WHO, 2012）。フェミサイドという言葉は、政府と社会の側が故意による女性の殺害を防げなかったことを意味する。第1章で言及したように、故意による女性と女児の殺害の発生率は依然として高く、世界全体では2021年に4万5,000人の女性と女児が親密なパートナーまたは他の家族に殺害されており（UNODC/UN Women, 2022）、親密なパートナーおよび他の家族がこの犯罪の加害者の大部分を占めている。フェミサイドと有罪判決率に関するデータは不足しているが、それは有罪判決に関する統計データが殺人の種類別に細

分化されることがめったにないためである（UNODC, 2019）。しかし、英国での研究から、2020年には加害者の60％が謀殺罪で、19％が過失致死罪で有罪判決を受けたことが明らかになった。この研究では、加害者の53％がGBVの前歴が知られていたことも判明している（Femicide Census, 2020）。

　フェミサイドは防ぐことができる。特に親密なパートナー関係において、長期間にわたって複数のリスクファクターが現れている場合があり、それらはサービス提供者がリスク評価・管理メカニズムを用いて特定でき、適時の介入によって死に至る事件を防ぐことが可能である（第3章第3.2.5節も参照）。適切なリスク評価・管理のほかに、司法へのアクセスの改善も、フェミサイドのリスクのあるGBV被害者／サバイバーへの迅速な保護の提供につながる。

　GBVフレームワークには、女性がなぜどのようにジェンダーに関連した死の危険に直面するのかをより適切に把握するために、フェミサイドを追跡する措置を含めなければならない。死亡審査チームを設置して個々の事例を集約し、加害者と被害者／サバイバーの両方に関する統計データを収集して、前兆とパターンの検出を改善する必要がある（OECD, 2021a）。

　フェミサイドの把握と予防は、詳細で信頼できる記録から得た、被害者、加害者、両者の関係性、環境、行動の動機とパターンなどの特徴を特定するデータの存在に大きく依存する。こうした情報は、正式文書（警察記録、訴訟記録、その他の公共サービスの記録、公的に利用可能な医療記録など）、新聞記事、被害者／サバイバーと適切な連絡を取っていた人々の証言や彼らからの聞き取り調査の結果から収集することができる（OECD, 2021a）。

　既存の行政データ源はしばしば不完全で、めったに更新されず、特定の殺人をフェミサイドに分類すべきかどうかを判断するための文脈情報が欠如している。フェミサイドの通報も多くの場合、スティグマや危険を招きかねず、通報された場合でも、不処罰の文化によって適切な捜査が妨げられることが多い（HRDAG, 2021）。こうした問題に対して、データ収集努力を調整・強化するための枠組みが必要である。たとえば、国連薬物犯罪事務所（United Nations Office on Drugs and Crime: UNODC）と国連女性機関が開発した統計枠組みは、

フェミサイドに関するデータ収集を改善する有益なツールになるだろう（コラム6.10参照）。

コラム 6.10　女性と女児を標的とするジェンダーに関連する殺人（フェミサイド／フェミニサイド）を分析する国連の統計枠組み

ジェンダーに関連する殺人（フェミサイド／フェミニサイド）を分析するための指針を提供する包括的な統計枠組みを、UNODCが国連女性機関と共同で開発し、国連女性機関ジェンダー統計に関するグローバル・センター・オブ・エクセレンス（Global Centre of Excellence on Gender Statistics: CEGS）、UNODC-INEGI政府・犯罪・被害者化・正義に関する統計情報センター・オブ・エクセレンス（Centre of Excellence in Statistical Information on Government, Crime, Victimisation and Justice）、UNODC研究動向分析部門（Research and Trend Analysis Branch）が実施した。

この枠組みは、フェミサイドを女性・女児の殺害や女性・女児の意図的な殺害と区別する特徴の一覧を提示して、フェミサイドの統計的定義を提供する。

この枠組みは統計的定義に基づいて、フェミサイドに関するデータを収集する際に考慮すべき3つのデータブロックを明確化し、ブロックごとにコア変数をまとめている。3つのデータブロックは、（1）親密なパートナーによる女性と女児の殺害、（2）他の家族による女性と女児の殺害、（3）その他の加害者による女性と女児の殺害である。

枠組みでは、親密なパートナーと家族による殺害がジェンダーロールに関係していることを裏付ける確かなエビデンスを提示して、加害者と被害者の関係性をコア変数として検証することを推奨している。その他の加害者による殺害の動機に関して入手できるエビデンスが少ないため、枠組みは殺人をジェンダーに関連するものとみなす8つの基準を提案している。

- 殺人の被害者は殺害の首謀者からそれまでに身体的、性的、心理的暴力・ハラスメントを受けたことがあった。
- 殺人の被害者は人身売買、強制労働、奴隷などに関連する違法な搾取の被害者であった。
- 殺人の被害者は誘拐された、または違法に自由を奪われた。

- 被害者は性産業に従事していた。
- 被害者に対する性的暴力は殺害の前後両方またはどちらかに行われた。
- 殺害に際し、被害者の身体の切断・切除が行われた。
- 被害者の遺体は公共の場に遺棄された。
- 女性または女児の殺害がジェンダーに基づく憎悪犯罪（ヘイトクライム）であった。すなわち、加害者の側の女性に対する明確なバイアスによって標的にされた。

資料：UNODC/Un Women（2022）, *Statistical Framework for measuring the gender-related killings of women and girls（also referred to as "femicide/feminicide"）*, https://www.unodc.org/documents/data-and-analysis/statistics/Statistical_framework_femicide_2022.pdf.

　2022年GBV OECD調査への回答から、OECD加盟国がフェミサイドに関する情報を、主として公式文書を通じて収集していることが明らかになった。回答国の大半は、警察記録と犯罪記録から情報を収集していると報告した。

　行政データ源からフェミサイドに関するデータを収集していると複数の国が報告している。その一例がスペインで、フェミサイドに関するデータ収集は組織的な共同作業として行われている。ジェンダーに基づく暴力に対する政府代表部（Government Delegation Against Gender-Based Violence）が、スペイン国立統計局（Statistics National Institute）から有益なデータの公式情報源として指定された他の機関からデータを収集する責任を負う。また、GBVに関する全国の統計業務、すなわち、GBV殺人、ヘルプライン016のコールセンターのデータ、GBV被害者／サバイバー保護のための電話サービスATENPROのデータ、電子デバイスシステムのデータ、自治体のデータを管理している。他の例としてコスタリカの全国フェミサイド防止小委員会（National Sub-commission on the Prevention of Femicide）があり、ジェンダー検察庁（Gender Prosecutor's Office）、司法におけるジェンダーのための技術事務局（Technical Secretariat for Gender of the Judiciary）、ジェンダー暴力監視局（Observatory on Gender Violence）、司法捜査局（Judicial Investigation Agency）、司法統計のためのサブプロセス（Sub-Process for Statistics of the Judiciary）、国立女性保護機関（National Institute for Women: INAMU）の代表者で構成される。小委員会は女

性の暴力的な死を記録、監視、分析、分類する責任を負う。

　他の情報源からの追加的データを用いて、公式統計を補完している国もある。カナダの例をコラム6.11で取り上げる。

コラム6.11　カナダ：幅広い情報源を用いてフェミサイドに関する公式統計を補完

　カナダでは殺人事件調査（Homicide Survey）データに、被害者と加害者の性別、殺害の動機、犯罪発生場所、犯罪歴などの情報が含まれている。こうした情報は毎年公表され、ジェンダーを動機とする殺人の被害者になるリスクが最も高い住民を突き止めるのに役立つ。さらに、カナダ司法と説明責任のためのフェミサイド監視局（Canadian Femicide Observatory for Justice and Accountability: CFOJA）が、このカナダ統計局のデータをメディア報道の情報と組み合わせて、カナダにおけるフェミサイドに関する年次報告書を作成する。この報告書は殺人の件数、状況的要因、地理的パターン、被害者の年齢、被害者と加害者の関係性、被告の性別と年齢などを記録している。こうしたデータや報告書は、カナダにおけるフェミサイドに対する社会と政府の対応を文書化するというCFOJAの大目的を支えている。

資　料：OECD (2022), Survey on Strengthening Governance and Survivor/Victim-centric Approaches to End Gender-based Violence.

　データを細分化するというアプローチは、ジェンダーに関連する動機が原因で起こったと考えられる犯罪を突き止め、そこから、その集団が経験した暴力に対応するフェミサイドの定義に迫るのに役立つ。フェミサイドを事前に詳しく定義するのではなく細分化することで、研究者は自身が研究中の定義と一致する事例を突き止めることができるだろう（HRDAG, 2021）。

　OECD GBV調査への回答から明らかになったように、多数の国が司法制度において「フェミサイド」という概念の採用や定義を行っていなかった。また、フェミサイドを記録し分析するプロジェクトやプログラムを実施しているか、資金を提供していると報告した回答国は35％（23か国中8か国）のみであった。

　注目すべきこととして、フェミサイドを分析する取り組みを実施したと回答

した国のほとんどが、DV事件の枠内でそれを行っている。ポルトガルは2016年にDV殺人検証チーム（Equipa de Análise Retrospetiva de Homicídios em Violência Doméstica: EARHVD）を設置して以来、IPVの文脈で発生した殺人を、裁判所の判決確定後、さかのぼって分析している（それによって、国際的に理解されている一般的なフェミサイドに該当すると判明する場合がある）。

　ほとんどの国が法律においてフェミサイドという概念を定義しても取り入れてもいないだけでなく、ほとんどの加盟国はフェミサイドやその可能性についてデータの収集も細分化も行っていない。記録されていないフェミサイド事案の推定、フェミサイドのデータにみられるパターンの把握、頑健な定量分析を可能にする複数の情報源からの情報収集などの不作為は、是正することができる。もうひとつ明らかに共通して欠如しているのは、IPVの領域にとどまらずに、フェミサイドとその可能性に関する情報の分析に役立てることを明確な目標とした戦略の実施である。

6.5 ┃ COVID-19パンデミック下でのGBVに対する司法の対応

　大きな事件によって公共機関の正常な機能が妨げられる緊急事態でも、被害者／サバイバーが司法制度や関連する法的サービスを引き続き利用できなければならない（OECD, 2021b）。そのためには、司法制度内外で組織間の協力を強化し、GBV被害者／サバイバーが情報を利用できるようにする必要がある（OECD, 2021a）。

　2022年OECD GBV調査の回答から、すべての加盟国がCOVID-19パンデミックの間に、GBV被害者／サバイバーの司法へのアクセスを容易化するために、何らかの措置を講じたことが明らかになった。最も多く報告されたのは情報とテクノロジーを利用したコミュニティサービス（ヘルプラインやモバイルアプリケーションなど）のほか、オンライン公判、警察・検察庁・裁判所による訴状の受理・解決手続きの簡略化であった。4か国のみが、警察署や検察庁での訴

状の受理・解決手続きの迅速化と、病院や法律扶助相談所でのサービスの統合を実施したと報告した（被害者が応急処置を受けた建物内で訴状を提出できるようにするワンストップサービスや、訴訟手続きを行う間の一時保育サービスなど）。

コラム 6.12 COVID-19パンデミック下でGBV被害者／サバイバーによる司法へのアクセスを支援するために導入された有望な実践

訴状提出手続きの合理化

　エストニアではCOVID-19パンデミックの間、被害者は別途用紙を用いて訴状を提出する必要はなかった。緊急センターに電話を1本かけるだけで十分であった。多数の被害届がインターネットを通じて警察のウェブサイトに提出され、検察官も緊急接近禁止命令を発出することができた。

司法サービスを必要不可欠なエッセンシャルサービスと宣言

　メキシコでは、パンデミック下でもすべての政府、行政、司法サービスの機能が維持されたが、それはそうしたサービスがエッセンシャルサービスと宣言されたからであった。暴力の被害を受けた女性（およびその子ども）のためのシェルターとケアセンターも、エッセンシャルとみなされた。

統合的で迅速な対応のためのワンストップサービスとトリアージ

　アイスランドでは、暴力の被害者はファミリー・ジャスティス・センターで法的助言を受け、同じ建物の中で訴状を提出することができる。ワンストップサービスと考えられる。

　オランダでは、性的暴力の被害者を対象にしたサービスを1か所に集約して、ヘルプセンターを病院とつないだ。

　イタリアは「暴力の被害を受けた女性のためのパスウェイ（Pathway for women who suffer violence)」と呼ばれる保健機関と病院のための全国指針を採択した。その目的は、適切な統合的介入を確保して、男性から暴力を受けた女性の心身の健康への影響を治療することである。

司法サービスに関する広報キャンペーン

　オーストラリアでは、「支援はここに（The Help is Here)」キャンペーンが、

DVの被害を経験している人なら誰でも利用できる支援サービスについて情報を提供して、そうした人々が必要なときに必要な支援を受けられるようにサポートした。

司法制度外での協力の強化

ギリシャでは、GSDFPGEがギリシャ法医学会（Hellenic Society of Forensic Medicine）とギリシャホテル協会（Hellenic Chamber of Hotels）と協力して、移民や脆弱な状況にある個人をはじめ、貧困のなかで暮らしている女性と扶養する子どもに対し、ギリシャ全国で無料の住居と食事を提供した。ギリシャ法医学会は必要に応じて女性の暴力被害者に無料の医療検査サービスを提供した。この取り組みはロックダウン期間中のみ実施され、GBV被害者／サバイバーの子どもにも無料で医療検査が提供された。

予防措置の実施

リトアニアでは、警察は日常的にDV事件の監視を行って、パンデミックがそうした事件に与える影響を評価した。警察機関は暴力的な人物のリストを作成して、そうした人々に対する予防措置を実施した（虐待者1人につき1か月に1度）。リトアニア警察は農村住民の安全を高める措置も講じた。

追加資金の拠出

英国はDVと性的暴力の被害者に対する支援の需要増加に対応するために、被害者支援サービスに追加予算を拠出した（2020年度に約3,200万英国ポンド）。パンデミックが原因で事件への対応が遅れた場合も、被害者に支援が行われた。

資料：OECD（2022), Survey on Strengthening Governance and Survivor/Victim-centric Approaches to End Gender-based Violence.

6.6 政策提言

- **被害者／サバイバーの法的ニーズの理解**：国は法的ニーズ調査、ターゲット調査、サービス提供者からの行政データの収集など、多様な措置を講じて、被害者／サ

バイバーの法的ニーズの理解に努める必要がある。

- **法的支援**：GBVに対処する被害者／サバイバー中心のアプローチでは、そうした人々に対して、法的扶助や他の法律支援など、刑法・民法上のニーズに関して利用できる仕組みについて、十分に情報を提供する必要がある。政府はそうした仕組みが被害者／サバイバーのニーズに対応したものになるよう徹底し、女児の場合は成熟度や理解度を考慮しなければならない。

- **継続的な司法対応**：国は訴追のほか、仲裁、調停、和解、オンラインでの紛争解決といった裁判外紛争解決手続きなど、多様なメカニズムをGBVへの対応に取り入れるべきである。しかし、代替的な実践の利用は義務的であってはならず、被害者／サバイバーが同意した場合にのみ採用しなければならない。

- **統合的な司法への経路**：国はパートナーシップや機関間協力をはじめ、統合的な司法対応を導入するとともに、被害者／サバイバーの法的負担を軽減でき、加害者に働きかけることで説明責任と根本原因への対処に注力できる問題解決型司法の原則を実施すべきである。

- **保護**：被害者／サバイバーのニーズと利益を念頭に、保護メカニズム（保護命令や退去命令などの付随的命令）を適用すべきである。

- **フェミサイドの追跡と予防**：GBVフレームワークには、女性がなぜどのようにジェンダーに関連した死のリスクに直面するのか理解を深めるために、フェミサイドを追跡する措置を組み込む必要がある。死亡審査チームを設立して個々の事件を集約し、加害者と被害者／サバイバー両方に関する統計データを収集して、前兆とパターンの検出を改善しなければならない。

- **緊急事態における司法へのアクセス**：公共機関の正常な機能が妨げられる緊急事態でも、被害者／サバイバーが司法制度や関連する法的サービスを引き続き利用できなければならない。そのためには、司法制度内外での機関間の協力を強化して、GBV被害者／サバイバーが情報を利用できるようにする必要がある。

注釈

1. GBV 被害者／サバイバーの法的ニーズは、ジェンダー、年齢、人種、民族、障害、性的指向、社会経済的地位などの要素によって異なる。GBV 被害者／サバイバーのインターセクショナルなニーズには、障害を持つ被害者／サバイバーがアクセスできる施設や、とりわけ文化的または民族的背景が異なる被害者／サバイバーの文化的・言語的アイデンティティに関連したニーズ、LGBTQ+ の被害者／サバイバーの支援ニーズ、移民である被害者／サバイバーの出入国サービスのニーズなどがある。

参考文献・資料

ANROWS（2020）, *Improving accountability: The role of the perpetrator intervention systems*, Australia's National Research Organisation for Women's Safety, https://anrowsdev.wpenginepowered.com/wp-content/uploads/2020/07/ANROWS-Chung-Improved_accountability-RtPP.1.pdf.

Brennan, I. et al.（2021）, "Policing a new domestic abuse crime: effects of force-wide training on arrests for coercive control", *Policing and Society*, Vol. 31/10, pp. 1153-1167, https://doi.org/10.1080/10439463.2020.1862838.

Center for Justice Innovation（2019）, *Problem-solving courts: An evidence review*, https://justiceinnovation.org/sites/default/files/media/documents/2019-03/problem-solvingcourts-an-evidence-review.pdf.

Drost, L. et al.（2015）, *Restorative Justice in Cases of Domestic Violence: Best Practice Examples Between Increasing Mutual Understanding and Awareness of Specific Protection Needs*, Institute for the Sociology of Law and Criminology & Institute of Conflict Research, Verwey-Jonker Institute, https://www.unodc.org/e4j/data/_university_uni_/restorative-justicein-cases-of-domestic-violence--best-practice-examples-between-mutual-understanding-andawareness-of-specific-protection-needs.html?lng=en（accessed on 13 March 2023）.

EIGE（2019）, *A guide to risk assessment and risk management of intimate-partner violence against women for police*, European Institute for Gender Equality, https://eige.europa.eu/publications/guide-risk-assessment-and-risk-management-intimatepartner-violence-against-women-police.

EUCPN（2022）, *Multidisciplinary approach of gender-based and domestic violence in Family Justice Centers*, European Crime Prevention Network, https://eucpn.org/sites/default/files/document/files/Bert%20Groen.pdf.

Femicide Census（2020）, *Femicide census 2020*, https://www.femicidecensus.org/wpcontent/uploads/2022/02/010998-2020-Femicide-Report_V2.pdf.

Fondazione G.B. Guzzetti（2021）, *SVSeD becomes the first Family Justice Center in Italy*, https://www.fondazioneguzzetti.it/svsed-diventa-il-primo-family-justicecenter-in-italia/ (accessed on 13 March 2023).

Government of Ireland (2021), *Supporting a Victim's Journey: A plan to help victims and vulnerable witnesses in sexual violence cases*, https://www.gov.ie/pdf/?file=https://assets.gov.ie/94023/bb7d391d-2198-4f94-a3bf-64fdd2538bf2.pdf#page=null.

HRDAG (2021), *Using quantitative data to study feminicide: challenges and opportunities*, Human Rights Data Analysis Group, https://www.ohchr.org/sites/default/files/Documents/Issues/Women/SR/Femicide/2021-submissions/CSOs/human-rights-data.pdf.

Law and Justice Foundation (2012), *Legal Australia-Wide (LAW) Survey: Legal Need in Australia*, http://www.lawfoundation.net.au/ljf/site/templates/LAW_AUS/$file/LAW_Survey_Australia.pdf.

OECD (2021a), *Eliminating Gender-based Violence: Governance and Survivor/Victim-centred Approaches*, OECD Publishing, Paris, https://doi.org/10.1787/42121347-en.

OECD (2021b), *OECD Framework and Good Practice Principles for People-Centred Justice*, OECD Publishing, Paris, https://doi.org/10.1787/cdc3bde7-en.

OECD (2021c), *OECD Virtual Roundtable on Accessible and People-Centred Justice: Roundtable Highlights*, OECD, Paris, https://www.oecd.org/governance/global-roundtables-access-tojustice/events/2021-oecd-roundtable-highlights.pdf.

OECD (2020), *Gender Equality in Colombia: Access to Justice and Politics at the Local Level*, OECD Publishing, Paris, https://doi.org/10.1787/b956ef57-en.

OECD (2019), *2019 OECD Roundtable on Equal Access to Justice: Highlights*, OECD, Paris, https://www.oecd.org/gov/summary-record-2019-global-oecd-roundtable-on-equal-access-tojustice.pdf.

OECD (2016), *Northern Ireland (United Kingdom): Implementing Joined-up Governance for a Common Purpose*, OECD Public Governance Reviews, OECD Publishing, Paris, https://doi.org/10.1787/9789264260016-en.

Procentese, F. et al. (2020), "Downside: The Perpetrator of Violence in the Representations of Social and Health Professionals", *International Journal of Environmental Research and Public Health*, Vol. 17/19, p. 7061, https://doi.org/10.3390/ijerph17197061.

State of New York (n.d.), *New York State Domestic Violence Courts Program Fact Sheet*, https://www.criminaljustice.ny.gov/ofpa/domviolcrtfactsheet.htm (accessed on 13 March 2023).

UN Women (2020), *The Shadow Pandemic: Violence Against Women and Girls and COVID-19*, https://www.unwomen.org/en/digital-library/multimedia/2020/4/infographic-ccovid19-violenceagainst-women-and-girls (accessed on 13 March 2023).

UN Women et al. (2019), *Justice for Women: High-level Group Report*, https://www.justice.sdg16.plus/_files/ugd/6c192f_b931d73c685f47808922b29c241394f6.pdf.

UN Women/Women Enabled International (2022), *Access to Justice for Women with Intellectual and Psychosocial Disabilities in Asia and the Pacific*, UN Women/Women Enabled International, https://asiapacific.unwomen.org/sites/default/files/2022-11/A2J_WWD_BRIEF.pdf.

UNODC (2021), *Integrated approaches to challenges facing the criminal justice system*, United Nations Office on Drugs and Crime, https://www.unodc.org/lpo-brazil/pt/crime/challengesfacing-the-criminal-justice-system.html.

UNODC (2019), *Global Study on Homicide: Gender-related killing of women and girls*, United Nations Office on Drugs and Crime, https://www.unodc.org/documents/data-andanalysis/gsh/Booklet_5.pdf.

UNODC/UN Women (2022), *Gender-related killings of women and girls (femicide/feminicide)*, United Nations Office on Drugs and Crime/UN Women, https://www.unwomen.org/sites/default/files/2022-11/Gender-related-killings-of-women-andgirls-improving-data-to-improve-responses-to-femicide-feminicide-en.pdf.

UNODC/Un Women (2022), *Statistical Framework for measuring the gender-related killings of women and girls (also referred to as "femicide/feminicide")*, United Nations Office on Drugs and Crime/UN Women, https://www.unodc.org/documents/data-andanalysis/statistics/Statistical_framework_femicide_2022.pdf.

WHO (2012), *Understanding and addressing violence against women: Femicide*, World Health Organization, Geneva, https://apps.who.int/iris/bitstream/handle/10665/77421/WHO_RHR_12.38_eng.pdf.

World Justice Project (2019), *The Constraints Women Face in Accessing Justice*, https://worldjusticeproject.org/sites/default/files/documents/Constraints%20Women%20Face%20in%20Accessing%20Justice.pdf.

謝　辞

　本書は、OECD公共ガバナンス局（GOV）が、Elsa Pilichowski局長の監督のもと、OECD公共ガバナンス委員会（PGC）とそのジェンダー主流化・ガバナンス作業部会の指導のもと、発行した。OECD雇用・労働・社会問題委員会（ELSAC）とその社会政策作業部会（WPSP）も、本書の各節の校正を行った。また、本書の一部は、OECD開発センター（DEV）がその運営委員会の指導のもとで作成した。

　本書は、公職におけるジェンダー平等に関するOECD作業プログラムの一環として、GOVのSDGsのための政策一貫性担当責任者で、ジェンダー・公正・包摂性のシニアカウンセラーであるTatyana Teplovaが主導し、DEVのジェンダープログラムの一環として、ネットワーク・パートナーシップ・ジェンダー担当責任者のBathylle Missikaが主導した。本書は、OECD雇用・労働・社会問題局（ELS）社会政策シニアカウンセラー兼責任者であるMonika Queisserが主導するOECD水平的ジェンダーイニシアチブの一部である。本書の調整は、GOVの政策アナリストのPınar Güven、ジュニア政策アナリストのCapucine Kerboasが行った。本書の準備に関する戦略的ガイダンスはTatyana Teplovaが提供した。本書の主執筆者はAlejandra Saffon、Ashley Major、Réka Mihácsi（第1、3、4、6章）、Hyeshin Park、Carolin Beck（第2章）、Valerie Frey、Maja Gustafsson（第5章）である。著者らは本書の各版に関して貴重な意見をいただいたMeeta Tarani、Giulia Morando, Sebla Ayşe Kazancı、Marycarmen Rubalcava Oliveros、Dorothy Adams、Nancy Napolitano、Hannah Brügmann、Sanya Chandra、Alejandra Maria Menesesに謝意を表する。

　Melissa Sander、Victoria Elliott、Adem Kocaman、Meral Gedikには編集、制作、出版をサポートしていただいた。

◎編著者・訳者紹介

経済協力開発機構（OECD）

経済協力開発機構（Organisation for Economic Co-operation and Development, OECD）は、より良い暮らしのためのより良い政策の構築に取り組む国際機関で、1961年に設立された。OECDは、政府、市民との協力のもと、実証に基づく国際基準を確立し、様々な社会・経済・環境問題に取り組んでいる。経済成長、雇用創出から、充実した教育の促進、税務分野における国際協調まで、データ整備と分析、経験・ベストプラクティスの共有、公共政策と国際基準の設定に関する助言を行うための、独自のフォーラムと知識の中核拠点を提供している。

濱田 久美子（はまだ・くみこ）HAMADA Kumiko

翻訳家。主要訳書：『高等教育マイクロクレデンシャル：履修証明の新たな次元』（経済協力開発機構（OECD）・加藤静香編著、米澤彰純解説、明石書店、2022年）、『OECD教育DX白書：スマート教育テクノロジーが拓く学びの未来〈OECDデジタル教育アウトルック2021年版〉』（経済協力開発機構（OECD）編著、明石書店、2022年）、『OECDレインボー白書：LGBTIインクルージョンへの道のり』（経済協力開発機構（OECD）編著、明石書店、2021年）、『教育のディープラーニング：世界に関わり世界を変える』（マイケル・フラン／ジョアン・クイン／ジョアン・マッキーチェン著、松下佳代監訳、明石書店、2020年）、『図表でみる男女格差OECDジェンダー白書2：今なお蔓延る不平等に終止符を！』（OECD編著、明石書店、2019年）、『世界の行動インサイト：公共ナッジが導く政策実践』（経済協力開発機構（OECD）編著、明石書店、2019年）など多数。

ジェンダーに基づく暴力の連鎖を断ち切る
被害者／サバイバー中心ガバナンスによる包括的アプローチ

2024年9月18日　初版第1刷発行

編著者	経済協力開発機構（OECD）
訳　者	濱田　久美子
発行者	大江　道雅
発行所	株式会社　明石書店
	〒101-0021
	東京都千代田区外神田6-9-5
	TEL　03-5818-1171
	FAX　03-5818-1174
	https://www.akashi.co.jp/
	振替　00100-7-24505

装丁：金子　裕
組版：朝日メディアインターナショナル株式会社
印刷・製本：モリモト印刷株式会社

ISBN 978-4-7503-5804-8

公正と包摂をめざす教育

OECD「多様性の持つ強み」プロジェクト報告書

経済協力開発機構（OECD）編著
佐藤仁、伊藤亜希子 監訳

■A4判変型／並製／456頁
◎5400円

異なる文化的背景、ジェンダーやセクシュアリティ、障害など、学校で学ぶ子どもたちの多様性は高まっている。多様性を対処すべき問題ではなく、強みとして捉え、これからの教育をどう構築するのか。本書は世界の教育政策・実践とともにその手がかりを提供する。

●内容構成●

第1章　教育における多様性、公正、包摂の概要
第2章　公正と包摂を推進する教育システムのガバナンスと設計
第3章　公正と包摂を推進するための教育システムの資源提供
第4章　公正と包摂を推進するための能力形成
第5章　学校レベルでの介入を通した公正と包摂の推進
第6章　公正と包摂のモニタリングと評価
第7章　教育における公正と包摂に向けた重要なステップ
監訳者解説　「公正と包摂をめざす教育」を考える論点
——異文化間教育と教師教育から

よい教育研究とはなにか
流行と正統への批判的考察

ガート・ビースタ著
亘理陽一、神吉宇一、川村拓也、南浦涼介訳

ドイツにおける理論と実践
◎2700円

異文化間教育ハンドブック

イングリット・ゴゴリンほか編著
立花有希、佐々木優香、木下江美、クラインハーペル美穂訳
◎15000円

21世紀型コンピテンシーの次世代評価
教育評価・測定の革新に向けて

経済協力開発機構（OECD）編著
冨田福代監訳
◎5400円

学習環境デザイン
革新的教授法を導く教師のために

OECD教育研究革新センター編著
篠原康正、篠原真子訳
西村美由起訳
◎3500円

こころの発達と学習の科学
デジタル時代の新たな研究アプローチ

パトリシア・K・クールほか編著
OECD教育研究革新センター編
裵岩晶、篠原真子、篠原康正訳
◎4500円

メタ認知の教育学
生きる力を育む創造的数学力

OECD教育研究革新センター編著
篠原真子、篠原康正、裵岩晶訳
◎3600円

社会情動的スキル
学びに向かう力

経済協力開発機構（OECD）編
ベネッセ教育総合研究所〔企画・制作〕
無藤隆、秋田喜代美監訳
◎3600円

創造性と批判的思考
学校で教え学ぶことの意味はなにか

OECD教育研究革新センター編著
西村美由起訳
◎5400円

〈価格は本体価格です〉

図表でみる男女格差 OECDジェンダー白書2

今なお蔓延る不平等に終止符を!

OECD 編著
濱田久美子 訳

A4判変型/344頁
◎6800円

男女平等を阻む「ガラスの天井」、そして蔓延するジェンダー・ステレオタイプにどう立ち向かうか。女性の教育、雇用、起業、政治参加、社会的・経済的成果に関する統計指標に基づいて男女格差の状況を精査し、男女平等に向けた取り組みを評価する。

● 内容構成 ●

第I部　男女平等・世界の概観
OECD加盟国と世界の男女平等・概観/持続可能な開発目標と男女平等/男女平等のためのガバナンス/ほか

第II部　教育における男女平等
教育において女子がまだ後れを取っている分野/STEM分野では女性の割合が過少である/男子は学校では後れを取っているが、その後すぐに追いつく/ほか

第III部　雇用における男女平等
職場における女性:女性労働力の全体像/男女賃金格差/女性のキャリアアップと所得流動性を妨げる障壁/ガラスの天井はまだ破られていない/ほか

第IV部　起業における男女平等
起業に今なお残る男女格差/女性起業家の障壁を改善するための政策

図表でみる教育　OECDインディケータ(2023年版)

経済協力開発機構(OECD)編著
◎8600円

図表でみる世界の保健医療

OECDインディケータ(2023年版)
経済協力開発機構(OECD)編著　村澤秀樹訳
オールカラー版
◎6800円

地図でみる世界の地域格差

OECD地域指標2022年版
経済協力開発機構(OECD)編著　中澤高志監訳
オールカラー版　都市集中と地域発展の国際比較
◎5400円

先見的ガバナンスの政策学

経済協力開発機構(OECD)編　ピエト・トメリスト/アンジェラ・ハンソン著　白川展之訳
未来洞察による公共政策イノベーション
◎3600円

高等教育マイクロクレデンシャル

経済協力開発機構(OECD)、加藤静香編著　濱田久美子訳　米澤彰純解説
履修証明の新たな次元
◎3600円

保健体育教育の未来をつくる

OECDカリキュラム国際調査
経済協力開発機構(OECD)編著　日本体育科教育学会監訳
◎2600円

教育の経済価値

経済協力開発機構(OECD)編著　濱田久美子訳　赤林英夫監訳
質の高い教育のための学校財政と教育政策
◎4500円

日本の移住労働者

経済協力開発機構(OECD)編著　是川夕、江場日菜子訳
OECD労働移民政策レビュー：日本
◎3600円

〈価格は本体価格です〉